中国特色城镇化研究报告2014

规划让城市更健康
——健康城市国际研讨会论文选

主　编　陈启宁
副主编　赵大生　段进军

苏州大学出版社

图书在版编目(CIP)数据

规划让城市更健康：健康城市国际研讨会论文选 / 陈启宁主编. —苏州：苏州大学出版社,2015.8
 ISBN 978-7-5672-1390-6

Ⅰ.①规… Ⅱ.①陈… Ⅲ.①城市化-研究报告-中国-2014 Ⅳ.①F299.21

中国版本图书馆 CIP 数据核字(2015)第 136555 号

书　　名	规划让城市更健康 ———健康城市国际研讨会论文选
主　　编	陈启宁
副 主 编	赵大生　段进军
责任编辑	周建国
装帧设计	吴　钰
出版发行	苏州大学出版社(Soochow University Press)
社　　址	苏州市十梓街1号　邮编：215006
网　　址	www.sudapress.com
邮购热线	0512-67480030
销售热线	0512-65225020
印　　装	苏州工业园区美柯乐制版印务有限责任公司
开　　本	700×1000　1/16　印张：18.75　字数：330千
版　　次	2015年8月第1版
印　　次	2015年8月第1次印刷
书　　号	ISBN 978-7-5672-1390-6
定　　价	58.00元

凡购本社图书发现印装错误，请与本社联系调换。服务热线：0512-65225020

《规划让城市更健康》编委会

主　任　　田晓明

副主任　　陈思中　邱晓翔

主　编　　陈启宁

副主编　　赵大生　段进军

编　委　　(按姓氏笔画排序)
　　　　　田晓明　张　承　陈启宁　陈思中(新加坡)
　　　　　邱晓翔　尚　书　周九锡　赵大生
　　　　　段进军　徐　勇

规划,让城市更健康
(代序)

陈启宁

近年来,全球特别是国内的健康产业的发展态势迅猛。在城市或开发区规划实践中,人们越来越多地关注城市与健康的关系,并具体研究如何把健康因素引入其中。聚焦健康城市实际上就是顺应了当前产业转型、健康产业大发展的趋势。同时健康城市也是"以人为本"的重要体现,是城市规划工作中应实现的目标。

"健康城市"概念始现于1984年在加拿大多伦多召开的一次国际会议上。1986年,世界卫生组织(WHO)欧洲区域办公室决定启动城市健康促进计划,实施区域的"健康城市项目"。加拿大多伦多市首先响应,随后,该运动又传入欧洲、美国,至1988年,欧洲的健康城市运动兴起,而后在日本、新加坡、新西兰和澳大利亚等国家也掀起了热潮,逐渐形成全球各城市参与的国际性运动。至2000年,全世界有4 000多个城市通过各种途径加入了全球健康城市网络。

美国有线电视新闻网络(CNN)2014年9月票选出全球十大健康城市,依序为:哥本哈根、冲绳、蒙地卡罗、温哥华、墨尔本、纽约、延雪平、哈瓦那、新加坡和加州纳帕溪谷。而2014年5月英国广播公司(BBC)也从英国《卫报》和《经济学人》杂志评选出的全球最健康的国家和城市中选出了五大最健康的国家或城市,它们是新加坡、东京、哥本哈根、珀斯和摩纳哥。

有趣的是,这两份名单中新加坡和哥本哈根均列其中。探讨这两座城市被选为全球最健康城市的原因,解构其规划与健康城市建设的指导关系,是很有典型意义的。

第二次世界大战结束后,丹麦开始着手进行大规模的城市重建工作,对当时哥本哈根地区的29个城镇提出了一份区域发展的总体规划,1948年,该规划被命名为《首都地区规划建议》并正式出版公布,其中首次使用了"大哥本哈根"这一概念。

该规划被称为"指状规划",它有"掌"和"指"。"掌"就是城市的公共空间和各种职能的体现。老城区为"掌心",对老城区的具体措施应是采取保护为主,有限改造为辅,改善基础设施和居民居住环境与条件。"指"则是依托铁路干线形成的"指状城市"。通过从哥本哈根市向外放射状布局的铁路为轴线,建设完备的城镇体系并通过发达的交通和老城区相连,而且哥本哈根的每一个"指"在发展过程中,都用了社区的概念,有很多的"微细胞"。同时保留现有绿色开放空间,充分保护并进一步美化环境。规划建议在各个"手指"之间保留和营造楔形绿色开放区域(既包括自然的林地、农田、河流,也包括人工改造的公园、绿地等),并尽可能地使其延伸至中心城区内。这样,一方面可以防止郊区市镇之间的横向扩张,另一方面也可以保护环境并为居民提供丰富、多样、宜人的休闲与娱乐空间。

反思中国,近30年来,城市化正以平均每年1%以上的增长速度迅速推进,但许多城市不重视社区与"微细胞"建设,只注重空间大规模的扩展,城市虚胖却不宜居。其实这是城市的组织出了问题,城市与自然的联系也削弱了。哥本哈根在规划上就保证了城市形态的健康合理,从城市的功能组织上也保证了城市的健康发展。另外,哥本哈根比较注意限制小汽车的发展,其自行车系统的规划设计成为哥本哈根这座城市一个特色。

再分析另一个城市新加坡。新加坡在1967—1971年期间,编制了第一个概念规划。这是一个环状发展方案,发展环的核心是水源生态保护区,禁止任何开发活动;城市中心在南海岸的中部,规划为一个国际性的经济、金融、商业和旅游中心;沿着快速交通走廊(大容量快速交通体系和高速公路),形成兼有居住和轻型工业的新镇,市中心的人口和产业将疏散到这些新镇;一般工业集中在城市西部的裕廊工业区;国际机场位于城市的东端。

这个市中心的规划核心,其实也是"指"状辐射,只不过在发展过程中形成了一个环,环的中间是一个水源保护地,环的周边是自然环境优美的生态保护区。这样既保证了城市和自然环境的衔接,同时城市的商业机能、公共活动机能也能够随着城市的新市镇的建设而发展。在新城规划阶段如何把健康因素融入发展过程中,是值得世界各地的城市今后重点研究的。

通过研究这两个城市的规划过程,可以发现,它们都将城市视为一个生命体。总结它们的主要特征有：城市形态：城市在森林中，森林在城市中；开发模式：公交优先，TOD模式（以公共交通为导向的开发模式）；布局结构：新市镇功能完备、自给自足。

纵观人类社会发展的5 000年，什么时代比较健康？这是一个无法准确回答的命题，各个时代，表现各异。可能我们今天追求的很多创新，只不过是历史的翻版。所以，从历史中汲取养分，找回人性，才是健康城市的本源。诚如美国的社会哲学家刘易斯·芒福德所言："中世纪城镇不仅是一个生意盎然的社会综合体，而且也是一个生气勃勃的生物环境。"

欧洲中世纪的城镇和中国古代的典型城镇，已经从商业、娱乐、文化、体育、医疗等方面为健康城市与以人为本而努力。而目前我们所在的苏州，在宋代就已形成水陆双棋盘的规划格局，古城里有名塔、河流、园林、城墙等。这些都给予我们很多的借鉴和启发。

2013年10月，国务院在《关于促进健康服务业发展的若干意见》里明确提出：到2020年全国将达到8万亿元的医疗卫生投入，这将会占我们GDP的9%左右。可以看到，我国医疗卫生投入的年均增长率（约14.3%）是大大超过了GDP的年均增长率（约7.4%）的。这里面孕育着巨大的商机，同时也需要城市规划更多地去关注医疗卫生设施和医疗卫生产业的发展。而对我们城市规划的从业者来说，更重要的则是怎样围绕"人"的核心做文章。从人本身开始，研究怎么营造较小尺度的社区环境，再到城市的环境，最后可能关注到全球气候问题，概括起来说，就是"规划让城市更健康，让每一个人更健康"。

目 录
Content

中国城镇密集地区"城市健康指数"比较研究
——基于长三角地区25座城市的实证 …… 朱轶佳　王　磊　魏新来(1)
健康城市住区公共设施和开放空间特征初探
——以新加坡新镇为例 …………………… 王茂林　柴　箐(32)
初探健康城市浪潮理念在台湾地区的发展历程
——以台南市为例 ……………………… 詹世州　许天怡(59)
推进我国城镇化健康发展的重大策略问题 ……… 姚士谋　戴德胜(75)
多维视角下的健康城镇化道路思考 ………………………… 段进军(88)
促进健康城市发展的低碳城市建设研究
——以苏州低碳城市建设为例 ………………………… 韩　坚(97)
健康城市化：新的发展理念及其政策含义 ……… 陈明星　叶　超(114)
健康城市建设不能"独善其身"：苏州流动人口健康促进问题探讨
——基于长三角地区25座城市的实证 ……………… 宋言奇(127)
Integrating the Healthy City Concept Into Urban Planning and Design
……………………………………………… 邓荣辉　马思远(135)
On Sustainable Healthy Cities——A Case Study on Kyoto ……… 木濑洋(164)
综合型养老社区功能空间模式及指标体系研究 ……… 唐　洁　陈　睿(177)
中国的养老服务产业如何吸取日本的经验 ………………… 于　洋(202)
有关孔子思想在养老事业中的应用研究
——以日本社区综合护理系统为例 …… 史文珍　山本胜　汪　宇(224)

自然环境剥夺对身心健康影响的思考:远离自然使我们失去了什么?
.... 杜宏宇　傅文青(237)

基于"土地利用—交通出行"动态关联的机动车尾气排放研究
.... 万轶凌　姚子男(247)

Assessing Local Food Systems in China for Building Healthy Mega-cities
.... Giulio Verdini(264)

健康工学創成に向けて ………………………………… 罗志伟(277)

——健康城市国际研讨会论文选

中国城镇密集地区"城市健康指数"比较研究
——基于长三角地区 25 座城市的实证

Comparative Study of City Healthy Index(CHI) in City-Agglomeration Areas of China
——Take 25 Cities in Yangtze River Delta Area for Example

朱轶佳 [1]　　王 磊 [2]　　魏新来 [3]
Zhu Yijia　　Wang Lei　　Wei Xinlai

摘要　长三角地区是中国城镇最为密集的地区之一，同时也是经济实力最强、活力最大、潜力最优的地区。在资源环境紧约束的现实背景下，准确判别长三角各城市的健康程度，对指导该地区的可持续发展具有一定的实践意义。本研究基于国内外已有的健康城市指标体系，结合研究目的梳理出健康环境、人群、服务、社会与文化 5 大类 24 项细分指标的评价体系。在此基础上，对长三角 25 座城市进行分项指标的汇总与评判，最后在社会经济发展指标与健康指数间构建相关性分析，尝试找到影响城市健康的潜在因子，为可能的政策建议提供支持。

Abstract　Yangtze River delta area is one of the most intensive of City-Agglomeration Areas in China, and also the strongest, the vitalitiest, the biggest potential region. Under the background of the tight constraints of resources and environment, accurately judging the health of cities in Yangtze River deltato guide the sustainable development of the region has a certain practica. This Paper is based on the existing healthy city index system both at home and abroad, and combined with research purpose to create Healthy City Inedx of 24 items falling into five categories, including environment, population and health services, social and cultural. On this basis, 25 cities in the Yangtze River delta are evaluated, and builded the correlation between socio-economic development index and the health index to support the potential policy implications.

关键词　城镇密集地区　健康城市　健康指数　长三角
Key Words　City-Agglomeration Areas　Healthy City　City Healthy Index　Yangtze River Delta Area

---

① 朱轶佳，邦城规划顾问（苏州工业园区）有限公司，规划师。
② 王磊，邦城规划顾问（苏州工业园区）有限公司，地理信息系统工程师。
③ 魏新来，邦城规划顾问（苏州工业园区）有限公司，地理信息系统工程师。

1 研究背景

1.1 WHO 与健康城市的发展脉络

健康城市的概念最早由 WHO（世界卫生组织）提出。早在 1979 年，WHO 就发布了《2000 年世界全民健康战略》，旨在为世界各国各族人民的身体健康提供宏观指导。1984 年，WHO 在"超级卫生保健——多伦多 2000 年"大会上首次提出"健康城市"理念。1986 年，WHO 组织建立《渥太华健康促进宪章》，提出五大发展策略，并在随后的里斯本会议中详细阐述了健康城市应具备的 11 项功能，健康城市计划/运动逐步走向实质阶段（周向红，诸大建，2004）。1989 年，WHO 又提出四维健康新概念，即健康包括躯体健康（Physical Health）、心理健康（Psychological Health）、社会健康（Good Social Adaptation）和道德健康（ethical health），健康的概念逐渐宽泛与多元化。1993 年，WHO 组织了全球第一次国际健康城市大会，引起社会各界的强烈反响（陈柳钦，2010）。1998 年，WHO 欧洲区成员国共同组建了全民健康框架，即《21 世纪健康》，并提出了欧洲区健康发展的 21 项目标（周向红，2007）。新世纪以来，WHO 仍致力于健康城市的推动工作，为全世界各城市的健康发展提供最宏观的战略指导。

1.2 中国新型城镇化背景下健康城市理念对城镇发展的意义

对于中国而言，早在 1994 年，在 WHO 的帮助下，北京东城区和上海嘉定区率先开展健康城市建设工作（于怡鑫，2012）。1996 年，海口、重庆（渝中区）、大连、苏州、日照、保定、上海、北京、张家港、南通等城市陆续加入到该运动中，而苏州也已成为 WHO 西太平洋地区健康城市联盟的 5 个理事城市之一。但总体来看，由于起步相对较晚，中国健康城市运动仍处于初步发展阶段（周向红，诸大建，2006）。

新形势，新要求。目前，中国正全面推进新型城镇化建设，即要以集约、高效、以人为本的理念推动城镇向更高水平发展。对于中国城镇密集地区来说，虽然新型城镇化建设是一定地区内社会经济发展的引擎，但长期以来在粗放、低效等传统理念的导向下，人口、土地及空间无序集聚、交通拥堵、雾霾严重、医患矛盾等问题突出。因而，准确评判城镇密集地区各城市的健康指数，分析问题与不足，提出可持续发展方向与政策建议等，具有一定的实践意义。

2 研究范围与方法

2.1 研究范围与对象

2.1.1 城镇密集地区

目前,国内外对城镇密集地区尚无统一的解释与界定。一般而言,城镇密集地区被认为是在一定的地域范围内,以多个大中城市为核心,城镇之间及城镇与区域之间发生着密切关系,城镇化水平较高,城镇密集分布的连续地区(孙一飞,1995)。

若以人均 GDP、地均 GDP、人口密度与人均建设用地四个指标来评价中国城镇的密集程度,可以发现,以北京为中心的环渤海地区、以上海为中心的长三角地区、以广州与深圳为核心的珠三角地区是中国城镇最为密集的地区(仇保兴,2007),而中西部地区如太原、武汉、郑州、成都、重庆,以及东北地区的大连、沈阳、哈尔滨等中心城市的周围地域也是上述四个指标的高值地带(图1-1与图1-2)。

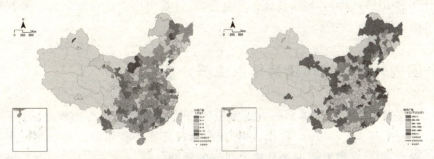

图 1-1　2012 年中国地级市人均 GDP(左)与地均 GDP(右)空间分布

数据来源:《中国城市统计年鉴 2013》。

图 1-2　2012 年中国地级市人口密度(左)与人均建设用地(右)空间分布

数据来源:《中国城市统计年鉴 2013》。

2.1.2 研究范围

基于对数据可得性、研究时限与篇幅等综合因素的考量,本研究选取中国经济实力最强、活力最大、潜力最优的地区之一——长江三角洲地区为研究的范围与对象。同时,根据《长江三角洲地区区域规划》,长三角地区是以上海市和江苏省的南京、苏州、无锡、常州、镇江、扬州、泰州、南通,浙江省的杭州、宁波、湖州、嘉兴、绍兴、舟山、台州16个城市为核心区的地缘范围。而为更好地进行各地级市之间的横向比较,并进一步扩大研究广度,本研究将"两省一市"(即江苏省、浙江省与上海市)全部地级市纳入研究范围,共计25座城市。

2.2 研究方法与数据来源

本研究采取的研究方法主要分为两类。一类为基于 GIS 平台,进行城市健康指数的统计、处理、分析及可视化表达;另一类则是基于传统的数理统计分析,如相关性分析等,找出城市健康指数与社会经济发展要素间的关联程度。

同时,为增加城市健康指数统计与分析的准确性与可信度,本研究中的数据来源主要为《中国城市统计年鉴2013》《中国城市建设统计年鉴2013》《中国统计年鉴2013》以及各城市统计年鉴与公报,计算得出的城市健康指数为2012年各城市的发展状态。

3 国内外健康城市指标体系梳理分析

构建健康城市指标体系一直是健康城市研究领域的核心内容之一(于海宁,成刚,徐进,等,2012)。合理、可量化的指标体系不仅可以实时监测城市的健康程度,更是城市发展理念与建设目标的重要体现。自 WHO 提出健康城市的概念以来,国外特别是欧美等发达国家与地区迅速参与到"健康城市项目"中,并始终保持对健康城市指标/评价体系的探索与研究(陈钊娇,许亮文,2013)。进入21世纪以来,中国国内如北京、上海、广州、杭州等一些大中城市,在国外健康城市项目的指导与推动下,结合自身发展条件陆续推出健康城市行动计划与指标评价体系,在一定程度上改善了城市建设水平与生活环境(周向红,诸大建,2006)。

3.1 国外主要健康城市指标体系梳理与分析

3.1.1 WHO 健康城市指标体系

WHO 健康城市指标体系的构建、发展与完善经历了"由多到少、从繁至简"

的反复过程。1996年,WHO提出了建设健康城市的10项标准,为各国开展健康城市项目提供了基础性的参考。这10项指标见表1-1(陈钊娇,许亮文,2013)。

表1-1　WHO健康城市建设10项标准一览表

序号	内　　容
1	清洁和安全的高质量的城市环境
2	持久可靠的生态系统
3	居民在决策方面的高度参与
4	满足人们的基本需要
5	提供居民之间的广泛交流沟通的机会
6	经济发展富有活力
7	相互兼容的机制
8	改善健康服务质量,使更多市民享受健康服务
9	促使市民健康长寿
10	少患疾病

资料来源:陈钊娇,许亮文.国内外建设健康城市的实践与新进展[J].卫生软科学,2013,27(4).

在此之后,WHO提出了共计12类338项细分指标的可量化健康城市评估体系,其中社区作用及行动49项、人群健康48项、家居与生活环境30项、保健福利及环境卫生服务34项、教育及授权26项、环境质量24项、人口学统计22项、生活方式和预防行为20项、城市基础设施19项、就业及产业32项、收入及家庭生活支出17项与地方经济17项(谢剑峰,2005)。然而,在实际操作与实施过程中,庞杂的指标系统和繁重的统计工作严重阻碍了健康城市的评估与监控。因此,WHO基于各国的反馈意见而不断删减、修订与完善,最终保留了4大类32项推荐指标(表1-2)

表1-2　WHO健康城市指标体系一览表

大　类	中　类
健康人群	总死亡率
	死因统计
	低出生体重比率

大类	中类
健康服务	现行卫生教育计划数量
	儿童完成预防接种的百分比
	每位基层的健康照料护理者所服务的居民数
	每位护理人员服务居民数
	健康保险的人口百分比
	基层健康照料护理提供非官方语言服务的便利性
	政府部门每年检视健康相关问题的数量
健康环境	空气质量
	水质
	污水处理率
	家庭废弃物收集质量
	家庭废弃物处理质量
	绿化覆盖率
	绿地的可及性
	闲置的工业用地
	运动休闲设施
	人行空间(徒步区)
	自行车道分布
	公共交通每千人座位数
	公共交通服务范围
	生存空间(每位居民的房间数)
健康社会	居民居住在不合居住标准的房屋中的比例
	无业者数量
	失业率
	居民收入低于平均所得的比例
	托儿所的比例
	小于20周、20~34周、35周以上活产儿的百分比
	堕胎率
	残障者就业率

注:阴影标记指标为与城市规划特别是空间相关性较强的指标,下同。

资料来源:WHO官方网站。

在该指标体系中,健康环境类指标最多,达到14项,具有医疗健康属性的指标达到13项,10项指标与城市规划特别是空间相关性强,三者有交叉。综合来看,WHO 健康城市指标体系是全球评价健康城市的参考系,WHO 并未制定统一的评价标准,强调因地制宜,灵活调整,突出地域特色。

3.1.2 "城市中国计划"城市可持续发展指标体系

WHO 健康城市行动的目的之一即为实现城市的可持续发展。从这个角度出发,涉及健康城市的评价体系就会宽泛许多。以"城市中国计划"城市可持续发展指标体系为例,它由哥伦比亚大学、清华大学公共管理学院和麦肯锡公司共同合作创建制定,旨在全方位反映中国城市在经济、社会、资源和环境等方面的真实表现,并且对不同分项之间的相互关系进行精细考量,为制定城市发展战略与政策提供参考。

从内容上看,该指标体系的覆盖面更为宽广,环境类指标更多,并涉及经济健康发展与资源的有效利用(表 1-3)。

表 1-3 "城市中国计划"城市可持续发展指标体系一览表

大类	中类	小类	指标
社会(33%)	社会民生(33%)	就业(25%)	城市就业率(%)
		医生资源(25%)	每千人拥有医生数量的比例(%)
		教育(25%)	中学生在年轻人中所占的比例(%)
		养老保险(13%)	养老保险覆盖率(%)
		医疗保险(14%)	医疗保险覆盖率(%)
环境(33%)	清洁程度(17%)	空气污染(11%)	二氧化硫、二氧化氮、PM10 浓度(毫克每立方米)
		工业污染(11%)	每单位 GDP 工业二氧化硫排放(吨每十亿人民币)
		空气质量合格率(11%)	空气质量合格等级达到二级或以上的比例(%)
		废水处理(11%)	废水集中处理比例(%)
		生活垃圾管理(5%)	生活垃圾无害化处理比例(%)
	环境建设(17%)	城市人口密度(11%)	建成区人口密度(每平方千米的人口数量)(%)
		公共交通使用情况(11%)	公共交通的乘坐率(日人均乘坐次数)(%)
		公共绿地(11%)	建成区绿化率(%)
		公共供水(5%)	公共供水覆盖率(%)
		互联网接入(11%)	家庭接入互联网比例(%)
经济(17%)	经济发展(17%)	收入水平(33%)	人均收入水平(可支配收入)
		对工业依赖程度(33%)	服务业 GDP 占比(%)
		研发投入(33%)	政府研发投入率(政府研发人均投入)(%)

续表

大类	中类	小类	指标
资源 (17%)	资源利用 (17%)	能源消耗(33%)	能源总消耗量(万吨标准煤每单位GDP)
		用电效率(33%)	每日住宅电力消耗(人均千瓦时)
		用水效率(33%)	每日用水量(升每单位GDP)

资料来源:城市中国计划官方网站。

3.1.3 类比分析

就某个城市发展的各项要素来看,环境是城市健康和可持续发展的基础保障,社会是城市健康和可持续发展的稳定要素,而服务是城市健康和可持续发展的核心竞争力。通过上述WHO健康城市指标体系与"城市中国计划"城市可持续发展指标体系的比较可以发现,两者在环境、社会、服务等类别上相似或相同指标较多,体现了指标体系对城市发展的指引作用。这其中,两者相同指标3项,相似指标7项。但是,两者又有各自的侧重点,WHO更关注于医疗属性,"城市中国计划"更突出经济与资源要素。

表1-4 WHO健康城市指标体系与"城市中国计划"城市可持续发展指标体系对比分析一览表

	WHO健康城市指标体系	城市中国计划城市可持续发展指标体系
相同指标	空气品质	全年空气质量合格等级达到二级或以上天数
	污水处理率	废水处理比例
	绿化覆盖率	建成区绿化例
相似指标	每位护理人员服务居民数	人均拥有医生数量
	健康保险的人口百分比	养老保险覆盖率
		医疗保险覆盖率
	水质	公共供水覆盖率
	家庭废弃物收集质量	生活垃圾处理比例
	家庭废弃物处理质量	
	公共交通每千人座位数	每天使用公共交通的乘客
	失业率	城市就业率

资料来源:作者整理。

3.2 中国主要健康城市指标体系梳理与分析

3.2.1 中国城市发展研究会健康城市指标体系

该体系是以WHO健康城市指标体系为基础,结合中国国情、国外健康城市建设经验,兼顾健康"投入"与"产出",以及数据的可获得性等因素而构建的,主体框架分为健康环境、健康文化、健康条件与健康社会4大方面,共计16项细分指标(表1-5)。

中国城市发展研究会的这套指标体系更加突出城市文化对城市发展的重要性,对健康概念的理解更为宽泛,并且加入民意类指标,突出中国特色。指标总体更为精练,可操作性强。基于此,中国城市发展研究会针对全国二百多个地级以上城市进行了综合测评,并按不同城市类型形成了健康城市测评结果。

表1-5　中国城市发展研究会健康城市指标体系一览表

一级指标(权重)	二级指标(权重)
健康环境(40%)	(1)空气质量达标率(30%)
	(2)城市污水集中处理率(10%)
	(3)生活垃圾无害化处理率(30%)
	(4)建成区绿化率(20%)
	(5)城区人口密度(10%)
健康文化(15%)	(6)城区每平方千米剧场与影剧院占比(33.3%)
	(7)每千人公共图书馆图书总藏量占比(33.3%)
	(8)网络普及率(33.4%)
健康条件(15%)	(9)城区每平方千米医疗机构占比(25%)
	(10)每千人拥有医院和卫生院床位占比(20%)
	(11)每千人拥有执业(助理)医师占比(25%)
	(12)基本医疗保险参保人员占比(30%)
健康社会(30%)	(13)公众对食品安全关注度(25%)
	(14)公众对健身关注度(20%)
	(15)公众对健康关注度(15%)
	(16)公众对雾霾关注度(40%)

资料来源:中国城市发展研究会官方网站。

3.2.3　北京健康城市指标体系

作为国际化大都市,北京旨在成为具有全球影响力的世界城市,进行健康城市建设显得格外重要。2011年10月,北京市卫生局与北京市发展和改革委员会联合发布《北京市"十二五"时期卫生发展改革规划》,明确提出"十二五"时期健康北京建设的主要指标,共计3大类35项细分指标(表1-6)。

表1-6 北京健康城市指标体系一览表

类别	序号	指标	属性
健康水平	1	出生期望寿命(岁)	指导性
	2	城乡期望寿命差距(岁)	指导性
	3	婴儿死亡率(‰)	约束性
	4	孕产妇死亡率(人/10万)	约束性
	5	损伤和中毒年龄别死亡率(人/10万)	指导性
	6	恶性肿瘤年龄别死亡率(人/10万)	指导性
	7	心脏病年龄别死亡率(人/10万)	指导性
	8	脑血管病年龄别死亡率(人/10万)	指导性
	9	成人吸烟率下降至(%)	指导性
	10	中小学生肥胖率控制比例(%)	指导性
健康服务	11	常住人口每千人拥有医疗床位数(张)	指导性
	12	常住人口每千人拥有执业(助理)医师数(人)	指导性
	13	平均急救反应时间(分钟)	约束性
	14	城镇职工、居民医疗保险参保率(%)	约束性
	15	新型农村合作医疗参保率(%)	约束性
	16	城乡居民健康档案创建率(%)	指导性
	17	重性精神疾病病人有效管理治疗率(%)	约束性
	18	儿童体检率(%)	约束性
	19	居民基本健康知识知晓率(%)	指导性
	20	药品抽验合格率(%)	约束性
健康环境	21	城镇居民人均可支配收入和农村居民人均纯收入年均增速(%)	指导性
	22	城镇登记失业率(%)	约束性
	23	全市从业人员平均受教育年限(年)	指导性
	24	经常参加体育锻炼的人数保持比例(%)	指导性
	25	人均体育用地(平方米/人)	约束性
	26	重点食品安全监测抽查合格率(%)	约束性
	27	城市市政供水合格率(%)	约束性
	28	农村居民饮用水水质合格率(%)	约束性
	29	生活垃圾无害化处理率(%)	约束性
	30	全市林木绿化率(%)	约束性
	31	人均公共绿地面积(平方米/人)	约束性
	32	空气质量全年二级和好于二级天数的比例(%)	约束性
	33	中心城公共交通出行比例(%)	指导性
	34	年万车交通事故死亡率(人/万)	约束性
	35	亿元GDP生产安全事故死亡率(%)	约束性

资料来源:《北京市"十二五"时期卫生发展改革规划》。

该指标体系中健康环境类指标数量最多(为15项),5项指标与城市规划特别是空间的相关性强,并根据地方实情增加指标的控制属性,将其分为约束性与指导性。同时,为了体现健康发展的公平性,增加了如城乡期望寿命差距等指标,体现了大城市城乡统筹考虑的新视角。

3.2.3 上海健康城市指标体系

上海是最早推行健康城市行动计划的中国城市之一。为巩固与提高健康城市的建设成果与水平,2012年1月,上海市人民政府发布《上海市建设健康城市2012—2014年行动计划》,并构建了健康城市6大类31项细分指标的评价体系(表1-7)。

表1-7 上海健康城市指标体系一览表

序号	指标名称
一	人人健康膳食行动
1	每日盐摄入量知晓率(%)
2	每日油摄入量知晓率(%)
3	市民食品安全健康知识宣传率(%)
4	食品安全知晓率(%)
二	人人控烟限酒行动
5	公共场所吸烟率(%)
6	执法部门处罚案例增加率(%)
7	过量饮酒危害健康知晓率(%)
三	人人科学健身行动
8	健康步行通道(条)
9	百姓健身房(个)
四	人人愉悦身心行动
10	市民心理健康基本知识知晓率(%)
11	社区心理健康指导点覆盖率(%)
五	人人清洁家园行动
12	国家卫生区年创建数(个)
13	国家卫生镇年创建数(个)
14	城镇污水处理率(%)
15	全年空气质量(API)达到和优于二级天数比例(%)

续表

序号	指 标 名 称
16	机动车环保检测覆盖率(%)
17	年公共绿地调整改造量(平方米)
18	年创建林荫道路(条)
六	重点项目
19	市民合理使用抗菌药物知识知晓率(%)
20	市民药品安全科普知识知晓率(%)
21	计划怀孕夫妇优生指导及孕前优生健康检查率(%)
22	适龄儿童免疫规划疫苗接种率(%)
23	0～3岁儿童科学育儿指导服务率(%)
24	60岁以上老年人年体检率(%)
25	老年人求救知识知晓率(%)
26	市民具备健康素养的总体水平(%)
27	学生健康知识知晓率和行为形成率(%)
28	参加市民健康自我管理小组的人数(万)
29	健康社区(镇)达标数(个)
30	健康单位达标数(个)
31	市民对健康城市工作满意率(%)

资料来源：《上海市建设健康城市2012—2014年行动计划》。

与其他城市不同的是,上海以"人人行动"为切入点,辅以重点项目推进,强调健康理念的传播和公众参与。总体来看,指标偏重于软性条件(如医疗条件、心理状态)等,硬性指标较少,可得性、可测性较难。

3.2.4 广州健康城市指标体系

广州健康城市指标体系以WHO健康城市指标体系中的10条标准为基准,从健康环境、健康社会、健康服务、健康人群与市民满意度5大方面进行引导与控制。该套体系较为完整而全面,具有较强的借鉴意义。同时,指标的可测性也较强,并突出健康人群与市民满意类指标,体现"以人为本"的城市发展理念。这其中,2项指标与城市规划特别是空间相关性较强,分别为森林覆盖率与人均公园绿地面积(表1-8)。

表 1-8　广州健康城市指标体系一览表

项目	序号	指 标 名 称	单位
健康环境	1	城镇生活污水处理率	%
	2	城镇生活垃圾无害化处理率	%
	3	农村卫生厕所普及率	%
	4	城市集中式饮用水源地水质达标率	%
	5	农村生活饮用水水质卫生合格率	%
	6	森林覆盖率	%
	7	人均公园绿地面积	平方米/人
健康社会	8	城镇三项基本医疗保险参保率	%
	9	城镇登记失业率	%
	10	年万车交通事故死亡率	人/万
健康服务	11	适龄儿童计划免疫接种率	%
	12	学校健康教育开课率	%
健康人群	13	人口预期寿命	岁
	14	婴儿死亡率	‰
	15	孕产妇死亡率	人/10万
	16	市民健康知识知晓率	%
	17	市民健康行为形成率	%
	18	体育人口占总人口比例	%
	19	国民体质测试合格率	%
市民满意度	20	公众对城市环境保护满意度	%
	21	公众对交通出行状况满意度	%
	22	公众对医疗卫生服务满意度	%
	23	公众对食品安全满意度	%
	24	公众对社会保障水平满意度	%

资料来源:《广州市建设健康城市规划(2011—2020年)》。

3.2.5 杭州健康城市指标体系

杭州于2007年启动健康城市建设,明确提出以构建"基本实现人人享有基本医疗保障、人人享有基本养老保障、人人享有15分钟卫生服务圈、人人享有15分钟体育健身圈、人人享有安全食品、人人享有清新空气、人人享有洁净饮水"为总目标。基于此,杭州市人民政府提出健康城市5大类44项细分指标的控制体系(表1-9)。

表1-9 杭州健康城市指标体系一览表

序号	指标	单位
一	环境指标	
1	全年空气质量优良天数比例	%
2	集中式饮用水水源地水质合格率	%
3	全市水功能区环境质量达标率	%
4	生活垃圾无害化处理率	%
5	生活污水集中处理率	%
6	人均公园绿地面积	m²
7	重点工业企业废水排放达标率	%
二	人群指标	
8	人均期望寿命	岁
9	婴儿死亡率	‰
10	孕产妇死亡率	人/10万
11	意外伤害死亡率	人/10万
12	国民体质监测合格率	%
13	公民健康基本知识知晓率	%
14	健康生活方式与行为形成率	%
15	健康基本技能掌握率	%
16	市民综合健康素养	%
17	中小学生窝沟封闭率	%
三	服务指标	
18	人均体育设施用地面积	m²
19	每千人拥有医疗床位数	张
20	每千人拥有执业(助理)医师数	人
21	每千人拥有执业护士数	人
22	城乡居民健康档案创建率	%
23	35岁以上人群血压知晓率	%
24	35岁以上人群血糖知晓率	%
25	大众艾滋病基本知识知晓率	%
26	重性精神疾病患者管理治疗率	%
27	每百名老人拥有养老机构床位数	张

续表

序号	指标	单位
四	社会指标	
28	城镇居民最低生活保障标准	元/月
29	城乡居民基本医疗保险参保率	%
30	亿元 GDP 生产安全事故死亡率	%
31	各类食用农产品监测平均合格率	%
32	各类加工食品监测平均合格率	%
33	符合社会救助条件的困难群众的救助率	%
34	符合医疗救助条件的困难群众的救助率	%
35	室内公共场所和工作场所全面禁止吸烟	/
36	保障性住房建设	m^2
37	健康促进社区覆盖率	%
五	民意指标	
38	公众对卫生服务满意程度	%
39	公众对环境质量满意程度	%
40	公众对城市清洁满意程度	%
41	公众对食品安全满意程度	%
42	公众对社会保障满意程度	%
43	公众对社会治安满意程度	%
44	公众对建设健康城市满意程度	%

资料来源:《健康杭州"十二五"规划》。

该指标体系与杭州市域重点推进的工程项目相结合,内容丰富,覆盖面广,并增加了公众民意类指标,体现了杭州市争创国家建设健康城市示范城市的决心。然而,从可操性角度来看,指标体系略显冗杂,部分指标的可得性与可测性较差,不利于综合评估与比较。

3.2.6 比较分析

按照 WHO 提出的建设健康城市的 10 项标准以及各项标准对城市健康影响的重要程度,参照广州健康城市指标的分类体系,可以对上述国内 5 个主要城市的健康城市指标体系进行分类归纳,分为健康环境、健康人群、健康服务、健康文化、健康社会与公众民意 6 大类(表 1-10)。

表1-10 国内主要健康城市指标体系归类一览表

	健康环境	健康人群	健康服务	健康文化	健康社会	公众民意
中国城市发展研究会	5	0	3	3	1	4
北京	7	11	3	1	13	0
上海	5	3	3	0	19	1
广州	7	6	0	1	5	5
杭州	8	9	4	0	16	7
相同指标个数	8	7	2	0	11	6

资料来源：作者整理。

通过对比后发现，在国内的健康城市指标体系中，健康社会与健康环境类的相同指标最多，分别达到11项与8项，而健康文化类相同指标的个数则为0。

另外，对比上述WHO与国内的指标体系后发现，国内健康城市指标体系基本可包含WHO健康城市指标，重点聚焦健康环境；同时，国内对健康城市的理解即健康指标的覆盖面更广，更全面（表1-11）。

表1-11 国内主要健康城市指标体系相同指标一览表

类 别	指 标
健康环境 （8）	全年空气质量达标天数
	城市污水集中处理率
	城镇生活垃圾无害化处理率
	建成区绿化率
	城市集中式饮用水源地水质达标率
	农村饮用水水质合格率
	人均公园绿地面积
	人均体育用地面积
健康人群 （7）	人口平均预期寿命
	婴儿死亡率
	孕产妇死亡率
	体育人口占总人口比例
	国民体质测试合格率
	市民健康行为形成率
	市民综合健康素养

续表

类　别	指　标
健康服务 （2）	每千人拥有医院和卫生院床位数
	每千人拥有执业（助理）医师数
健康社会 （11）	医疗保险参保率
	城乡居民健康档案创建率
	重性精神疾病病人有效管理治疗率
	居民基本健康知识知晓率
	城镇登记失业率
	重点食品安全监测抽查合格率
	年万车交通事故死亡率
	亿元GDP生产安全事故死亡率
	公共场所吸烟率
	适龄儿童免疫规划疫苗接种率
	健康促进社区覆盖率
公众民意 （6）	食品安全关注度
	公众对城市环境保护满意度
	公众对医疗卫生服务满意度
	公众对社会治安满意度
	公众对社会保障水平满意度
	公众对建设健康城市满意度

注：本表中阴影标记指标为与国外健康城市指标体系相同或相似的指标。

资料来源：作者整理。

3.3　本研究所采用的城市健康指数评价体系

上述对国内外健康城市指标体系的梳理、分析、汇总与类比，是本研究进行城市"健康指数"测评的工作基础。本研究并非试图重新构建健康城市评价体系，而是基于以下3个原则，整理出符合本研究目的的指标体系：

原则一，在国内外已有的指标体系中进行筛选；

原则二，尽可能选择国内外各类指标体系中相同或相似的指标；

原则三，入选指标可获得性、可测量性较强，暂不考虑公众民意类需要社会调查的指标。

基于此,本文得出的健康城市指标体系共分为5大类24项细分指标(表1-12)。

表1-12 本研究采用的城市健康指数评价体系一览表

类　别	指　标	单　位
健康环境(8)	全年空气质量达标天数	天
	公共供水覆盖率	%
	城市污水集中处理率	%
	城镇生活垃圾无害化处理率	%
	一般工业固体废物综合利用率	%
	建成区绿化覆盖率	%
	人均公园绿地面积	平方米/人
	建成区人口密度	人/平方千米
健康人群(3)	人口平均预期寿命	岁
	婴儿死亡率	%
	孕产妇死亡率	%
健康服务(5)	每千人拥有卫生、社会保障和健康福利业从业人员	人/千人
	建成区每平方千米医疗机构数	个/平方千米
	每千人拥有医院和卫生院床位数	张/千人
	每千人拥有医生数(执业医师与执业助理医生)	人/千人
	每万人拥有公共汽车数	辆/万人
健康社会(5)	城镇医疗基本保险参保率	%
	城镇基本养老保险参保率	%
	失业保险参保率	%
	城镇登记失业率	%
	亿元GDP生产安全事故死亡人数	人/亿元
健康文化(3)	建成区每平方千米剧场与影剧院数	个/平方千米
	每百人拥有公共图书馆藏书	册/百人
	网络普及率	%

资料来源:作者整理。

4 长三角地区 25 座城市"健康指数"综合比较分析

基于前文提出的城市健康指数评价体系,结合《中国城市统计年鉴 2013》与各城市统计公报,本研究整理了长三角 25 座城市的指标数据库。在此基础上,运用"Z-Score"方法进行数据标准化处理,即把样本的原始值与该样本均值的差除以该样本的标准差,得到的新数值称为标准得分,即 Z-Score。原数据经过标准化处理后就变成均值为 0、方差为 1 的样本,消除了指标由于单位与数量级不同所造成的影响。标准化的公式为:

$$X_1' = \frac{X_1 - \overline{X}}{S}$$

式中,X_1' 为标准得分,X_1 为样本中某一指标的原数值,$\overline{X}$ 为样本中某一指标的均值,S 为标准差。由于篇幅限制,本研究不详细列出原始数据体系与标准化后的指标数据。

4.1 健康环境类指标比较分析

健康环境因素内含 8 项指标内容。分析结果可见,上海市指标分值较为突出,盐城、宿迁等市评价值较低。

全年空气质量达标天数指标方面,总体上沿海城市比内陆城市表现较好,可见自然地理位置对该项指标影响较明显。舟山市在该项指标中具有较大优势,泰州、丽水及台州等市该指标也相对比较突出。

公共供水覆盖率指标方面各市差距不大,多座城市(如上海、无锡、苏州等市)已经实现了 100% 的覆盖率。

污水集中处理率指标方面,杭州与湖州两市的指标分值较高,达到 90% 以上,泰州与舟山市该项指标偏低,处理率尚低于 60%。总体上浙江省的平均水平优于江苏省,上海市的指标位于中等偏上水平。

与公共供水覆盖率类似,生活垃圾无害化处理率指标也有近半的城市达到了 100%。处理率相对较低的城市有宿迁、连云港及盐城等市。

在一般工业固体废物综合利用率指标上,各市绝对差距比较小,平均处理率接近 94%,金华、扬州及舟山等市在该项指标中稍有优势,而盐城、宿迁两市则相对较低,利用率约为 83%。

建成区绿化覆盖率指标中,湖州市优势较为突出,温州市相对较弱。总体上,扬州、湖州及上海市的三角区域内覆盖率指标均较优,丽水与台州市也较高。

南京与上海两市在人均公园绿地面积指标中优势极大,人均绿地面积均超出 11 平方米,盐城、宿迁与泰州三市该项指标偏低,均未达到 2 平方米。总体上,南京、上海及杭州三市的三角区域内这项指标普遍较高,苏北与浙江南部城市较低。

建成区人口密度指标与城市健康指数的相关性存在一定的争议,本次研究按照正相关关系进行分析。上海市的人口密度指标在所有城市中最高,超出其他城市较多,而丽水与衢州市人口密度较低。

综合以上八项环境指标,上海市在健康环境因素中超出其他城市较多。比较各项指标可见,上海市在人均公园绿地、建成区人口密度等指标上优势较大,其他指标也基本处于中等或中上水平,仅有生活垃圾无害化处理率一项排名偏低(图1-3)。

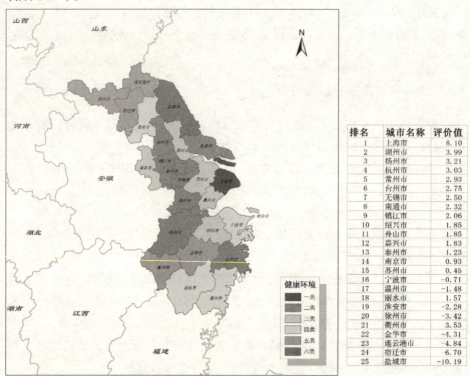

图 1-3 长三角 25 座城市健康环境指标评价图谱

4.2 健康人群类指标比较分析

健康人群因素内含 3 项与居民寿命等相关的指标内容。分析结果可见,排名靠前的城市相互之间差距较小,镇江、宁波及杭州市稍有优势,而衢州与丽水市的指标相对其他城市明显较低。

人口平均预期寿命指标方面，上海、苏州、无锡及杭州四市的指标相对较高，均超过80岁，而盐城、湖州及宿迁三市指标较低，仅接近75岁。

婴儿死亡率与孕产妇死亡率这两项指标均和健康城市指标存在负相关关系，在分析中对指标标准化的值取负数。婴儿死亡率指标中，镇江市的指标较为突出，衢州与丽水两市指标较低。孕产妇死亡率指标中，舟山、宁波、淮安及镇江四市均为0，丽水市指标相对其他城市较低。

综观三项指标结果，镇江、宁波及杭州三市排名靠前，但差距均较小，在预期寿命、婴儿死亡率及孕产妇死亡率等指标中三市各有优势，但没有三项指标同时占优势的城市。而衢州与丽水市的健康人群指标相对其他城市比较低（图1-4）。

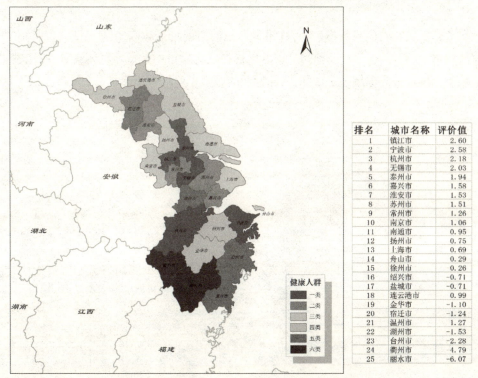

图1-4 长三角25座城市健康人群指标评价图谱

4.3 健康服务类指标比较分析

健康服务因素内含5项指标内容，均与医疗保健等基础设施相关。由图1-5所示，健康服务因素与经济基础密切相关，上海市优势最大，杭州、苏州等市也较有优势，宿迁、盐城等市指标较低。

每千人拥有卫生、社会保障和健康福利业从业人员指标方面,上海、舟山及杭州等市的指标较高,而宿迁、盐城及泰州等市的指标偏低。总体上,浙江省各市的平均指标要高于江苏省,而江苏省内也有较明显的南北差异。

建成区每平方千米医疗机构数指标中,上海市优势非常明显,远远超出其他城市的指标水平,而衢州、丽水等市指标水平偏低。总体上来讲,江苏省的平均指标水平稍高于浙江省,尤其是苏南地区的多座城市。浙江省内舟山、嘉兴及温州市的指标水平较高。

在每千人拥有医院和卫生院床位数指标中,上海市依旧排名第一,苏州与杭州市的指标居其次,而宿迁与连云港市的指标偏低。整体来看,由南京至上海再至杭州的一条折线上的城市指标均较高,苏北及浙江南部的多数城市指标均较低。

每千人拥有医生数指标中,杭州与苏州两市的指标较高,其次则是上海与宁波两市,而宿迁、连云港及徐州三市的指标在所有城市中较低。总体来看,浙江省城市在该项指标中超过了江苏,指标偏低的城市主要集中于苏北多个城市。

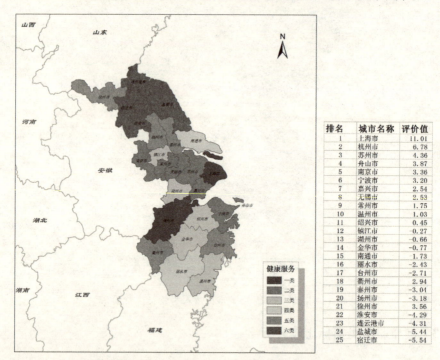

图1-5 长三角25座城市健康服务指标评价图谱

在每万人拥有公共汽车数指标内,宁波、杭州及温州三市优势较大,均超过15辆/万人,而盐城及衢州市指标偏低,尚不足3辆/万人。从整体上看,该项指标与城市经济基础有一些相关性,但又并不完全取决于经济基础。

综合 5 项指标的结果,上海市在每千人拥有卫生、社会保障和健康福利业从业人员,建成区每平方千米医疗机构数,每千人拥有医院和卫生院床位数等指标中评价值均排名第一,仅有人均拥有公共汽车数稍弱。整体上,城市服务指标的分布结果与城市经济基础具有相关性。

4.4 健康社会类指标比较分析

健康社会因素内含 5 项与社会保障相关的指标内容。分析结果可见,杭州、苏州等市在该项指标中评价值较为突出,金华、连云港及衢州等市指标较低(图 1-6)。

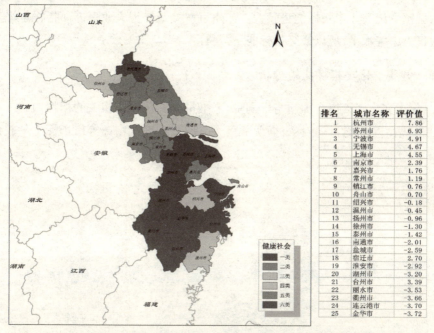

图 1-6 长三角 25 座城市健康社会指标评价图谱

城镇医疗基本保险参保率指标方面,苏州市优于其他城市指标水平,杭州与上海两市也相对较高,而淮安与连云港市该项指标偏低。整体上看,苏北及部分浙江南部城市在该指标上表现稍弱,苏州、杭州及上海一带城市平均水平较高。

城镇基本养老保险参保率指标方面,上海与宁波两市指标水平较高,苏州与杭州次之,而宿迁、连云港及徐州等市偏低。从总体上看,由南至北呈现低—高—低的维度分布趋势。其中,苏北多座城市的指标均较低。

失业保险参保率指标相对医疗或养老的参保率均较低,在该项指标方面,苏州、上海及杭州等市指标水平较高,而宿迁、连云港及丽水等市指标水平偏低。与养老保险参保率的指标结果类似,失业保险参保率指标的分布也呈现由南至北的低—高—低趋势。其中,苏北及浙江南部的城市该项指标均较低。

城镇登记失业率指标与健康城市指标呈负相关关系,在分析中对指标标准化的值取负数。杭州市指标水平在该项内优势较为突出,而上海市的指标水平在所有城市中较低。在总体上,江苏省平均指标水平比浙江省要高。

亿元 GDP 生产安全事故死亡人数指标与健康城市指标也呈负相关关系,在分析中对指标标准化的值取负数。上海与无锡两市在该项指标上水平较高,而湖州市指标偏低。

综合以上 5 项指标结果,杭州市在 5 项指标内容的排名中均位于前列,其中,城镇登记失业率指标优势较大。苏州市在城镇登记失业率方面指标水平较低,仅为中等水平,所以最终指标弱于杭州市。

4.5 健康文化类指标比较分析

健康文化因素内含 3 项与影剧院、藏书量等文化设施相关的指标内容。由结果可见,上海市在该指标方面优势极大,徐州、盐城及宿迁等市指标水平较低(图 1-7)。

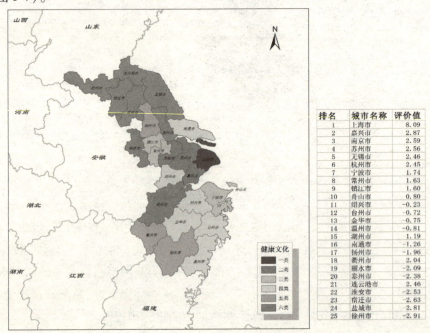

图 1-7 长三角 25 座城市健康文化指标评价图谱

建成区每平方千米剧场与影剧院数指标内,上海市指标优势较为明显,镇江与无锡两市次之,而徐州、盐城及温州等7座城市的指标均偏低。

每百人拥有公共图书馆藏书指标中,上海市的指标水平同样远超出其他城市,苏州、杭州及南京三市次之,而宿迁与徐州市指标在所有城市中偏低。从总体分布来看,浙江省平均指标水平高于江苏省,苏北多数城市这项指标偏低。

在网络普及率指标中,上海、宁波、杭州及苏州四市的指标相对较高,而宿迁及淮安两市指标在所有城市中偏低。总体上,浙江省平均指标水平高于江苏省,苏北城市在该项指标中均较低。

综合以上三项指标结果,上海市在三项指标内排名均为第一,尤其是在百人拥有公共图书馆藏书量方面优势较为明显。

4.6 城市健康指数比较分析

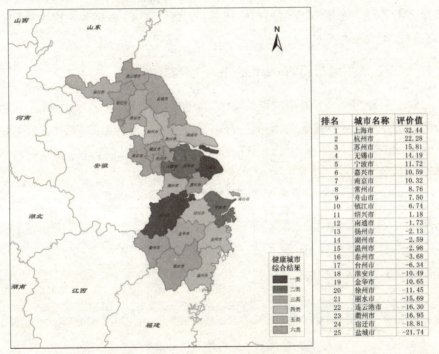

图1-8 长三角25座城市健康指数评价图谱

综合以上5大健康分类指标,通过将24项评分值直接叠加,获得本次分析的最终结果。如图1-8所示,上海与杭州两市排名较高,且评价值超出其他城市较多。盐城、宿迁等市在健康城市的指标上评价较低,相对于平均水平差距还比较大。

从整体上来看,长三角25座城市的健康指数呈现以上海市为核心、逐渐向南北两侧递减的趋势。沿沪宁发展轴与沿沪杭发展轴上的各城市健康指数明显高于其他地区。从江浙沪省域层面来看,苏南与浙北明显好于苏北与浙南,而苏北又明显落后于浙南。

5 城市健康指数与社会经济发展的相关性分析

从前文对城市健康指数的综合分析来看,长三角各城市的健康程度空间分布差异明显。根据分析结果直观地判断,城市的社会经济发展水平越好,健康程度就越高。以上海市为例,其在健康环境、服务与文化等分类指标上均排名第一,且综合评分也遥遥领先。为更好地分析与说明城市健康指数与社会经济发展的关系,本研究选取地均GDP与人口密度两项指标表征一个地区的社会经济发展水平,并将两者依次与城市健康指数(综合评分)做相关性检验,试图找出它们之间的逻辑关系。

5.1 城市健康指数与地均GDP的相关性分析

如表1-13所示,上海市的地均GDP与健康指数排序一致,均为第一,类似的城市还有苏州、扬州、嘉兴、金华与台州等市。排名差异最为明显的是浙江省杭州市,虽然其地均GDP仅为第11名,但其健康指数排名第二,形成了巨大反差。

表1-13 长三角25座城市地均GDP与健康指数一览表

项目 城市	地均GDP (万元/平方千米)	城市健康指数	地均GDP排名	健康指数排名	排名差距
上海市	31 832.37	32.44	1	1	0
南京市	10 933.00	10.32	4	7	−3
无锡市	16 356.49	14.19	2	4	−2
徐州市	3 567.44	−11.45	15	20	−5
常州市	9 080.22	8.76	5	8	−3
苏州市	14 151.33	15.81	3	3	0
南通市	5 697.63	−1.73	10	12	−2
连云港市	2 105.61	−16.30	20	22	−2
淮安市	1 907.18	−10.49	21	18	3

续表

项目 城市	地均GDP （万元/平方千米）	城市健康指数	地均GDP排名	健康指数排名	排名差距
盐城市	1 838.32	−21.74	22	25	−3
扬州市	4 450.31	−2.13	13	13	0
镇江市	6 837.59	6.74	7	10	−3
泰州市	4 668.52	−3.68	12	16	−4
宿迁市	1 779.11	−18.81	23	24	−1
杭州市	4 708.23	22.28	11	2	9
宁波市	6 705.59	11.72	8	5	3
温州市	3 090.10	−2.98	17	15	2
嘉兴市	7 383.33	10.59	6	6	0
湖州市	2 859.63	−2.59	18	14	4
绍兴市	4 425.91	1.18	14	11	3
金华市	2 477.40	−10.65	19	19	0
衢州市	1 099.20	−16.95	24	23	1
舟山市	5 863.76	7.50	9	9	0
台州市	3 093.47	−6.34	16	17	−1
丽水市	516.88	−15.69	25	21	4

资料来源：作者整理。

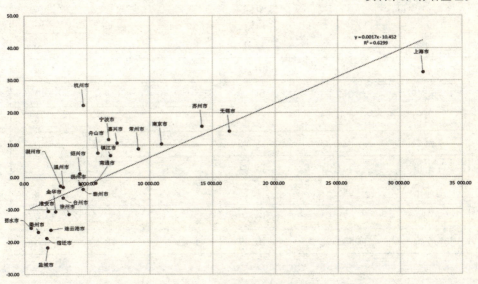

图1-9 地均GDP与城市健康指数相关性分析图

资料来源：作者整理。

进一步看,通过 Pearson 相关系数 ① 的分析,地均 GDP 与城市健康指数呈现较为明显的相关性,系数为 0.794,且在 0.01 水平(双侧)上显著相关。同时,若以各城市 GDP 为横轴,以城市健康指数为纵轴,则可构建 GDP 与健康指数的线型相关模型。经分析,如图1-9所示,一个城市的健康指数偏小时,GDP 总量略微增加,健康指数则可大幅提升;若一个城市的健康指数本身就较高,GDP 对其的推动作用相对就偏弱。这在一定程度上表明,当一个地区或城市处于经济发展的初期时,经济总量对其健康指数的提升具有明显的推动作用,但当该地区已处于经济发展的较高阶段时,GDP 对健康指数的推动作用就逐渐减弱,即主要是其他因素开始影响城市健康指数的提升。

5.2 城市健康指数与人口密度的相关性分析

人口密度是一座城市社会经济发展的重要衡量指标。从长三角各市人口密度上看,上海市人口密度最大,2012 年达到 2250.68 人/平方千米,而丽水市人口密度最小,仅为 151.8 人/平方千米。从人口密度与城市健康指数的排名上分析,上海市的两者排名差异为 0,同样的城市还有江苏的常州、淮安与镇江。差异最大的城市则为杭州与徐州,杭州人口密度靠后,但健康指数位列第 2;徐州人口密度排名第 6,但健康指数却较靠后,仅为第 20(表 1-14)。

表1-14 长三角 25 座城市人口密度与健康指数一览表

项目 城市	人口密度 (人/平方千米)	城市健康指数	人口排名	健康指数排名	排名差距
上海市	2250.68	32.44	1	1	0
南京市	969.3	10.32	3	7	-4
无锡市	1015.93	14.19	2	4	-2
徐州市	879.77	-11.45	6	20	-14
常州市	834.33	8.76	8	8	0
苏州市	763.21	15.81	9	3	6
南通市	956.38	-1.73	4	12	-8
连云港市	671.03	-16.30	13	22	-9
淮安市	542.9	-10.49	18	18	0

① 相关性分析通过相关系数来衡量各指标间的紧密程度,系数值为 -1～1,相关系数大于 0 时为正相关,小于 0 时为负相关。在分析手法上,常用 Pearson 相关系数来衡量两个变量间的线性相关程度。

续表

项目 城市	人口密度 （人/平方千米）	城市健康 指数	人口 排名	健康指数 排名	排名 差距
盐城市	484.56	-21.74	20	25	-5
扬州市	695.52	-2.13	11	13	-2
镇江市	705.48	6.74	10	10	0
泰州市	874.98	-3.68	7	16	-9
宿迁市	654.89	-18.81	15	24	-9
杭州市	422.74	22.28	23	2	21
宁波市	588.54	11.72	17	5	12
温州市	673.92	-2.98	12	15	-3
嘉兴市	880	10.59	5	6	-1
湖州市	449.11	-2.59	21	14	7
绍兴市	533.95	1.18	19	11	8
金华市	430.11	-10.65	22	19	3
衢州市	285.85	-16.95	24	23	1
舟山市	667.9	7.50	14	9	5
台州市	627.94	-6.34	16	17	-1
丽水市	151.8	-15.69	25	21	4

资料来源：作者整理。

从两者的相关性来看，相关系数为0.610，且在0.01水平（双侧）上显著相关。但通过线型模型的拟合效果看，两者的线型趋势并不明显。这就表明，人口密度大，城市未必不健康，如上海、无锡、南京等；相反，人口密度偏小，也不意味着城市就健康，如丽水，人口密度排名末位，而健康指数也偏低（图1-10）。

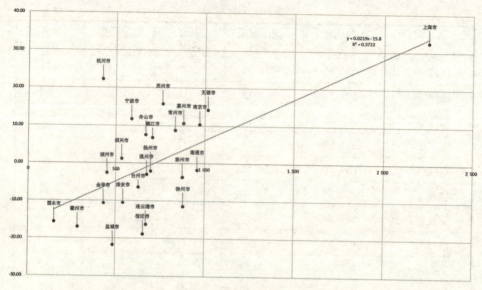

图1-10 人口密度与城市健康指数相关性分析图

资料来源：作者整理。

6 结论与不足

6.1 主要结论

本研究是对中国城镇最为密集地区之一的长三角25座城市健康指数的分析与评价。基于国内外已有的健康城市指标体系，本研究结合自身目的，整理与挑选出5大类24个细分指标作为评价标准进行分析，并结合地均GDP与人口密度进一步阐述了城市健康指数与社会经济发展的关系。初步结论如下：

（1）国内外关于健康城市的指标和评价体系主要集中在健康环境、人群、服务、社会、文化以及公众民意6个方面。从指标体系的发展历程上看，关于健康的定义逐步从狭义的医疗视角向广义的空间、社会、心理、文化等领域拓展，从而形成更为完善的评价体系与标准。

（2）整个长三角地区各城市的健康指数呈现"以上海为核心、逐渐向南北两侧递减"的空间分布特征。沿沪宁与沪杭两条最为重要的城市走廊上的各城市健康指数明显优于其他地区。

（3）从省域层面的分析来看，上海的健康指数一枝独秀，领跑整个长三角地区。而对于江浙两省来讲，苏南与浙北明显好于苏北与浙南，且苏北又明显落后于浙南。

（4）城市健康指数与社会经济发展存在一定的相关关系。地均GDP与城市健康指数呈显著正相关，即随着地均GDP的增长，城市健康指数也会随之上升。同时，在城市健康指数较低的状态，若一个城市的地均GDP有小幅提升，则健康指数会有明显增长，这种趋势随着健康指数的增长而逐渐趋缓。另外，人口密度虽然与健康指数存在一定的正相关关系，但从本次的分析样本来看，人口密度较高的城市并非更不健康，而人口密度较低的地区也并非更健康。

6.2 不足之处

因篇幅与时间的限制，本研究至少还可以在三个方面进行深化：

（1）对本次采用的指标体系进行权重设置。

（2）增加研究样本量，即以县级市为基本统计单元，分析长三角县级市层面的健康指数，再汇总至地级市，从而更好地判别该地区健康程度的发展现状与存在问题。

（3）进一步深化社会经济发展与城市健康指数间的相关关系分析，从而进一步找准影响城市健康程度的关键要素，为相关的政策制定提供可能的决策支持。

参考文献：

[1] 陈柳钦. 健康城市建设及其发展趋势[J]. 中国市场, 2010(33):50-63.

[2] 陈钊娇, 许亮文. 健康城市评估与指标体系研究[J]. 健康研究, 2013(1):5-9.

[3] 仇保兴. 实现我国有序城镇化的难点与对策选择[J]. 城乡建设, 2007(09):8-19.

[4] 孙一飞. 城镇密集区的界定——以江苏省为例[J]. 经济地理, 1995,15(3):36-40.

[5] 谢剑峰. 苏州市健康城市指标体系研究[D]. 苏州大学, 2005.

[6] 于海宁, 成刚, 徐进, 等. 我国健康城市建设指标体系比较分析[J]. 中国卫生政策研究, 2012,5(12):30-33.

[7] 于怡鑫. 城市发展跟踪路线图初探——以北京健康城市目标为例[J]. 情报探索, 2012(2):1-5.

[8] 周向红. 欧洲健康城市项目的发展脉络与基本规则论略[J]. 国际城市规划, 2007,22(4):65-70.

[9] 周向红, 诸大建. 现阶段我国健康城市建设的战略思考和路径设计[J]. 上海城市规划, 2006(6):12-15.

[10] 周向红, 诸大建. 国外健康城市项目发展脉络与基本规则论略：当代中国发展·安全·价值[C]. 上海市社会科学界学术年会论文集, 2004.

健康城市住区公共设施和开放空间特征初探
——以新加坡新镇为例

Discussionon Public Facilities and Open Space of Healthy City: a Case Study on Singapore New Town

王茂林[①]　　柴箐[②]
Wang Maolin　　Chai Qing

摘要　本文在充分认识世界卫生组织（WHO）健康城市相关理论、模型研究的基础上，选取新加坡淡滨尼新镇和榜鹅新镇两个案例，着重从新镇公共设施配置和开放空间设计实施的角度探讨城市大型住区健康化的特征，并结合健康决定因素圈层模型，讨论新镇的关键要素如何从人工环境层面引导居民行为的健康化，并深化成为新镇健康住区的模型，以作为国内大型健康城市住区建设的借鉴。

Abstract　This article is written based on a series of World Health Organization (WHO)'s healthy city theory and research model. We take Tampines and Punggol New Town in Singapore as example to discussion the healthy features of urban residential district from the point of public facilities and open space. Meanwhile, we combine the settlement health map with the results to talk about how built environment impact on people's active life style, and provide a model. It could provide a good reference for urban residential district planning in China.

关键词　健康城市　新加坡　新镇　公共设施　开放空间
Key Words　Healthy city　Singapore　New Town　Public facilities　Open space

1 研究背景

1.1 世界卫生组织健康城市相关研究解读

健康城市与生态城市一样，是未来城市的发展方向。健康住区则是健康城

---
① 王茂林，邦城规划顾问（苏州工业园区）有限公司副总规划师，高级顾问。
② 柴箐，邦城规划顾问（苏州工业园区）有限公司成都办事处，助理经济策划师。

市的重要基石。在城市健康化运动中,大型住区规划建设对塑造健康生活方式起着举足轻重的作用,特别是在大型住区中作为人工环境的公共设施配置和开放空间体系对城市居民的健康影响、生活品质作用明显,这一课题是值得探讨的。

世界卫生组织(WHO)对"健康"的定义是这样的:健康不仅指没有疾病的困扰,更是在躯体、心理和社会适应方面表现出的良好状况。每一个人无论种族、信仰、政治立场及经济社会状况如何,都有权获得最高层次的健康享受(WHO,1946)。

1984年,世界卫生组织(WHO)在加拿大多伦多召开的"健康多伦多2000年"国际会议上,首次提出了健康城市的概念:人们应该享受与和谐社区、自然生态环境相适应的健康的城市生活方式,个体健康很大程度取决于城市人居环境。同年,WHO正式发起了"健康城市项目"(Healthy City Project,HCP),重点确保居民健康的改善。在1986年的"改善城市健康报告"(Promoting Health in the Urban Context)中提出健康城市以11项特征作为评估标准:

(1)拥有高质量的、清洁的、安全的物质环境(包括居住环境);

(2)拥有目前稳定、长期可持续的生态系统;

(3)城市社区居民间有稳固的、相互支持的关系,且没有剥削;

(4)公众高度参与并对公共生活、健康和福利方面的决策有控制权;

(5)能够满足全体城市居民的食品、用水、居住、收入、安全和就业等所有基本需求;

(6)为人们提供各种城市体验,人们拥有各种与他人接触、交往和交流的机会;

(7)城市经济多样化、有活力且富有创新精神;

(8)延续城市未来与过去、城市居民和其他组织及个人的文化遗产和生物遗产的联系;

(9)拥有一种能兼容、且能增益前述特征的模式;

(10)有适合公众健康和病残护理服务的最适宜标准,以使所有人都可从中获益;

(11)城市居民拥有高度良好的健康状况(高水平的健康比例和低水平的疾病发生率)。

随后健康城市项目逐步发展成一个涉及社会、环境、公共卫生、城市管理、城市规划等多领域的活动。Taket(1988)建立的健康梯度模型表明:个体对身心健康的主动干预非常有限,而贫穷、低劣的居住条件,失业,不均衡的食物与营养,缺乏受教育机会,环境中的健康危害等社会环境、生态环境和居住空间环境因素对健康有着更大的决定作用,这些因素构成了个体健康改善的最大制约(图2-1)。

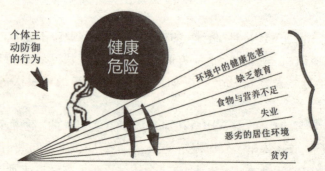

图 2-1　健康梯度模型

图片来源:根据资料编辑绘制。

随着健康城市多年的实践,WHO 对健康城市有了较为明晰的定义(1994):健康城市是一个不断开发、发展自然和社会环境,并不断扩大社会资源,使人们在享受生命和充分发挥潜能方面能够互相支持的城市。这一时期"健康"的概念进一步转变为:健康应该包括个人的健康、社区的安宁、健康的生态、高效率的社会体系等。同时,健康城市的特征也发生了变化,在原有的基础上又提出了公交优先、不同年代建筑和谐共存以及城市社区的混合性(即一个社区中应该有不同阶层的居民,并且具有和平相处、共同发展等特征)。

健康城市的定义和特征反映出:居民与城市物质环境、生态环境和社会环境需要维持可持续发展的关系,这对符合健康发展的城市规划工作提出了重大挑战。根据 VicHealth(the Victorian Health Promotion Foundation in Australian)的研究,物质空间的规划对人类健康可以产生以下四类积极的影响:

(1)减弱公共设施、公共交通及住房的不均等性,统筹考虑不同经济社会群体和弱势群体(如老人、小孩等)的可达性。

(2)通过规划开放空间和步行系统及土地混合使用的规划,提高人们进行身体活动的容易性及活动意愿,以减少疾病负担,降低久坐生活方式导致的死亡率。

(3)通过规划可以控制空气和水体污染,降低温室效应的项目,对人体健康产生积极干预。

(4)通过设计活力、安全的街道和社区,改善居民之间的社交环境,加强居民的沟通与交流,增强社区凝聚力。

为了指导健康城市规划,Barton(2010)从整体人居环境系统与个人健康的关系角度建立了健康决定因素圈层模型(图2-2)。这一模型源于两个连锁的理论：城市生态系统和健康决定因素。此模型的意义在于充分认识到虽然年龄、性别、遗传因素承担人类个体健康的基本角色，但它们仅是众多更重要复合因素中的一小部分。对居民健康起决定性作用的因素包括个体生活方式、社区、地方经济、行为活动、人工环境、自然环境乃至全球生态系统。模型中的每一个圈层因素均因城市规划和土地利用而对城市居民健康产生均等性影响。

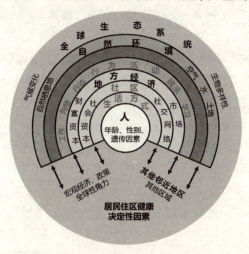

图 2-2　Barton(2010) 健康决定因素圈层模型[1]

图片来源：根据资料编辑绘制。

人工环境圈层是健康城市规划的直接决定范畴。人工环境的结构变化可以改变自然环境和社会经济环境。通过规划改善的环境空间可集聚地方经济与就业，引导居民的行为活动路径和空间场所，形成较为规律性的生活模式，从而对个体健康水平产生综合性的影响。

在物质空间规划中，与居民日常生活联系最为密切的是城市公共服务设施和城市开放空间，其对改善居民生活方式最为直接和有效。城市公共服务设施不仅可以提供居民日常生活物质所需，便利的公共服务设施还可以舒缓城市居民生活快节奏的精神压力，直接促进居民生活方式的健康化。城市开放空间系统可以引导居民进行体育锻炼，减少疾病的发生，在开放空间中产生的各种社会交流与心理健康有着直接关联，开放空间的生态景观也能带给居民精神上的愉悦。

1.2　新加坡——世界级的健康城市

新加坡在打造健康宜人人居环境，创造居民健康生活方式，兼顾城市高密度发展的方面获得了世界广泛的认可。新加坡土地资源非常稀缺，国土面积仅

712.4平方千米,人口密度高达7 257人/平方千米,是世界上人口密度最大的国家之一。但新加坡人均寿命为83.04岁,位居全球第四;年人均收入5.22万美元(2013年全球排名第十);基尼系数0.412(2013年);90%的新加坡人拥有自己的住所;每1 000人拥有1公顷的绿地;倡导低碳交通,每10人仅有1人拥有小汽车,无空气污染问题;85%的城市固体废弃物焚烧后填满于离岸岛屿;21.6平方千米的保护水域维系全球唯一的城市原始热带雨林。目前的新加坡无贫民窟、城中村、环境污染、交通拥挤、基础设施薄弱、城市灾难频繁等城市病。2012年,彭博社公布的一项全球"健康国家"调查显示,根据联合国、世界卫生组织的多项数据,在人口超过100万人的145个国家中,新加坡健康总分最高,被评为世界上最健康的国家,世界上最适宜人类居住的地方。全球领先的健康咨询机构美世咨询的调查报告显示,新加坡在全球221个国家的基础设施建设和公共服务质量排名中位居全球第一;城市生活质量排名中位居全球第25位,亚洲第一。新加坡作为一座充满活力的花园城市,其优美的绿化环境是重要的吸引旅游的因素之一,这一成果也在很大程度上得益于成功的公共设施建设和优质的城市开放空间塑造。

新加坡新镇是新加坡的主体居住形式,也是其健康城市发展的重要空间载体。新加坡新镇是配套完善、自成体系的大型住区,提供了与国民健康息息相关的人工环境。新镇建设在20世纪90年代为基本解决国民住房短缺问题,逐渐演变为以营造生态安全的宜居环境来改善国民生活居住的质量。新加坡新镇从公共设施和开放空间的规划设计入手,在引导居民生活方式的健康化方面有着鲜明的特点。本文选取新加坡淡滨尼新镇和榜鹅新镇两个案例,着重从新镇公共设施配置和开放空间设计实施的角度探讨城市大型住区健康化的特征,并结合健康决定因素圈层模型,讨论新镇的关键要素如何从人工环境层面引导居民行为的健康化,并深化成为新镇健康住区的模型,以作为国内大型健康城市住区建设的借鉴。

2 新加坡新镇的建设背景

新加坡建屋发展局(HDB)成立于1960年,专门解决国民居住需求,推出"居者有其屋"(Home Ownership)计划,鼓励和促进中低收入家庭购买公共组屋(Public Housing),由新镇的建设来发展组屋,实现不同社会阶层的混合居住。自1960年以来,新加坡已经开发了23个高密度新镇,解决了80%以上居民的住房问题,从而使90%的居民拥有了自己的住房。所有新镇规划建设将"自给自足、均衡发展"作为标准,且均满足以下条件:TOD 开发模式、土地混合使用、公共交通接连高效、住房类型多元化、公共服务设施完备、开放空间系统人性化。

淡滨尼新镇是新加坡建屋发展局 20 世纪 80 年代末规划启动的新镇,曾获得 1991 年联合国世界人居奖(World Habitat Award),其规划设计的模式和理念是新加坡新镇的典范。淡滨尼新镇占地 20.61 平方千米,居住人口为 24 万人,规划人口 30 万人。淡滨尼中心不仅是新镇中心,也是新加坡东部的区域中心,服务人口约 100 万。

榜鹅新镇于 1996 年正式启动,面积 10 平方千米,重点为居民提供滨水住宅,强化健康亲水的生活方式,重塑自然生态和人与自然的关系,是新加坡第一个生态化新镇。目前居住人口为 8.3 万人,规划人口 30 万人。

3 新加坡新镇的规划结构

3.1 淡滨尼新镇的"三级结构"

新加坡新镇规划建设的结构与对居民生活模式的引导密不可分。以淡滨尼新镇为代表的典型新加坡新镇有着层次分明的"新镇—邻里—组团"三级结构,成为新加坡新镇模式全岛推广的基础(见图 2-3):

第一级为新镇(New Town)层次,服务 15 万~30 万人,围绕新镇中心由 8~12 个邻里中心组成,用地 5~10 平方千米。

第二级为邻里(Neighbourhood)层次,服务 4 000~6 000 户家庭(1.5~2 万人),每个邻里中心由 8~10 个组团组成,用地 60~100 公顷。

第三级为组团(Precinct)层次,是最基层的居住单位,每个组团 400~800 户(1 500~3 000 人)。

TOD 模式(以公共交通为导向的开发模式)是新镇开发的重要策略。淡滨尼新镇主商业中心为新镇中心,地铁站点、公交换乘站点与新镇中心紧密结合,实施高密度开发(图 2-4);各邻里中心由巴士线路连接,邻里中心至居民住宅步行距离不超过 400 米。住宅区类型包括 2% 低密度、9% 中密度、89% 高密度。其中政府组屋实现中收入、低收入阶层混合居住。住宅地块平均容积率为 2.8,总居住区平均密度为 130 户/公顷。新镇内部分布了无污染工业、新加坡博览中心、樟宜科技园、淡马锡理工学院等就业单位。

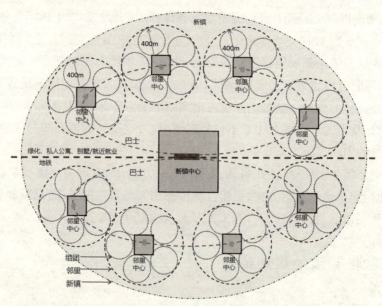

图 2-3　淡滨尼典型三级结构模型

图片来源：作者绘制。

图 2-4　TOD 模式开发的淡滨尼新镇中心

图片来源：作者拍摄。

3.2 榜鹅新镇的"两级结构"

榜鹅新镇将传统的"新镇—邻里—组团"三级结构简化为"新镇—街坊（estate）"两级结构（图 2-5）。"街坊"是榜鹅新镇基本的规划单元，规模为 1

200～2 800户。榜鹅高档共管式公寓占10%,私人公寓与别墅占30%,普通政府组屋占60%,高、中、低档住宅在新镇层次上混合利用土地,且提升到更高的容积率(住宅地块3.0～3.5)。榜鹅新镇采用了全新的交通模式,新镇中心与城市地铁站点衔接,地铁线路串联各个街坊中心的轻轨站点,轻轨线路服务于新镇内部,连接地铁的轻轨站点距离居民住宅步行距离最远不超过300米,另外新镇巴士作为轨道交通的补充,最大限度便利居民出行,缩短出行时间。

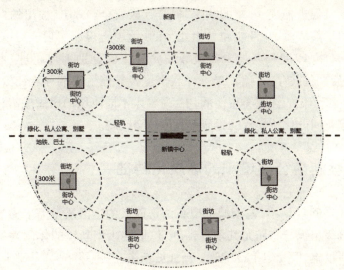

图2-5　榜鹅新镇典型二级结构模型

图片来源:作者绘制。

3.3　新镇结构是居民健康生活方式的基础

通过对淡滨尼新镇和榜鹅新镇规划结构的解析,可以发现新镇呈现以下特征:

一是新镇开发TOD模式,体现公交优先的特点。新镇充分利用交通与土地使用的契合关系,通过轨道交通将郊区节点与主城区紧密联系,围绕地铁站、公交换乘站等主要的交通设施实施高密度开发和土地混合利用,将新镇中心和交通设施整合为一体,使居民活动聚集于新镇中心,在提高土地的功能效率和价值的同时极大便利了居民的生活与出行。

二是新镇的分级结构,满足居民多层次的生活需求。新镇的分级结构可以多层次地满足居民购物和出行不同等级的需求,集中的商业服务设施在较短的服务半径和时间内实现对居民服务的最大化、最优化。

三是发达的公共交通和适宜的步行尺度,减少私家车出行。新镇中心与高密度开发区域与居住区间有高质量的公共交通连接。居住区间距邻里中心和街坊中心分别为 400 米与 300 米步行范围,有较高的步行可达性。适宜的步行距离和极高的公共交通使用率,减少了私家车的使用频率,大大降低了碳排放量。

四是新镇适度满足居民就近就业。以淡滨尼为代表的新镇提供了大量就近就业机会,适度结合了工作与居住功能的平衡,尽量减少居民的出行半径,符合 WHO 倡导的健康城市特征。

五是新镇促进种族、阶层的共融,提升社区安全。WHO 提出的"城市社区该有不同阶层的居民,并且能和平相处"在新镇中也得以实现。新镇内每个社区华族、马来族、印度和其他少数民族的允许比例分别不得超过 84%、22%、10%,多民族文化共存,避免了单一种族聚落容易催生极端种族和极端宗教主义的问题。多元化的住宅类型使低、中、高收入不同阶层的居民融洽相处,有效解决了贫富空间分化所导致的犯罪率高等社会问题。

4 新加坡新镇公共设施的健康化特征

在物质空间规划中,健康城市型新镇是以人的生活质量需求为导向的,公共设施的分级组织与布局尤其重要,其中包括健康型新镇的休闲娱乐设施、体育运动场所设施、医疗卫生设施等。新加坡新镇在"三级结构"基础上结合中心体系形成了一套公共服务设施配套相对完整的做法,是健康城市在住区规划领域重点关注的内容。

4.1 新镇公共服务设施的配置标准

新加坡公共服务设施与中心体系紧密结合,按照"新镇—邻里—组团"的三级结构,形成明确的分级,其设施类型、规模、服务范围都严格依照规范执行(见图 2-6、表 2-1)。

第一级:新镇中心及其周边。新镇中心与城市地铁站结合设置,设有大型商业设施和银行,周边配置包括综合诊所、图书馆、体育运动中心、初级学院、养老院、团体会所、新镇公园、庙宇、清真寺、教堂及地铁公交转换站等设施,一般新镇中心占地规模为 28 公顷左右。民众联络所(居民俱乐部,3~4 个邻里中心共享)均匀地分布在住区中。

第二级:邻里中心及周边。邻里中心结合城市地铁站或公交车站设置,设有日常生活必需的诊疗所、咖啡店、小贩中心、小型超市、菜市场、药店、美发店、日常商品店,周边配套托儿所、中小学及邻里公园等,服务半径 400 米。中小学则按照 400～500 米步行半径合理分布在住宅区中。

第三级：组团中心及周边。组团中心设有小型便利店、组团游园、儿童活动场等，周边利用住宅楼底层设置如基层居民委员会、社区会所、邻里警务站、幼儿园、儿童照管中心、老年人俱乐部等非营利性公共设施。

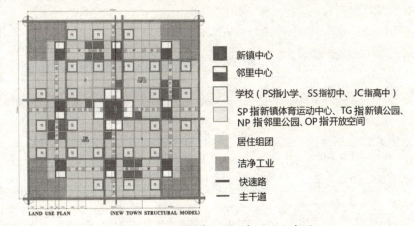

图 2-6 新镇公共服务设施分布图

图片来源：引自新加城 HDB Houseword 1992，vol. 73.

表 2-1 新镇公共服务设施配置标准

规 划 标 准		设 施
商业设施	商店（30～400 平方米）	每 70 户 1 家，20% 设在新镇中心，50% 设在邻里中心，30% 设在居住组团中
	简易商贩亭（3～15 平方米）	每 600 户 1 处，30% 设于新镇中心，70% 设于邻里中心
	商场（4 500～6 500 平方米）	每个新镇 1～2 处
	超市（1 200 平方米）	每个新镇 1～2 处
	饭摊（450 平方米）	750 户 1 处，7% 设于新镇中心，23% 设于邻里中心，70% 设于居住组团中
	饭馆（90～2 000 平方米）	每 1 000 户 1 处，30% 设于新镇中心，70% 设于邻里中心。此外，每个镇中心 2 或 3 个快餐饭店加 1 或 2 个较大饭馆
	办公	每 450 户 60 平方米，70% 设于新镇中心，30% 设于邻里中心
	电影院（1 800 平方米）	每个新镇 2 处，设于新镇中心
	迷你市场（450 平方米）	每 6 000 户 1 处
	短暂营业鲜活农副产品店（130 平方米）	每 3 000 户 1 处
	普通农副产品店（40 平方米）	每 500 户 1 处

续表

公共事业性设施	小学场地(1.8平方千米)	每2 300户1处
	中学场地(2.7公顷)	每4 100户1处
	高中场地(6公顷)	每个新镇1处
	职业学院(6公顷)	每个新镇1处
	图书馆(0.3~0.4公顷)	每个新镇1处
	综合诊所(社区医院)(0.5公顷)	每30 000户1处
	社区中心(0.5公顷)	每4 000~5 000户1处,位于邻里中心
	清真寺(3 000平方米)	每个新镇1处
	佛教寺院(0.2公顷)	每9 000户1处
	教堂(0.3~0.4公顷)	每12 000户1处
	兴督教寺庙(0.2公顷)	每2个新镇1处
	其他如基层居民委员会、社区会所、邻里警务站、幼儿园、儿童照管中心、老年人俱乐部等	非营利性公共设施,通常布置于公寓楼底层架空层中。其他公共机构在每个邻里保留0.2~0.4公顷的预留用地6~7处
体育休闲	游泳中心(1.5平方千米)	每个新镇1处
	运动中心(3公顷)	每个新镇1处
	室内运动场(1.2公顷)	每个新镇1处
	足球场(140米×100米或95米×75米)	每个邻里中心至少一处
	可进行羽毛球、排球等活动的硬地院子(6.5米×18.5米)	每1 000户1处
	多功能院子(30米×18米)	每2 500~3 000户1处,每个邻里1处
	组团游园(0.2公顷)	每3 000人1处
	邻里公园(1~1.5公顷)	每个邻里中心1处
	新镇公园(5~10公顷)	每个新镇1处

4.2 淡滨尼新镇与榜鹅新镇的主要公共设施布局

上述这种典型的公共设施配置标准在淡滨尼新镇得到了完整的体现,其各种配套设施完善、环境品质非常好。由于淡滨尼也是新加坡东部区域中心,因此设有大型购物中心、公积金分局、大型综合医院等。以下为淡滨尼新镇主要公共服务设施数量(表2-2)。

表 2-2　淡滨尼新镇主要公共服务设施

公共服务设施	设 施 名 称	主要设施数量
淡滨尼新镇中心主要大型商业设施	淡滨尼购物中心、世纪广场购物中心、淡滨尼 1 号商业中心(Tampines 1)、IKEA 以及各类餐厅、超市、电影院、商店、书店、珠宝店、礼品店等	4
主要休闲设施（公园）	淡滨尼生态公园(Tampines Eco Green)、淡滨尼中央公园(Tampines Central Park)、太阳广场公园(Sunplaza Park)、淡滨尼自行车公园(Tampines Bikepark)、淡滨尼 Quarry 公园(Tampines Quarry Park)	5
主要公共交通设施	淡滨尼西地铁站、淡滨尼东地铁站、淡滨尼巴士换乘站	地铁站 2 个，巴士换乘站 1 个
小学	英国文联学前学校、Chongzheng 小学、East Spring 小学、East View 小学等	9
初中	Dunman 初中、East Spring 初中、East View 初中、Junyuan 初中等	9
国际学校	东南亚联合世界学院（淡滨尼校区）	1
高中及大专院校	淡马锡理工学院、淡滨尼初级学院	2
医疗设施（包括牙科和诊所）	樟宜综合医院、Chia Kit Chay 诊所、Acuhealth Tcm 诊所、Advanced Dental Surgery 牙科等	每个邻里中心 2～3 个诊所
主要体育设施	淡滨尼体育运动中心、淡滨尼游泳中心	2
宗教设施	Bethesta Church 等 7 个教堂、Masjid Darul Ghufran 清真寺、淡滨尼中国寺庙	9
民众联络所（包括基层居民委员会、居民俱乐部）	淡滨尼中心民众联络所、淡滨尼西民众联络所等	民众联络所 3～4 个邻里中心共享 1 处；社区中心每 4 000～5 000 户共享 1 处；基层居民委员会（邻里委员会）每 1 500～2 500 人共享 1 处

资料来源：http://en.wikipedia.org/wiki/Tampines.

榜鹅新镇中心与交通站点有机结合，新镇中心内有大型商业设施、餐厅、超市、邮政所等，周边配套医疗设施、宗教设施、体育场馆等设施。分布在街坊内诊疗所、咖啡店、小贩中心、小型超市、菜市场、药店、美发店、普通日常商品商店等灵活布局，大大便利了居民的日常生活。以下为榜鹅新镇主要公共服务设施数量(表 2-3)。

表 2-3 榜鹅新镇主要公共服务设施

公共服务设施	设 施 名 称	主要设施数量
榜鹅新镇中心已建主要商业设施	榜鹅广场购物中心、Rivervale 购物中心、Compass Point 购物中心、Orchard 购物中心、PasirRis 商业中心	5
餐饮设施	Sengkang 餐厅、众多海鲜餐厅	—
主要休闲设施（公园）	Punggol Point 公园，Punggol Promenade 公园，榜鹅公园，榜鹅沙滩公园，Marina 乡村休闲俱乐部，榜鹅水道	2
交通设施	榜鹅快速路、Kallang-Paya Lebar 快速路、North-East Line、榜鹅巴士换乘站、榜鹅地铁站	5
小学	Edgeview 小学、Greendale 小学、Compassvale 小学、Rivervale 小学、Horizon 小学等	6
初中	绿苑中学（Greendale Secondary School）、培道中学（Punggol Secondary School）、育德中学（Edgefield Secondary School）	3
医疗设施（包括诊所）	General Practitioner 诊所、SengKang Poly 诊所、仁慈医院、Bright Vision 医院	5
主要体育设施	榜鹅体育运动中心	1
宗教设施	规划 7 个教堂、1 个清真寺、7 个庙宇	15
民众联络所（包括基层居民委员会、居民俱乐部）	榜鹅 21 民众联络所等	民众联络所 3～4 个邻里共享 1 处；社区中心每 4 000～5 000 户共享 1 处；基层居民委员会（邻里委员会）每 1 500～2 500 人共享 1 处

资料来源：http://en.wikipedia.org/wiki/Punggol.

淡滨尼新镇和榜鹅新镇充分体现了新镇公共服务设施根据中心体系分级配套的设计原则。"分级配套"规划思想实际上是一个分层次配套城市居住区各级公共活动中心的概念，主要服务于居民日常活动，全覆盖的设施使得新加坡在城市扩展的同时，避免了发展中国家普遍出现的市区拥挤现象。

4.3 新加坡新镇公共设施设置强调便捷可达性与参与性

从新镇公共服务设施配置标准、淡滨尼新镇和榜鹅新镇的公共设施分布可以看出新加坡新镇的公共设施在适宜的步行范围内能满足居民居住、工作、学习、娱乐多元化全方位的需求，最大化提高设施使用的便利性，其总体归纳起来有以下三个方面的特点：

第一，新加坡新镇公共设施注重布局集中性、系统性和到达便利性，营造居民归属感。新加坡新镇的公共服务设施配置模式是将公共服务设施、商业服务设施系统地集中于新镇中心、邻里中心（街坊中心），其功能高度复合，可以实现一站式服务。一方面，新镇中心、邻里中心（街坊中心）与公共交通站点相结合，提高其可达性；另一方面，公共和商业服务设施向居民更方便到达的地域范围集中，使居民能够更好地共享，并促进了社区居民的交流和社区地域感的形成，建立了更深层次的社区认同感。

第二，新加坡新镇公共设施注重医疗、教育、体育设施全覆盖。由于每个邻里中心均设有若干私人诊所、药房，居民至多只需5分钟步行即可到达就医，真正实现了便民就医的全覆盖。这种就近就医的形式，可以避免"小病"占用大医院资源。每个新镇的小学、初中步行半径为400～500米，保障教育资源的均等覆盖。每个新镇结合新镇公园、邻里公园、组团游园设置丰富的运动设施，可以提高居民锻炼身体的积极性。

第三，通过社区基层组织促进社区管理，增强公众参与的积极性。新镇设置的民众联络所（俱乐部），负责各种社区活动的开展；居民（邻里）委员会（社区会所），负责邻里关系的协调，促进邻里和睦、种族和谐和社区认同。社区基层组织使新镇的社区工作渗透到各个层面、各类人群，使得区内生活有条不紊，对于新加坡政令畅通和良好治安给予了极大的支持。

5 新加坡新镇开放空间的健康化特征

健康的住区环境对居民的身体、心理有着重大的影响。住区中的开放空间是人与自然亲密接触的媒介，可起到疏解精神压力、改善心脏功能、降低血压的功效。而且绿色公共空间对提升户外活动舒适度，缓解温室效应，促进生物多样性，提升居住环境品质都有着积极的作用。

5.1 淡滨尼新镇开放空间的系统性

5.1.1 层级分明的公园绿地体系

依托于新镇的"三级结构"，新加坡的公共住宅发展了一套完整的开放空间体系，这套开放空间体系不仅为新镇居民提供了充足的绿化场地和休憩空间，同时也是居民社交、培养认同感最为重要的场所。

淡滨尼是新加坡比较典型的新镇,公园绿地系统在新镇的"三级结构"下被划分为"新镇公园—邻里公园—组团游园"三个层级,不同层级的公园绿地为居民健身、娱乐、休闲、社交和接触自然提供了多样的方式与便利的场所。典型的新镇绿地公园的三级体系中"新镇公园"面积一般为 5~10 公顷;"邻里公园"的面积规模为 1~1.5 公顷,居民从住宅出户最远 400 米即可到达最近的邻里公园(图 2-7);"组团游园"的面积规模为 0.2 公顷左右,大约每 3 000 人共享一个"组团游园",确保以可持续发展的方式来发展社区公园和提升居住环境品质。

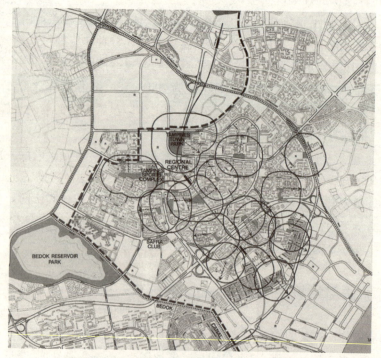

图 2-7 淡滨尼新镇公园、邻里公园服务半径

图片来源:引自 URA Singapore. Tampines planning area:Planning report 1995[R]. Singapore:URA,1995.

5.1.2 网络化的自行车道、慢跑小径与公园连廊系统

淡滨尼新镇倡导居民骑行、步行的低碳健康生活方式。通过自行车道、慢跑小径与公园联道将新镇公园、淡滨尼生态公园、淡滨尼中央公园、太阳广场公园、淡滨尼自行车公园(Tampines Bikepark)、淡滨尼 Quarry 公园和邻里公园连接成完整的系统(图 2-8、图 2-9)。

——健康城市国际研讨会论文选

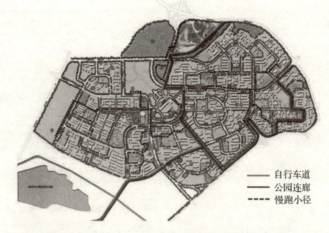

图2-8 淡滨尼新镇自行车道系统、慢跑小径系统及公园联道系统

图片来源：http://www.tampines.org.sg/GrowingOurTampines/Tampines-Master-Green-Plan.htm.

图2-9 淡滨尼Qaurry公园

图片来源：参考新加坡都市重新开发局(URA)网站。

淡滨尼是新加坡第一个"骑行示范新镇"，循环路径的自行车道网络将新镇住宅、重要交通设施节点（如地铁站）、邻里中心（商业娱乐、公共服务设施）、学校完整地联系起来。休闲骑行的游线也可以通过公园联道系统贯穿整个淡滨尼并延伸至其他新镇。淡滨尼为打造一个安全便捷的骑行新镇采取了一系列措施，以下是淡滨尼自行车道的部分指标（表2-4）。

表 2-4　淡滨尼自行车道部分指标

指　　标	内　　容
骑行路线长度	9.2 千米
"下车行走"路段	7 处
人行横道	10 处
步行道宽度	1.2 米扩展至 2 米
公共交通站点自行车停放点	在淡滨尼地铁站设置 247 处有盖自行车停放点
住宅自行车停放点	8 790 个
自行车管理员	120 人

资料来源：http://www.tampines.org.sg.

自行车系统、慢跑小径系统和公园连廊系统结合了低碳出行、身体锻炼、出门见绿的网络化开放空间，是新镇生态化、人性化、健康化的重要措施，同时也突出了低碳生活与健康生活的统一性（图 2-10）。

图 2-10　淡滨尼新镇自行车道实景

图片来源：http://www.http://cn.bing.com.

5.1.3　便捷有盖连廊系统与活力架空层空间

新加坡处于热带，多雨、阳光直射强烈，为了提倡步行，以淡滨尼为代表的新镇专门设置了覆有遮阳雨棚的 Linkway 步行系统（图 2-11）。Linkway 步行系统不仅可以连接小区步行路径成为一个完整系统，还可从住宅建筑底层架空空间延伸至邻里中心、公交站点（巴士候车亭）等公共服务设施，构成了完善的步行路线，避免与车辆交叉，增大了居民步行的安全因素，保证居民风雨无阻而舒适地步行。

而架空层则是把与地面连接的建筑底层作为公共活动空间,作为便民活动的公共场所,组团内居民的喜事、丧事、邻居交流、儿童玩耍等活动常常在此进行,成为居民活跃的社交空间(图2-12)。

图2-11 淡滨尼有盖连廊的内外部连接

图片来源:作者拍摄。

图2-12 功能复合的组屋架空层空间

图片来源:作者拍摄。

5.2 榜鹅新镇开放空间系统的生态性健康化趋势

榜鹅新镇是新加坡致力打造健康新镇、生态新镇的最新实践结晶。1996年提出的"榜鹅21"发展概念中将榜鹅水道的建设作为整个新镇发展计划的主轴。2007年新加坡李显龙总理宣布将"榜鹅21"计划提升为"优质榜鹅21",并推出独具一格的建设概念:在实现紧凑发展的条件下,合理利用自然资源的可持续发展方向。

5.2.1 更优化的公园绿地系统布局

为使相同面积的公园绿化更接近居民,榜鹅新镇将原本的"组团游园—邻里公园—新镇公园"的三级系统变为"街坊绿地—新镇公园"的两级绿地系统。其中街坊绿地面积0.4~0.7公顷,虽然跟邻里公园1~1.5公顷的面积相比缩减了一半,但是将邻里公园400米的服务半径减少到100~200米。200米是一个更合适的步行距离,居民到达街坊绿地并在此进行休闲、锻炼等活动的意义大大提升,相比于邻里公园,街坊绿地的使用率也得到了极大的提高。

榜鹅新镇的公园绿地系统包含"中央公园+带状公园+街坊绿地+滨水绿环"四部分(图2-13),与以前的新镇公园绿地系统相比,"带状公园"和"滨水绿环"的引入是另一创新,其中带状公园宽度40米,带状公园的设置直接联通中央绿地、海滨及区域交通节点,直接将新镇的绿地系统纳入整个新加坡的"绿网系统","滨水绿环"则是在自然形式的滨海空间的基础上人工开挖榜鹅水道,与"亲绿"相比,"亲水"是居民对环境更高一层的诉求。

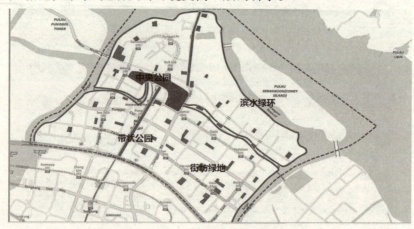

图2-13 榜鹅新镇公园绿地系统

图片来源:作者编辑绘制。

5.2.2 榜鹅水道引领绿色健康的生活方式

榜鹅水道最初为一条横跨榜鹅市镇的沟渠,连接新加坡东北部的两个蓄水池——榜鹅蓄水池和实龙岗蓄水池。如今,榜鹅水道已被建设成全长4.2千米、岸线8.4千米的贯穿全部邻里的景观水道,可导入50万立方米的水量至两个蓄水池。尽管原本榜鹅就是一个滨海的新镇,有着约13千米的长的亲水岸线,但榜鹅水道的建成使榜鹅从临海不亲水地域,变成了有约22千米(岸单边亲水岸线估算)临水岸线的亲水新镇。

水道在沿岸设计丰富的娱乐设施、商业和住宅项目,使居民在结束一天的工作后可以放松身心和舒缓疲劳。水道两侧的步行栈道、自行车道和慢跑小径,让居民可以更靠近水道锻炼休闲,水道也设有支持皮划艇、独木舟等运动项目的设施。亲近水体的栈道、软质驳岸、运动场地、自行车道和贯穿整个公园绿地系统的无障碍设施都体现出新加坡政府鼓励国民进入绿色空间享受自然的态度,在这里居民可以享有出门亲水、更活力、更健康的生活方式。

图2-14　榜鹅亲水住宅商业区

图片来源:作者拍摄。

图2-15　榜鹅水道运动实景

图片来源:http://cn.bing.com。

5.3　新加坡开放空间系统的健康化特征

通过以上对淡滨尼新镇和榜鹅新镇开放空间的系统分析,我们可以发现新加坡新镇具有以下三个特征:

第一,新加坡新镇开放空间注重体系性、多层次、网络化、慢行优先。淡滨尼新镇的三级公园体系和榜鹅新镇的两级公园体系均体现了新加坡绿色开放空间多级化服务的理念。无论是淡滨尼新镇的自行车道系统、慢跑小径系统、公园联道系统及 Linkway 系统,还是榜鹅新镇"中央公园 + 带状公园 + 街坊绿地 + 滨水绿环"系统,均体现了以绿网系统和慢行系统网络化来鼓励居民选择慢行优先。

第二,新加坡新镇开放空间引导居民骑行和步行,倡导低碳生活和健康生活的统一性。完善的绿网系统和慢行系统在日常生活中为居民创造锻炼机会,有利于增加居民的日常运动量,增加居民亲近绿色的机会,放弃私家车出行,降低人均空气污染和温室气体的排放,使低碳生活和健康生活统一。

第三,新加坡新镇强调开放空间的就近可达性和便利性,居民享有多元化的开放空间,大大增加了交流的方式和途径。绿网与水道相结合,为居民提供更完善的体育设施,使居民享有便捷亲水、亲绿与自然相融合的健康生活方式。

6 新镇公共设施和开放空间与健康城市的关联性讨论

6.1 新加坡新镇健康化要素的特征解读

通过对淡滨尼和榜鹅两个新镇的建设实践经验的梳理与分析,我们可以发现新加坡新镇建设尤其是公共设施和开放空间的设计将WHO健康城市的理念始终贯穿其中,一方面为居民提供了完备的商业、娱乐、医疗、教育及其他社区公共设施,另一方面也提供了充足的、便捷可达的绿色活力开放空间,引导居民进行体育锻炼,创造邻里互动的机会,倡导步行和公共交通优先降低了机动车使用频率,从而促进城市住区迈入健康发展的良性循环。为提取出新镇的健康化特征,本文对淡滨尼新镇和榜鹅新镇健康规划建设进行了总结,得出其关键要素有以下这些方面(如表2-5所示)。

表2-5 淡滨尼新镇和榜鹅新镇健康化要素特征

要素	淡滨尼新镇 面积:20.61平方千米 规划人口:30万	榜鹅新镇 面积:10平方千米 规划人口:30万	新镇健康化要素解读
TOD模式	地铁站+巴士换乘+大人流量商业集中布局	地铁站+巴士换乘站+轻轨系统+站点商业	新镇内外部公共交通连通性,提倡公交优先,有效引导健康生活方式和行为模式
土地功能混合使用	商业、科技园、无污染工业、会展、教育、居住	商业、休闲娱乐、创意产业、居住	在新镇内部创造就业空间,减少长距离出行,适度满足就近就业

续表

要素	淡滨尼新镇 面积:20.61平方千米 规划人口:30万	榜鹅新镇 面积:10平方千米 规划人口:30万	新镇健康化要素解读
新镇结构分级	3级结构: 1个新镇=8~12个邻里 1个邻里=8~10个组团 1个组团=400~800户	2级结构: 1个新镇=8~12个街坊 1个街坊=1 200~2 800户	便利的分级结构减少了新镇内部出行距离,提供多层次公共设施的全覆盖,极大优化了人工环境的便利性与可达性
邻里中心(街坊中心)步行半径	400米	300米	适宜的公共设施步行尺度,提倡居民步行,减少久坐对健康的危害
住宅类型	2%低密度私人别墅 9%中密度公寓 89%高密度政府组屋 (容积率2.8)	10%高档共管式公寓 30%私人公寓与别墅 60%普通政府组屋 (容积率3~3.5)	高密度开发,多元化的住宅类型,保证低、中、高收入不同阶层居民的居住,减少社会犯罪,增加社区安全性
居民族裔	每个社区里华族、马来族、印度和其他少数民族允许比例分别不得超过84%、22%、10%	每个社区里华族、马来族、印度和其他少数民族允许比例分别不得超过84%、22%、10%	满足种族共融
商业设施	新镇中心(大型商业设施及超市)和邻里中心(商店、小型市场、餐饮)	新镇中心(大型商业设施及超市)和街坊中心(商店、小型市场、餐饮)	集中布置、一站式服务,更加便利;商业和公共交通有效而紧密的结合,提升了TOD模式的可实施性,同时扩大了社区交流空间,增加社区认同感
教育设施	高等学校、高中和国际学校(设于新镇中心)小学、初中400~500米步行半径	小学、初中400~500米步行半径	适宜步行尺度内的教育设施,保证教育公平性
医疗设施	社区医院(设于新镇中心),邻里中心另设诊所、牙科、药店,服务半径400米	社区医院(设于新镇中心),街坊中心设诊所,服务半径300米	医疗设施全覆盖,适宜的就医步行尺度,满足居民就近就医的需求
体育设施	新镇运动中心约5公顷(包括运动场、游泳中心、多功能室内体育馆、健身中心),每个邻里中心设足球场、羽毛球场、篮球场、健身站点	设有新镇运动中心、水道(水上运动),每个街坊设足球场、羽毛球场、篮球场、健身站点	随处可见的体育设施,引导居民随时进行健身活动,提高居民的运动频率

续表

要素	淡滨尼新镇 面积:20.61平方千米 规划人口:30万	榜鹅新镇 面积:10平方千米 规划人口:30万	新镇健康化要素解读
宗教设施	教堂、清真寺、佛教庙宇	教堂、清真寺、佛教庙宇	尊重各族裔的宗教信仰,促进居民的社会适应和心理归属感
社会服务设施	民众联络所(俱乐部,每3~4个邻里共享1处);社区中心(每4 000~5 000户共享1处);基层居民委员会(邻里委员会,每1 500~2 500人共享1处)	民众联络所(俱乐部,每3~4个邻里共享1处);社区中心(每4 000~5 000户共享1处);基层居民委员会(邻里委员会,每1 500~2 500人共享1处)	基层组织促进了社区管理,增强了公众参与性
公园绿地体系	3级: 新镇公园5~10公顷、邻里公园1~1.5公顷、组团游园0.2公顷	2级: 新镇公园5~10公顷、街坊绿地0.4~0.7公顷	绿色开放空间的体系性和多尺度性使居民出门见绿,亲近自然,为居民提供充足的休憩场所
绿地的服务半径	邻里公园服务半径400米;组团游园服务半径100~150米	街坊绿地服务半径100~200米	较高的绿地可达性,提高居民主动参与休闲活动的意愿
特色开放空间	1个新镇公园、10个邻里公园,有盖连廊、底层架空空间、自行车道系统、循环慢跑小径系统、公园绿廊网络	1个新镇公园、2个带状公园、1条滨水绿环、垂直绿化、屋顶绿化、多层车库上的儿童游乐场、滨水自行车道、滨水慢跑小径、榜鹅水道	丰富特色,开放空间,引导居民进行体育锻炼;便利的步行和骑行专用通道倡导低碳生活;创造社区公共活动与居民交流的空间,增加居民互动机会;滨水空间使居民出门见水

新加坡新镇公共设施和开放空间主要呈现以下特征:

(1)健康的规划结构奠定了健康的生活模式。无论是淡滨尼新镇的"三级结构"还是榜鹅新镇的"两级结构",均以TOD模式贯穿新镇的规划和建设,以公共交通为导向联系重要的中心节点,这样的新镇结构和布局深刻地影响了居民的生活、工作、娱乐等出行行为。另一方面,新镇的公共服务设施便利性的配置与开放空间可达性的规划设计也与新镇的结构和布局有着密切的关系,可见新镇的健康结构为居民健康生活提供了良好的基础。

(2)公共设施在硬件方面呈现出体系化、可达性、便利性与归属感。新镇公共设施按照新镇、邻里、组团的形成明确分级。商业设施、公共事业设施和体育休闲设施按照规模、服务范围形成了非常规范的体系,结合交通设施集中布局提高可达性,并将多种设施功能混合布局,一站式服务。新镇通过促进居民使用集中公共设施和公共场地,为居民相互交流创造机会,扩大居民的社交网络,增强居民的归属感和认同感。

（3）多层次的开放空间,拉近居民与居民之间、居民和自然之间的距离,注重居民精神愉悦的体验。多层级社区公园和多种形式的户外空间,多层级的新镇公园体系使绿色空间渗透到新镇的每一个区域,为住区居民提供了休闲、锻炼的方便场所,创造了更多的机会供居民交流,也是加强社区精神的重要物质载体。以人为本的开放空间建设理念也使新镇居民在工作之余随时有亲近自然的愉悦体验。

6.2 基于新镇特征要素的健康住区模型探讨

依据 Barton(2010)健康决定因素圈层模型,将新加坡新镇健康化要素进行概括和提炼,可以发现其具备以下重要元素:提取人工环境、行为活动、社区、生活方式圈层,从以人为本的角度出发,建立躯体健康、心理健康和社会适应三维坐标,形成"躯体健康+心理健康"层面、"躯体健康+社会适应"层面和"心理健康+社会适应"层面的标准。在此基础上对新镇公共设施和开放空间建设的重要元素进行叠加,而人工环境要素在以上三个层面均对居民健康产生作用:

躯体健康和心理健康层面包括:公园体系(运动健身、放松身心、休憩娱乐、居民社交、出门见绿、出门见水)、自行车道、慢跑小径、人工水道(运动健身、放松身心、居民社交)、体育设施(就近锻炼)、组屋架空层(居民社交)。

躯体健康和社会适应层面包括:土地混合使用(就近就业)、医疗设施(就近就医)、新镇中心、邻里中心和街坊中心(便利生活、居民社交)、有盖连廊系统(步行安全)、无障碍设施(步行安全)。

心理健康和社会适应层面包括:TOD 模式(公交优先模式)、多元化住宅(阶层共融)、宗教设施(种族共融)、教育设施(公平教育)、居民联络所(居民交流、居民参与、社区责任)。

叠加模型演绎如图 2-16、图 2-17 所示。

新加坡新镇公共设施和开放空间通过空间规划改造居民生活的人工环境,在身体健康、心理健康和社会适应方面通过行为、社区、生活方式三个圈层的相互作用,最终对居民健康产生综合影响,能较好地满足健康城市发展需求。在躯体健康—心理健康层面倾向于绿色社区、运动社区和亲密社区;在心理健康—社会适应层面发展为凝聚力社区、公平社区和共融社区;在躯体健康—社会适应层面则倾向于便利社区、自足社区和安全社区。

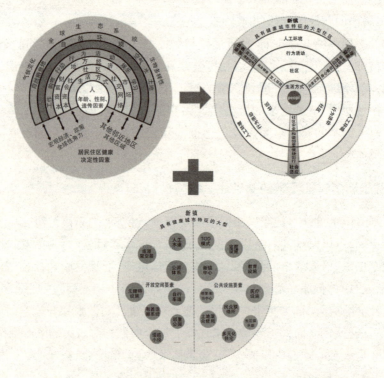

图 2-16　模型演绎和新镇公共设施与开放空间主要要素提取

图片来源：作者编辑绘制。

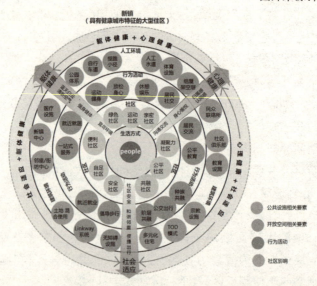

图 2-17　新加坡新镇公共设施和开放空间元素与健康决定圈层的关系

图片来源：作者编辑绘制。

7 结语

本文基于以上探讨过程得到以下启发:第一,健康住区规划应突破卫生领域,强调健康城市人造环境、行为活动、生活方式的强制性引导作用;第二,住区与市民健康密不可分,是能反映健康城市的主要因子;第三,以社区为基础的健康城市项目,尤其是以公共住宅为主的新镇,在复杂的城市系统中,是相对容易实施操作的;第四,在新加坡新镇体系中,公共设施、开放空间是相关健康城市特征和元素的重要物质规划载体,也是可以根据人的需求标准化、系统化规划建设的;第五,健康城市规划建设应以政府主导,多行业、跨部门(如新加坡建屋发展局 HDB、陆路交通管理局 LTA、公共事业局 PUB 及人民协会等)相互协作是成功的关键。

新加坡在建设城市大型健康住区方面为全球做了良好的示范,但是建立健康城市是一个复杂的系统性问题,在规划和公共卫生方面仍然有很多问题值得深入探讨,例如如何从城市规划角度协助预防疾病的传播,怎样降低不宜居建筑的比例,如何提高公众享受健康和病残护理的服务标准,此外对中国而言,还有解决流动人口就业问题、降低低收入人群比例等严峻问题,围绕健康城市的课题仍然可以深入挖掘,健康城市发展任重而道远。

(感谢杨瑞、刘成成参与本文前期工作)

参考文献:

[1] 许从宝,仲德崑,李娜. 当代国际健康城市运动基本理论研究纲要[J]. 健康城市,2005,10(29):52-59.

[2] NiyIA. The Healthy cities approach—reflections on a framework for improving global health [J]. Bulletin of the World Health Organization,2003,81(3).

[3] 陈柳钦. 健康城市建设及其发展趋势[J]. 中国市场,2010(33).

[4] 周向红. 加拿大健康城市实践及其启示[J]. 公共管理学报,2006,3(3):68-111.

[5] Whitehead M. & Dahlgren G. What can we do about inequalities in healeth? [J]. Lancet, 1991(388):1059-1063.

[6] H. Barton, G. Marcus: Shaping neighbourhoods: a guide for healthy, sustainability and vitality[M]. London:Spon Press,2003:11-12.

[7] Barton H. , Grant M. & Guise R. Shaping neighourhoods for local health and global sustainability[M]. 2nd edn. London : Routledge, 2010.

[8] 王茂林. 新加坡新镇规划及其启示[J]. 城市规划,2009,8(33):43-59.

[9] 陈石可,胡媛,杨天翼. 新加坡21世纪新镇规划模式研究——以榜鹅新镇为例[J]. 特区经济,2013(1):82-85.

[10] 王剑云. 韩笋生. 杭州与新加坡的城市社区组织模式比较[J]. 城市规划汇刊,2003(3):24-29.

[11] 新加坡新市镇规划的经验及启示[J]. 亚洲城市,2014(2):75-80.

[12] 周宇亮,梁宜文. 新加坡:永续发展城市的一个范例[J]. 城市观察,2011(1):32-40.

[13] 郭静,郭茵. 住区环境的功能性设计——新加坡人性化居住环境的启示[J]. 四川建筑,2009,5(29):34-36.

[14] http://www.healthycities.org/overview.html.

[15] http://www.hdb.gov.sg/.

[16] 邱明达. 新加坡,全球最健康国家[N]. 生命时报,2013-10-29(4).

[17] H. Barton. Land use planning and health and wellbeing[J]. Land use policy, 2009 (26S):115-123.

[18] 王剑云,韩笋生. 杭州与新加坡的社区组织模式比较[J]. 城市规划会刊,2003(3).

——健康城市国际研讨会论文选

初探健康城市浪潮理念在台湾地区的发展历程
——以台南市为例

Research on Healthy City Development in Taiwan
——A Case Study in Tainan City

詹世州① 　　许天怡②
Zhan Shizhou　　Xu Tianyi

摘　要　世界卫生组织(WHO)统计数据显示,全球环境正面临城市的迅速扩张,估计至2025年,城市人口将占世界人口数的61%。城市的扩张带来许多社会、卫生及生态问题。因此,城市的存在出现了新的诠释,城市不再只是一个经济实体,更是生活、呼吸、成长和愉悦生命的空间。

本文从探究我国台湾地区各健康城市的推广案例,深入了解台南市健康城市计划——其推动较早,经验也相对完整。由于影响健康的因素是多元且复杂的,为了有效解决城市居民的健康问题,有必要整合各部门的专业以推动实践。面对健康城市主义全球化,健康计划从改变环境的行动,进而扩至个人实践,从而更有效地平衡城市空间与自然环境。

Abstract　World Health Organization (WHO) statistics pointed out, that the global environment is facing rapid city expansions. Estimated by 2025, the world's urban population will exceed 61%. City expansions are causing social, health and ecological problems. Therefore, new definition of the city has developed. The city is no longer just an economic entity; it should be a place of living, breathing, space to grow and pleasuring.

This article explores various health promotion city cases in Taiwan, giving insight into Tainan Healthy City program, which was an early but matured example. The factors that affect human health is diverse and complex, in order to effectively address the health problems of urban residents, there is need to integrate experience from various departments. Health and Urbanism has become a global issue; actions were taken to improve the environment, then to personal praxis. Therefore, effectively creating a balanced urban space and natural environment.

关键词　健康城市理念　台湾地区　台南市　健康城市计划
Key Words　Healthy City Development　Taiwan　Tainan City　Healthy Gty Program

---

① 詹世州,台北邦城规划设计有限公司,台湾注册建筑师。
② 许天怡,台北邦城规划设计有限公司,规划师。

1 研究背景

1.1 健康城市的起源

健康城市的概念是由 WHO 开始倡导的,其概念主要受 1978 年 Alma Ata 全民健康(Aealth for All)宣言及 1986 年渥太华宪章的影响,全民健康的原则强调城市公平性、社区参与、健康促进、跨部门合作、基层保健与国际合作。而渥太华宪章更进一步提出 5 大行动纲领,这些纲领内容是:

(1) 建立健康的公共政策;
(2) 创造支持性的环境;
(3) 强化社区行动;
(4) 发展个人技能;
(5) 调整健康服务方向。

健康城市计划始于 1986 年,由 21 个欧洲城市在里斯本召开会议,决议共同发展都市健康,并指出健康城市的以下 5 大特征(Ashton,1992):

(1) 健康城市计划是以行动为基础,应用全民健康理念、健康促进原则及 38 个欧洲目标为主要架构;
(2) 良好的行动方案是依据城市自身的优先次序,其范围可从环境行动到计划设计,进而扩至个人生活改变,其主要原则是健康促进;
(3) 监测并研究良好的健康城市对城市与健康的影响;
(4) 对结盟城市或有兴趣的城市宣传相关想法或经验;
(5) 城市及乡镇间能相互支持、合作、学习及开展文化交流。

1.2 健康城市的定义

Hancock 及 Duhl(1986)给出的健康城市的定义是:"健康城市是一个具有持续创新和改善城市中的物理和社会环境,同时能强化及扩展社区资源,让社区民众彼此互动、相互支持,实现所有的生活功能,进而发挥彼此最大潜能的城市。"并提出理想的健康城市应具有下列 11 项功能:

(1) 干净、安全、高质量的生活环境;
(2) 稳定且持续发展的生态系统;
(3) 强有力且相互支持的社区;

(4) 对影响生活和福利决策具高度参与的社区；
(5) 能满足城市居民的基本需求；
(6) 市民能借多元管道获得不同的经验和资源；
(7) 多元化且具有活力及创新的都市经济活动；
(8) 能保留历史古迹并尊重地方文化；
(9) 有城市远景，是一个有特色的城市；
(10) 提供市民具有质量的卫生与医疗服务；
(11) 市民有良好的健康状况。

图 3-1　世界各地理想的健康城市

2　国际健康城市的发展现况

自 1986 年推动渥太华健康促进宪章以来，目前全球各地至少已有数千个健康城市创立，遍布于欧洲、美洲、非洲、中东、东南亚与太平洋等区域。

2.1　健康城市联盟

全球城市联盟可分为三种不同的典型：

综合型：跨国组织联盟，议题也较广泛多元，例如解决全球化和城市化面临的冲击、降低城市间的差距和不平等。联盟代表如 1999 年由世界银行及联合国人居署（UNCHS）共同创立的城市联盟（Cities Alliance）等。

主题型：单一的共同目标组织之联盟，联盟主题鲜明，如主攻全球性经济发展的世界城市联盟（World Cities Alliance, WCA）以及反种族歧视之主义国际城市联盟（Coalition of Cities Against Racism and Discrimination）等。

国家型：多为某个国家内部的地方政府结盟，目的在强化地方政府和中央对话时的立场。这类联盟常见于各国，如加拿大市政联盟（Federation of Canadian Municipalities，FCM）、法国大城市市长协会（Association de Maires de Grandes Villes de France）等。

2.2 欧洲健康城市网络

欧洲地区的健康城市联盟网络启动较早，主要有三个层级：

国家层级：国家健康城市网络（National Healthy Cities Networks）由欧洲各个国家的国内城市组成基本骨干，而后各国网络再联合成立为欧洲网络。

洲际层级：欧洲健康城市网络联盟（Network of European National Healthy Cities Networks），为欧洲各个国家的国内网络再联合建立的联盟组织。

WHO欧洲健康城市网络（WHO European Healthy Cities Network）：是健康城市运动的指标。主要架构于WHO欧洲办公室下，WHO会在欧洲依各国家的人口数多寡设定城市名额，由各国推荐申请WHO健康城市认证，WHO欧洲办公室会依循发展目标给予辅导。

目前WHO欧洲健康城市已实施至第四阶段，各阶段的工作重点和认证城市数量分别为：

第一阶段（1987—1992年）：重点在提倡Health for All的概念，建立新的实施架构，以期能引导组织及机构在各城市中改变其推动健康的方向。

第二阶段（1993—1997年）：重点在于加速各城市对政策的采用，强化支持系统及跨部门联结，强调以行动为导向的政策及计划。

第三阶段（1998—2002年）：此阶段更倾向于行动导向，期望能公平地维持社会发展，强调公共政策的建立与健康计划的整合，也期望各城市能有系统地监测及评价其方法。

第四阶段（2003—2008年）：核心议题为健康影响评估（Healthy Impactassessment）、健康都市计划（Healthy Urban Planning）及健康的老化（Healthyaging）三大方向。

目前几个WHO主要的城市议题如表3-1所列：

表 3-1 WHO 主要城市议题所关注健康城市要素

老化	健康冲击评估	社经因素
空气	住宅	永续发展
喝酒	心理卫生	交通
青少年	非传染病	都市治理
城市健康发展	营养	都市计划
社区参与	身体活动	暴力
药物	贫穷	环境卫生

2.3 西太平洋健康城市联盟—— Alliance for Healthy Cities(AFHC)

2003年10月17日西太平洋健康城市联盟由 WHO 西太平洋区办公室推动成立,其所关注的议题和欧洲健康城市不完全相同,如表3-2所示:

表 3-2 WHO 西太平洋区办公室所关注的健康城市要素

健康的社区与村庄	健康的工作环境	健康促进医院
健康促进学校	生态保护	健康市场和安全食物
饮食、运动、身体活动	好的政府	污染控制
废弃物管理	健康的观光事业	

西太平洋健康城市联盟成立的目的及功能如下:

(1)加强提倡健康城市,鼓励创新计划以改善生活质量,并着重特殊地区的健康问题;

(2)提供分享健康城市经验的机会,着重关注会员共有的健康议题;

(3)为有杰出表现的健康城市会员颁发证书;

(4)有效运用所有可利用的资源,并促进西太平洋区及其他地区推广健康城市的经验;

(5)与学术单位合作发展新知识和技术,并包装技术性的资源以改善健康城市的计划、执行和评估。

3 我国台湾地区的健康城市

3.1 发展概况

我国台湾地区自2003年开始协助台南市、苗栗县、花莲县、高雄市及台北县等推动健康城市计划,部分县市也自行编列预算落实健康城市计划(见

表3-3、3-4)。

表3-3　我国台湾地区健康城市推动模式

全县市推动模工	乡镇市推动模式
1. 台南市　　6. 嘉义市 2. 苗栗县　　7. 南投县 3. 花莲县　　8. 新竹市 4. 高雄市　　9. 新竹县 5. 台东县　　10. 云林县	1. 台北市 　　大安区、士林区、北投区、 　　中山区、松山区、万华区 2. 台北县 　　淡水镇、双溪乡、平溪乡 3. 屏东县、屏东市

表3-4　我国台湾地区推动健康城市的县市

"国民健康局"委托计划协助启动的县市（委托时间）	县市府自行编列预算启动的县市（启动时间）
1. 台南市(2003—2005年) 2. 苗栗县(2006—2007年) 3. 花莲县(2006—2007年) 4. 高雄市(2006年) 5. 台北县(2007年)	1. 台北市(2002年至今) 2. 台北县(2005年至今) 3. 南投县(2005年至今) 4. 屏东县屏东市(2006年至今) 5. 台东县(2007—2008年) 6. 嘉义市(2008年至今) 7. 新竹市(2008年至今) 8. 新竹县(2008年至今) 9. 云林县(2009年至今)

3.2　推动模式

我国台湾地区健康城市推动模式可分为县市层级与乡镇市区层级两类(详见表3-5)。

表3-5　健康城市在台湾地区的指针项目一览表

	环境指标	健康指标	环境指标
国际指标	A_1死亡率(标准化)(‰)	C_1空气污染	D_3失业率
	A_2死因统计(标准化)(‰)	C_2水质	D_4收入低于平均所得之比例
	A_3低出生体重比例	$C_3 \sim 1$污水处理率	D_5可照顾学龄前儿童机构比例
	B_2儿童完成预防接种的比例		
	B_3每位医师服务的居民数		
	B_4每位护理人员服务的居民数		
	B_5健康保险的人口百分比(%)		
	B_6医疗院所弱势语言服务		
	D_6小于20周、20～34周、35周以上活产儿的百分比		

续表

	环境指标	健康指标	环境指标
本土指标	TH_1 18 岁以上成人吸烟率(#)	TE_1 河川品质	TS_1 犯罪率
	TH_2 18 岁以上成人嚼槟榔率(#)	TE_2 公厕检查通过 TS_2 犯罪破获率	
	TH_3 规律运动人口比例		TS_3 机动车肇事比例
	TH_4 长期照护受照顾率		TS_4 酒醉驾车肇事比例
			TS_5 每万人火灾发生次数
			TS_6 独居老人受关怀比例
			TS_7 社会福利支出比例
			TS_8 居民担任志工比例
			TS_9 参与小区营造单位
省直辖市、县辖市类增加的项目	B_1 卫生教育计划数量	C_6 绿覆率	TS_{10} 终身学习
	TH_6 无烟环境数量	C_7 公园绿地可及性	TS_{11} 文化设设数量与成长率
		C_9 运动休闲设施	
		C_{10} 徒步区	
		C_{11} 脚踏车专用道	
		C_{12} 大众运输座位数	
		C_{13} 大众运输服务范围	
		TE_3 空地整理百分	
		TE_4 人行道空间比率	
		TE_5 人行道与骑横无障碍改善率	

■代号说明：A、B、C、D 皆为 WHO 建议的 32 项指标。我国台湾地区新增的指标以 TH_1、TH_2、TH_3……代表健康指标，以 TE_1、TE_2……代表环境指标，以 TS_1、TS_2、TS_3……代表社会指标。

3.3 台湾地区的健康城市指标

全球健康城市指针系统是一动态的建置及监测过程，借由指标资料评估、诊断整体问题及其演变之趋势，研拟适当的策略来解决问题。然而，就台湾地区的健康城市指标而言，其建立主要是以 WHO 国际健康城市的 32 项指标为基础，参考本地区推动县市所研拟建置的指标来讨论确定之后，再讨论决定给各指针项目排序。

3.4 台湾地区的健康城市联盟

2005 年，台南市与台北市、高雄市共同发起筹组台湾地区健康城市联盟事宜。

2006年,全台湾地区县市领导参加"台湾地区健康城市联盟高峰会议",签署《健康城市议定书》。

图3-2 台湾地区健康城市联盟

2008年1月20日,台湾地区健康城市联盟正式成立,其联盟组织设立四组委员会共同审核与执行相关内容:

(1) 研究发展组:城市指标收集、监测与评比;
(2) 活动暨训练组:规划健康城市相关教育训练;
(3) 奖项评选组:健康城市奖项规划与评选等;
(4) 国际交流组:国际交流与讯息传播。

3.5 获奖案例

3.5.1 县市层级推动成果——苗栗乐居山城

3.5.1.1 2006年

为加强健康城市之理念,将健康城市原来的三大构成要素增加为五大构成要素,分别为:

① 健康;
② 安全;
③ 环境资源;
④ 文教;
⑤ 产业。

3.5.1.2 2006年至今

(1) 苗栗健康城市指标构建与收集。
(2) 跨部门合作。

2006年成立健康城市推动委员会,主要任务为:

① 规划、审议本县健康城市的相关计划目标与长期发展方向;
② 拟定健康城市相关的健康促进方案;

③ 协调、整合及推动健康城市工作;

④ 检讨、审议健康城市相关工作计划的执行成效;

⑤ 健康城市与民间团体及国外组织之间合作的推动。

(3) 促进小区参与。

确立行销机制、参与条例、补助条例、审查机制、评比机制及奖励机制等。

(4) 永续机制。

定期性集合各专业人士、公共部门及地方代表,共同讨论推动情形,并相互提供意见学习。

(5) 评价机制:结构面、过程面、结果面。

3.5.2 乡镇市区层级推动模式——新北市淡水镇

3.5.2.1 2007 年

结合公共部门、小区组织与学者专家,确立健康城市推动议题,并建立健康城市计划评价机制与评价指标。

3.5.2.2 2008 年

淡水镇健康城市正式通过 WHO 西太平洋区健康城市联盟会员申请,建置网页并建立信息共享促进跨部门、跨专业平台。同时确立淡水镇之生态、生活及生命三大推动主轴。

3.5.2.3 2009 年

(1) 成立"淡水镇健康城市促进会"为跨专业合作平台,推动各项健康城市计划。

(2) 根据小区议题计划的执行结果,修订计划评价机制与评价指标。

(3) 推动各项政策的核心,激励小区民众主动参与,达到"全民参与"的目标。

4 健康城市在台南

4.1 前言

台南市健康城市计划始于 2003 年 7 月,依照 WHO 建议,推动健康城市的 20 个步骤分为三个时期(详见图 3-3)。

图 3-3　台南市健康城市计划分期

4.2　开始期

4.2.1　建立核心团队——了解健康城市概念

主要针对健康、环境、社会三个领域来进行讨论。本计划核心团队的成员主要以成功大学学者为主,他们来自都市计划、交通管理、建筑、测量、公共卫生、护理、体育等专业领域。

4.2.2　了解城市现况——获得政府部门的承诺

除了专家学者的意见外,另外举办市民座谈会,对象包含学生家长、青少年、妇女、老人、民间团体(NGO)及小区组织的成员,进一步讨论其特殊议题,如:

（1）家长:讨论学童的休闲活动。

（2）青少年:讨论青少年暴力、性行为。

（3）妇女:讨论家庭暴力、安全及工作问题。

（4）老人:讨论养老环境及生活方式。

根据以上的讨论完成项目计划书,以成功大学团队名义向国民健康管理部门申请项目经费,同时寻求政府部门的支持。

4.3　组织期

4.3.1　委员会组织

委员会成员的组成包括以下两类:

（1）专门负责环境、都市计划、住宅、教育及社会服务等事项的公共部门的主管。

（2）热心于基层健康照护、健康促进、公众福利、生态保育投入等事业的专家及团体。

借由各领域学者推荐相关的民间团体及小区组织,经过沟通确立委员成员名单,并将委员会成员分成健康、环境与社会三组。

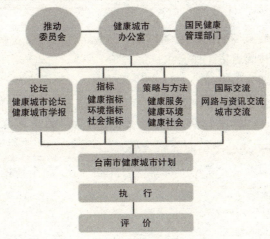

图 3-4 台南市健康城市组织框架

4.3.2 运作模式

委员会分为两个小组:

(1) 研究小组——以成功大学学者为主,针对研究性资料和指标研究与制定标准。

(2) 工作小组——由专家学者、民间团体和政府各部门代表进行会议讨论。

工作模式分为3个层次:

(1) 研究小组——以专家学者为主,每2周进行一次学术性交流或召开一次讨论会议。

(2) 工作小组——由专家学者、民间团体和政府各部门代表组成,分为健康、环境、社会3组,每3~4周进行一次讨论,并定期举办各组联合会议。

(3) 推动委员会——全体成员共同参与跨组联合会议,加强政府与民间的联络与沟通。

各小组包含以下两个代表,其工作内容为:

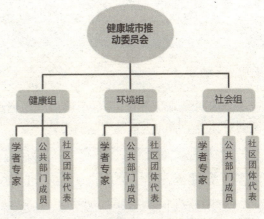

图 3-5 台南市健康城市推动委员会组织

（1）市政府局室代表：建议为副局长级别，主要作用是促进各局室之间协调与整合。

（2）专家学者代表：健康、环境、社会各组分别设召集人1名，并与市政府另一跨局室局长共同召集工作会议。

工作会议又细分为3种：

（1）分组会议——由专家学者、民间团体代表和局室副局长共同参与。

（2）联合会议——每月举行一次，由专家学者、副市长、局室最高领导参加，随议题整合或委员会之会前会而召开。

（3）全体推动委员会议——每3个月举行一次，由全体推动委员参加，并由主任委员市长主持。

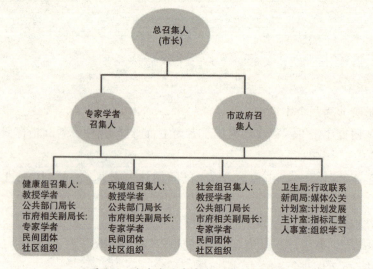

图3-6　台南市健康城市工作小组架构

4.4　行动期

行动期分为6个项目，每个项目既是行动也是结果，执行的目的在于影响民众对健康生活的注重及实际的改善。

4.4.1　增加健康自觉

研究团队根据WHO的建议可针对下列7点来思考：可近性（Accessibility），信息利用（Information Access），活动（Campaigns），健康观察（Health Audits），邻里行动（Neighborhood），赞助者（Sponsorship），媒体关系（Mediarelation）。

针对以上7点，本讨论围绕以下几个主要方面来进行：

(1) 民间需求调查;
(2) 学界和小区团体的座谈会或讨论会;
(3) 相关专业性的研讨会或观摩会。

4.2.2 倡导策略性计划

依据 WHO 建议,采用以下 4 种方法展开:环境评估(Environmental Assessment),方案计划(Project Plans),健康冲击研究(Health Impact Studies),影响城市计划(Influencing Urban Plans)。

针对以上 4 点,为策略性计划的研拟参考归纳出以下 6 种方式来收集相关资料与意见:① 文献回顾与评析;② 统计分析资料;③ 地理资讯系统;④ 问卷调查与访谈;⑤ 专家座谈;⑥ 论坛与公听会。

示范计划的研拟经过一年的讨论、修正及整合后,共设计了 21 项示范计划,并以 4 年为一进程(2005—2008 年)。

表 3-6 台南市健康城市 21 项示范计划

健康组	环境组	社会组
1. 小区防疫网计划 2. 小区保健站计划 3. 忧郁症照护计划 4. 长期照护质量提升计划 5. 身体适应能力提升计划 6. 健康饮食与营养标示计划 7. 无烟城市计划	1. 干净环境计划 2. 城市环境美化计划 3. 健康学区大步走计划 4. 步行通畅及骑脚踏车推动计划 5. 小区零废弃计划 6. 污水处理计划 7. 生态化工业区推动计划	1. 产业发展计划 2. 小区安全维护计划 3. 小区防灾计划 4. 弱势群体照顾计划 5. 地方文化发展计划 6. 邻里及小区之组织学习计划 7. 青少年发展计划

4.3.3 活化跨部门行动

制定健康的公共政策需要设立跨部门合作的平台,为此必须成立组织学习营培训政府专业人力,这样才得以沟通整合。组织学习营的培训任务为:

(1) 统筹及办理市政府相关之健康城市议题训练活动。
(2) 拟定整体学习目标与策略。
(3) 规划年度健康城市相关计划。
(4) 学习成效及检讨事项。
(5) 运作组织形式有分组联系会议和健康城市组织学习营。

4.4.4 增进小区参与

其参与机制是以计划指标和示范计划来确立。

研究团队将 21 项示范计划与健康城市计划指标研拟出配合各小区的议

题。以下为某一社区最后选择的12项议题：

表3-7　台南市某社区健康城市议题

健康组	环境组	社会组
1.戒烟团体、无烟家庭、无烟社区 2.病友会(如"三高"患者、癌症病友会) 3.区里球队、简易球场 4.健走路线	1.环保社区、干净社区 2.美化社区 3.通畅社区、安全上学 4.自行车队及路线	1.社区寻守队 2.社区关怀团体 3.社区文艺表演 4.文化休闲漫步

4.4.5 促进革新

台南市健康城市计划确立许多跨部门合作、组织学习营、小区参与机制、杰出小区选拔、健康城市博览会等。而市政府在健康的公共政策上的创建有：

(1) 台南市市有空地认养维护管理办法；
(2) 台南市空屋空地管理自治条例；
(3) 台南市植栽绿化都市审议原则；
(4) 台南市围墙设置都市审议原则；
(5) 台南市绿建筑都市设计审议原则。

4.5 可持续发展性

4.5.1 成立台南市健康城市促进会

"台南市健康城市促进会"由原先成立的"台南市健康城市推动委员会"转型而来。主要于2004年接受健康城市定义者Dr. Duhl和Dr. Hancock两位专家的建议，协助政府建立台湾地区的健康城市联盟组织，共同提升大众健康水平。

4.5.2 指标统一整合与常规监测

2006年7月确立"台南市健康永续绿色城市指标"，原健康城市指标分为健康、环境、社会三组，同时，为因应产业发展新增一组"产经组"。

表3-8　台南市健康永续绿色城市指标

指标类别 \ 组别	健康组	环境组	社会组	产经组	总计
健康城市指标	31	25	23	11	90
永续指标	3	8	6	5	22
绿色指标	0	16	1	3	20
合计	31	43	25	18	117

*"台南市健康永续绿色城市指标"共整合了台南市健康城市、永续城市与绿色城市指标，现已纳入市府主计室常规报表中定期收集。

4.5.3 示范计划进度报告

初期属于官方与民间合作,渐渐转变为由公共部门推动并建立跨部门合作机制。公共部门学习营初级课程是以学习研拟示范计划及工作日程为主,进而了解其执行进度及协助将各相关部门的研究成果撰写成新闻稿。

4.5.4 小区参与机制之建立

2005年成大团队协助拟定"台南市健康城市小区参与计划",共同拟定了健康、环境、社会3大议题、12项小区参与计划。

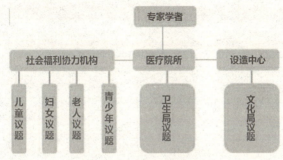

图3-7 社区参与辅导机制

4.5.5 结论

城市作为承载着人类文明的重要场域,既为我们带来各种因城市空间而起的便利又丰富的生活,却也带来了各种污染加剧、过于集中化等新课题。当下,我们必须责无旁贷地用崭新的视野重新对待工业革命之后人类以环境污染为代价的发展模式及其衍生的一系列超出人类乃至地球所能负荷的环境压力,而健康城市理念出现在这样的背景下就不足为奇了。

台湾地区的台南市,从理念的接受、指标的建立、组织的确定、联盟的产生、议题的确立、具体的实践,到往复的调整,已经在台湾地区所有健康城市联盟中扮演着举足轻重的角色;然而,以城市为单元的环境保护,有赖于政府机关、专家学者、市民乃至进一步的各种健康城市联盟的协助等才可以让城市从原本的亚健康渐渐康复;同时我们希望有更多的城市加入到这股新健康城市主义的浪潮中来,让这生养我们的地球母亲可以重回其健康之姿,回到人与自然和谐共生的新平衡。

参考文献:

[1] 世界卫生组织欧洲区网站 http://www.euro.who.int/healthy-cities.

[2] 西太平洋区健康城市联盟网站 http://www.alliance-healthycities.com.

［3］台南市健康城市网站 http：//www.healthycities.ncku.edu.tw.

［4］台北县淡水镇健康城市网站 http：//www.tamsui.gov.tw.

［5］李佳雯,曾惠怡,译.WHO 欧洲健康城市网络第四阶段:目标与要求［J］.健康城市学刊,2008(2):163－171.

［6］黄暧晴,胡淑贞.台南市健康城市之推动经验分享［J］.健康城市学刊,2008(5).

推进我国城镇化健康发展的重大策略问题[①]

Significant Strategies Sues to Promote the Healthy Development of China's Urbanization

姚士谋[②]　　戴德胜[③]
Yao Shimou　　Dai Desheng

摘　要　城镇化问题是关乎当代中国社会经济发展的重大的综合性课题,是涉及国民经济如何协调发展以达到现代化和谐社会发展的根本问题;也是涉及我国资源环境合理利用与长远保护的可持续发展问题。改革开放30多年来,我国社会经济发展一直保持了快速前进的新局面,我国的综合国力与工业化、城镇化及其城乡一体化的建设均取得了辉煌的成就。城镇化在我国史无前例地高速发展,全面推动了我国经济和社会的巨大发展,并在很大程度上改善了城乡人民的生活水平和住房条件。然而,近10多年来(1996—2008年),我国城镇化脱离了循序渐进的原则,脱离了正常的城镇化发展轨道,在进程上属于"急速城镇化"。有时候,其表现为人口城镇化率虚高、水土资源过度消耗,我国许多大中小城市建设大规模占地、毁地等现象还在继续,生态环境受到比较严重的污染、破坏。多年的调查研究与综合分析表明,我国的城镇化问题应当依据党的十八大精神并按照科学发展观的要求,实事求是地走有中国特色的城镇化道路。

Abstract　This paper, starting from the concept of urbanization, analyzes the essential connotation of urbanization and raises four major problems in the process of urbanization, namely, the problem of employment, traffic barrier, coordinated urban and rural ecological environment. And made significant strategy issues for urbanization problems and promoting the healthy development of China's urbanization, the first, intensive land use and urban compact development focused on innovative model; scientific and rational use of land resources, and propose are as on able indicator of urban – scale land; prevent the waste of water resources should be limited to the blind expansion of urban scale; propose suitable for China's urbanization level analysis and prospect forecast.

---

① 基金项目:中国科学院方向性课题(KZCX2－EW－315);国家自然科学基金地学部重点项目(40535026)。
② 姚士谋,中国科学院南京地理与湖泊研究所,研究员,博士生导师。
③ 戴德胜,邦城规划顾问(苏州工业园区)有限公司,高级规划师,南京分公司总经理。

关键词 城镇化 健康发展 重大策略
Keywords Urbanization Healthy Development Significant Strategy

城镇化问题是关乎当代中国社会经济发展的重大的综合性课题，是涉及国民经济如何协调发展以达到现代化和谐社会发展的根本问题；也是涉及我国资源环境合理利用与长远保护的可持续发展问题。改革开放30多年来，我国社会经济发展一直保持了快速前进的新局面，我国的综合国力与工业化、城镇化及其城乡一体化的建设均取得了辉煌的成就。城镇化在我国史无前例地高速发展，全面推动了我国经济和社会的巨大发展，并在很大程度上改善了城乡人民的生活水平和住房条件。然而，近10多年来（1996—2008年），我国城镇化脱离了循序渐进的正常发展轨道，在进程上属于"急速城镇化"。有时候，其表现为人口城镇化率虚高、水土资源过度消耗，我国许多大中小城市建设大规模占地、毁地等现象还在继续，生态环境受到比较严重的污染、破坏。多年的调查研究与综合分析表明，我国的城镇化问题应当依据党的十八大精神并按照科学发展观的要求，实事求是地走有中国特色的城镇化道路。

1 城镇化、城市化的概念与本质特征

城市是社会经济生产力与科学技术高度发展的集聚区，也是人类聚居文明发源地和商贸辐射的集中地。而城镇化和城市化现象是一个同质但稍有差异的人口高度集中的区域化现象。

城市化（Urbanization）最早起源于英国与北美的一些国家，是由工业化所推进形成的，自20世纪80年代以来，我国许多学者引进西方城市地理与城市规划学家所倡导的城市区域化概念。而城镇化在我国比较普遍使用，可以说是由于我国人口众多，国土辽阔，自然条件复杂，更重要的原因是，我国除了有657个设市建制的大中小城市之外，还有数量较多、分布亦广的1.9万个建制镇星罗棋布地分布在我国960万平方千米的国土上，与各地的地理环境和广大的乡村有着密切的关系。因此，我国政府的许多重要文件，如党的十六大、十七大、十八大报告和政府工作报告等，都是使用"城镇化"这一概念，过去30多年改革开放的发展过程中，城市地理学与社会经济学的很多著作中都普遍使用这一概念。

城市化现象是与地区经济发达水平相联系的，是一个内涵极为丰富的社会、经济和空间变化的过程，也是一个国家或地区不断获得"城市特质"的过程。

"城市化是社会经济发展的必然产物,也是社会经济发展的有机组成部分和有力的推动器。"由于城市化内涵丰富,不同学科对城市化的理解也有些不同。经济学家强调城市集聚经济与规模经济的效应与作用;社会学家注意城市地区人们生活方式的转变及人与人之间的相互关系对城市的影响;城市规划与城市地理学家则重视城市的形成与发展尤其是城市职能、用地扩展引起的城市化空间过程。因此,从多方面、多层次进行综合分析,对城市化过程比较系统、比较全面的认识,主要包括以下四个方面:

（1）城市工业的集聚以及服务于城市的第三产业的高度发展,提供了大量的就业机会,引起城市人口的集聚,这就是城市化的重要内容,也是城市化过程的基本动力,即"城市化的实质过程就是经济结构不断变化的过程,也就是农业人口不断转变为非农业人口,专门从事非农业生产活动的过程"。

（2）城市人口的增长及农村人口城市化,特别是农村人口不断向城市集中,形成了城市人口集聚而引起的城镇数量的增加和城市规模的扩大,这就是城市化形成演变的主体内容。

（3）城市性质与功能的增强。城市在一个国家或地区的社会经济活动中的地位、作用及其辐射影响等,提高了其在地区经济发展中的首位度,突出了城市个性,增强了城市的特殊功能,这也是城市化进程中重要的力量源泉与能源所在。

（4）城市化最直观的表现是地域景观的变化。城市化促进了所在地区的自然景观转变为现代化的建筑景观（包括基础设施工程）,城市由许多平面现象产生许多立体现象,也就是从二维空间向三维空间转化。"城市景观的扩展,以人口、产业高度集聚为特征的城市地区范围不断扩大,居民点、建筑物等面貌向城市型转变。"

2　我国城镇化过程中值得关注的几个问题

1980 年我国的城镇化水平仅为 19.5%,城市仅有 223 个,城市人口 9 035 万人（当时极少有农民工现象）;到 2006 年,城市达到 665 个,城市人口高达 4.16 亿（未计进城农民工 1.15 亿）;中国社科院最新公布的资料显示,2011 年全国有 657 个城市,建制镇 1.9 万个,城镇人口有 6.91 亿人（其中包括 1.5 亿农民工）,并在全国经济发达地区形成了 6 大城市群与 8 个城镇密集区,均成为全国经济最发达地区之一（图 4-1）。

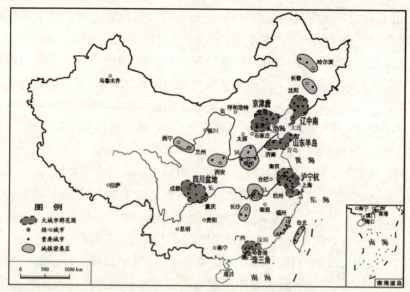

图 4-1 中国六大城市群与八大城镇密集区

截至 2014 年年底,全国城镇化水平达到 54.77%,说明了我国城镇人口占比过半,清华大学吴良镛院士认为我国已经进入了城市化的新阶段,即城市时代。可以看出,与外国城市化一样,中国的城镇化也将对我国的现代化进程产生极其深远的影响。但城镇化进程并不是越快越好,像美、英、德、法等国的城市化进程是比较健康稳定发展的。国外的经验表明,城镇化进程必须是健康稳定发展的,即必须符合一定的城镇建设质量,符合区域经济发展规律,循序渐进,逐步提升城乡现代化水平。

依据一些专家分析预测,到 2020 年我国城镇化水平可能达到 65%,以全国未来 14.2 亿人口计算,将有 8.4 亿人口居住在城镇里,不过仍有 5.8 亿人口生活和工作在比较落后的农村地区,这也是一个庞大的数目,而农村现代化生产力水平较低,农民生活水平不高。城镇化速度过快,许多省市大量的市政基础设施、房屋建筑和公共设施的质量出现不少问题,桥梁、房屋倒塌的现象也不少,这样造成的基本建设投资浪费很多。建设部原副部长周干峙院士认为政府的浪费是最大的社会浪费。城市化的过快发展带来的最大的问题就是城镇每年需要安排 2500 万人的就业岗位,这是我国领导人感到最大的难题。

当然,城镇化快速发展不仅要解决大量农转非后的人员的就业问题,尤其是每年还得安排大专院校毕业生(含研究生)750 多万人的工作岗位。目前,我们的城市承载力有限,有限的资源消耗太快,城乡关系仍然很不协调。吴良镛院士认为在那些无序发展的城市化进程中,我们也付出了高昂的代价,人口猛增,用地失控,环境祸患正威胁着人类的生存空间。特别是每年来自农村的打工者辛辛苦苦为城市建设贡献了很大力量,但他们没有城市的户籍,很多福利待遇他们享受不到。可以说全国有1.5亿的农民工暂住人口还没有城镇化,进城的农民工占全国城镇化人口6.9亿人的21.5%,城市化的质量较差。我国城镇化过度发展带来以下四大问题:

第一,就业问题难以解决,城乡差别与贫富差距在扩大,大专院校的毕业生很难找到工作,失业人员在增加,下岗人员较多,带来很多社会安全问题。

第二,城市人口增加过快,私家车快速增多,带来很多城市病,特别是交通阻塞。据北京、广州等城市的交通部门统计,20世纪五六十年代,市区汽车每小时可行驶40~60多千米,20世纪六七十年代可行驶35~50多千米,八九十年代仅能行驶30~40千米,而今大多数只能行驶20~30千米!

第三,全球天气变暖,温室效应加大,城市环境质量下降。我国北方城市每年的沙尘暴天数不断增加,南方城市的水灾造成的损失越来越大,市政设施质量与住房一时难以解决,工程投资损失与浪费的资金很多,加大了社会成本与环境成本。

第四,城乡关系不协调,贫富差距越来越大。公共服务设施的空间配置对于弱势群体缺乏公平性,不少城市里的奢侈豪华与农村中的贫困落后形成鲜明对照。

为此,国家发改委副主任徐宪平认为:我们必须清醒地看到,一方面,我国经济持续30多年保持高速增长,国内生产总值已经超过日本,位居世界第二;另一方面,作为有13亿人口的大国,我们的人均GDP还排在世界100位以后,更为严峻的是,经济社会发展中长期积累的不平衡、不协调、不可持续的问题已经十分突出。

改革开放以来,我国的高速经济增长与城镇化速度,在世界经济史上是一个历史奇迹,美国著名的经济学家哈佛大学教授铂金斯(Dwight Perkins,1998)称之为世界历史上最伟大的经济奇迹。我国的城镇化也正是在这种经济高速增长下起步和快速发展起来的,但是我国人口众多(约占世界总人口的20%),人均耕地资源、水资源、森林与有用的矿产资源等与很多西方国家相比,差距很大(表4-1)。在这种国情背景下,应用科学思维,比之美国、俄罗斯与澳大利亚来说,我国的城镇化、生存空间、抵御自然灾害的能力等都是比较脆弱的。

表 4-1　中国水土资源、耕地与世界其他大国比较

指标	俄罗斯	加拿大	中国	美国	巴西
人口总量（亿人）	1.52	0.35	13.4	3.24	1.96
人口密度（人/平方千米）	8.6	3.2	131.0	27.5	19.1
人均耕地（公顷）	1.390	1.800	0.095	1.140	0.807
人均水资源（立方米）	30599	98462	2292	9413	42975
森林面积（平方千米）	754900	247200	133800	209600	566000

资料来源：姚士谋，等.中国城镇化需要综合性的科学思维[J],地理研究.2011,30(11).

表4-1深层次反映了我国主要资源（耕地与水资源）的短缺，粮食安全带来的社会问题不容忽视，同时也反映了我国的生存空间十分有限。近几年来的重大事件（如河水污染）可以证实，不少地区只追求工业化、城镇化的速度，造成用地失控、环境破坏，每年所消耗的各类资源越来越多，生态环境越来越差。陆大道院士认为，我国虽然地大物产也丰富，但还有260万平方千米的不毛之地（高原、沙漠半干旱地区）与生存条件较差的高寒缺水地区。缺乏像美国、加拿大、俄罗斯、巴西等尚未开发的有用自然资源，特别是广大的土地资源和丰富的耕地资源。因此，健康城镇化是中国的长远战略，也是大力保护我国各种资源环境的重要途径。

3　城镇化以质量为根本，应防止"土地城镇化"的冒进

西方国家城市化高水平发展的目标，一方面是要全面提高市民的生活质量，另一方面是要提高物质环境质量，从而有利于人类的健康。按照科学发展观的思想，构建和谐社会，建设幸福社会，建设美丽中国，是我们的理想。从人类社会的演化规律看，我国的城镇化目标也离不开中国人的远大理想。

2014年我国的城镇化率为54.77%，城镇人口从1949年的5000万人，发展到现在的超过7亿（包括了全国流动性农民工1.4亿人）。我国目前城镇人口的现代化生活水平、工作条件与发达国家相比仍有较大的差距，更不用说城镇人口中包含了大量的农民工（作为暂住人口，他们的生存条件较差，缺乏社会保障）。改革开放以来，1978年我国城镇化率为18.6%，至2014年提升到54.77%，30多年间，城镇化率提高了36个百分点，特别是1996年后，每年提升1.2个百分点。但从全国大部分城镇的扩张速度来看，"土地城镇化"的速度更快，出现了冒进式的土地失控。不少地方未经省、市批准，擅自建设占地很大的度

假村、高尔夫球场与旅游休闲区等。1996—2008年,全国每年流失的土地约一千万亩。我国著名的经济学家吴敬琏认为,中国城镇化最大的问题就是用地效益太低,城市到处蔓延发展,到处在搞圈地运动。特别是各省市的工业开发区、经济技术开发区占用和浪费土地太多,与日本、法国相比,中国城镇化的粗放程度、非集约化惊人!截至2008年年底,全国开发区总面积已达到2.6万平方千米,开发区内很多用地非集约化,土地荒废很多。我们要知道,全国657个城市经过几百年的建设,目前城区的占地总面积也只有3.81万平方千米。不少沿海省市的城镇化出现了"大跃进",给国家与地方人民带来了很多问题和损失。城镇化进程中的冒进现象,有两个明显特征:一是土地的城镇化快于人口的城镇化,许多城镇郊区化泛滥,许多单位大量占用土地,尤其是开发区、大学城;二是经营城镇和管理城镇的冲动超越了客观经济发展规律,政出多门,相互攀比。国土资源部的资料显示,"十一五"期间,全国土地出让每年平均达660万亩,还有农林水利各部门每年占用近千万亩良田,这对于我国有限的土地资源是一个严重的挑战。

表4-2 我国若干特大城市用地(建成区)面积及扩展情况(1952—2011年)

城市名称	统计时间						扩大倍数（60年间）
	1952	1978	1997	2003	2005	2011	
上海	78.5	125.6	412.0	610.0	819.0	998.7	12.7
北京	65.4	190.4	488.0	580.0	950.0	1231.3	18.8
广州	16.9	68.5	266.7	410.0	735.0	990.1	58.6
天津	37.7	90.8	380.0	420.0	530.0	710.6	18.8
南京	32.6	78.4	198.0	260.0	512.0	637.1	19.5
杭州	8.5	28.3	105.0	196.0	310.0	432.9	50.9
重庆	12.5	58.3	190.0	280.0	582.0	1 034.9	82.8
西安	16.4	83.9	162.0	245.0	280.0	342.5	20.9

各地区纷纷将高城镇化率作为政府的政绩目标,追求国民生产总值GDP的快速增长,并在工业开发区、新城建设上相互攀比,形成了盲目竞争与发展的态势,缺乏科学发展观的指导与监督管理。2001—2010年,我国地级以上的大中城市,建成区面积平均增长85%～90%,但城市人口增长仅有36%。城镇化率的提升都有突出的人为拉动因素,不少地方的城镇领导都奢望将自己管辖的城镇规模在短时间内发展至极限,这在相当程度上脱离了我国人多地少、自然资源脆弱的国情,脱离了城市与区域经济发展的客观规律。

4 我国城镇化道路健康发展的重大策略

我们曾用30多年的时间初步走完了一条国家工业化的道路,并带动了中国城镇化轰轰烈烈的发展之路。但由于政府控制了工业化与城镇化中的资源配置,特别是土地的发展权、征地权,以粮食的剪刀差牺牲了农业和农村的繁荣,城乡二元结构留下了难以弥合的社会发展难题,造成了国家资源太多的浪费和城乡之间巨大的发展落差。地方城市政府追求奢侈豪华的办公大楼,建设浪费水土资源的大广场、大宾馆、大马路以及难以按规划完成的开发区、大学城、大的景观花园等,全国还有40多个城市在竞相攀比建设"国际化大都市"。国家工业化、城镇化的典型形态和过高成本的浪费就是冒进,就是没有科学发展观指导下的"大跃进"!

为此,我们应当探寻适合我国国情的城镇化道路,应当按照党的十八大报告的精神,用科学发展观指导我国的城镇化建设,这迫切需要用数学思维,从水土资源合理利用和全面性、战略与战术性角度去思考问题,这关系到我们走具有中国特色社会主义道路的大问题。

4.1 集约化用地与集中紧凑发展城镇的创新模式

我国的城镇用地,特别是开发区与小城镇建设用地,要提高集约化和紧凑度,倡导混合使用土地的新理念。集中紧凑、精明计算各类城镇及其他建设用地,合理节约用地是我国城镇化建设的长远方针,也是符合我国国情的,是经济建设可持续发展的根本策略。根据建设部中国城市规划设计研究院专家调查分析,我国有70%的城市人均用地指标为90～110平方米;22%的城市为110～150平方米(人均用地指标过高);仅有8%的城市为人均80～90平方米(比较合理,但这类城市所占比例太小)。全国657个城市建成区占地3.81万平方米,按照合理的人均用地指标计算,全国现有城市今后如果在改造老城区、提高容积率、充分利用地下空间等方面加强措施,增加投入,起码可以挖潜、置换出用地面积的16%～18%,即节约土地资源5 800～6 600平方千米(870万～990万亩)。

全国现有1.9万个建制镇,北方地区大部分小城镇人均用地超过160～170平方米(如河北、山东、河南、内蒙古、陕西、甘肃等省内的建制镇),南方地区相当部分小城镇中人均用地超过130～145平方米,还有不少农村老的宅基地未改造使用。根据国内外城镇节约用地的经验,我国各地的合理用地指标为:北方省区120～135平方米/人,南方省区100～110平方米/人,集中紧凑发展小城镇,全国可以节约用地或置换出用地空间9 860～11 250平方千米。此外,还有全国2 800多个开发区、城乡道路、农田水利与其他方面的节约用地,起码也有15 200～16 500平方千米的用地资源可以节约或挖潜出来作为今后各类建设用地远期之用。

发达国家,除美国、加拿大和澳大利亚等国之外,多数国家的城镇用地相对比较集中而紧凑(如日本、荷兰、西班牙等国家),城镇建设用地指标多数为90～105平方米/人,而且其用地产出率比我国要高6～8倍之多,高速公路、重要的地区公路每千米占地60～70亩;而我国目前的高速公路四车道每千米占地80～110亩,且两边的绿化带还很宽。日本的平原区的高速公路两侧就是农田或经济作物区,我国的台湾、香港地区也是城镇节约用地的典范,我们应该认真地反思,今后应提倡城镇化"精明增长"的理念,严格控制城市的无序盲目的扩展(邹德慈,2006),倡导混合使用、节约利用土地的方法,提高城镇用地的效率和潜力。

4.2 科学合理利用土地资源,并提出城镇规模合理用地的指标

住房和城乡建设部、农业部和国土资源部依据全国许多知名专家、学者如周干峙、邹德慈、胡序威、周一星、崔功豪、姚士谋、顾朝林、冯长春等多年的分析研究,按照我国人多地少,水土资源和生存空间有限以及生态环境脆弱的国情,从国家的长远利益出发,综合研究了我国大中小城市以及小城镇的人均合理用地指标,提出了符合我国实际情况的、具有长远战略性眼光的政策建议,对于保护我国有限的土地资源,保护生态环境,促进健康城市化的可持续发展的实现,具有重大的现实意义(表4-3)。

表4-3 我国各大中小城市人均建设用地标准的建议

20世纪90年代住房和城乡建设部规定的现行用地标准	2008年国土资源部全国土地利用总采用的标准	2010～2030年我们研究的建议
标准及分类指导原则: Ⅰ级60.1～75平方米; Ⅱ级75.1～90平方米; Ⅲ级90.1～105平方米; Ⅳ级105.1～120平方米。 ①根据现状分析来确定那一级指标,节约用地; ②新建城市采用Ⅲ级; ③首都和经济特区采用Ⅳ级; ④边远少数民族地区城市可采用150平方米。	人均城镇工矿用地面积(上限): 东北区:146平方米; 京津唐区:142平方米; 华东区:117平方米; 中部区:111平方米; 东南区:119平方米; 西南区:101平方米; 西北区:183平方米; 青藏区:173平方米。 (严格限制高指标)	①人口100万以上的特大城市用地标准70～96平方米; ②人口50～100万的大城市用地标准80～100平方米; ③人口20～50万的中等城市用地标准95～105平方米; ④人口20万以下的小城市用地标准100～110平方米; ⑤重点中心镇、人口10万以下的小城镇用地标准(指标)105～115平方米。
政府政策诱导目标:人均100平方米(按照我国国情)		

4.3 防止水资源浪费应限制城镇规模的盲目扩大

随着城镇人口数量的迅速增长和城市社会经济的快速发展,我国城镇与乡村水资源供求状况发生了重大变化,水资源短缺的矛盾已充分暴露出来,直接影响到城市经济社会的可持续发展和城镇化的进程。自20世纪90年代以来,我国很多城市水资源供需矛盾突出,缺水范围扩大,程度加剧。据水利部、农业部资料分析,全国657个城市,缺水城市达333个,严重缺水城市有80多个,平均缺水率达10%~12%。2006年美国世界观察研究所发表的一份报告称:"由于中国城市地区和工业地区对水的需求量迅速扩大及其不合理使用造成了中国将长期陷入缺水状况。"

我国人均水资源不到世界平均水平的1/4,而且还有下降的趋势,加上全国性的干旱灾害不断发生,我国的城乡用水资源不容乐观。又由于各大江河湖泊水质污染严重,饮水水源常常发生水质污染,水资源危机的加剧与城镇化人口盲目扩大、工业区的乱建及政府管理不善都有密切关系。2006—2008年全国城镇人口人均日常生活用水量为212~225升(含公共用水),农村居民用水量仅为69~75升,不到城镇平均水平的1/3。这意味着,每一个农村人口转化为城镇人口,每天用水量将增加145升。同时城镇人口用水量的增长速度快于农村人口,浪费也惊人。我国国土资源部地质矿产研究所的调查资料显示,京津唐地区近10年来地下水严重超采,高达60亿立方,对于京津唐城市的发展将产生严重影响。总之,人口及城镇化进程始终是用水需求量的重要驱动因素。

水资源是有限的,而人类的需求是无限的。对于人口众多、城镇化速度过快的中国来说,情况会更加严重。要解决这种矛盾,只能限制人类无穷的欲望,杜绝浪费。水利部原部长汪恕诚认为,建设节水型社会是解决我国水资源短缺的根本出路。我国水资源短缺的特点、水资源开发还存在不合理利用现象,以及我国各地生态环境脆弱、干旱灾害较多等国情,都决定了我国必须走节水型社会之路,同时要适当控制城镇人口规模过快增长的趋势。全国人民必须增强水资源的危机意识,强化节水行为,各地政府都要主动引导节水型城市的建设。各地应牢固树立科学发展观,辩证地认识水资源和经济发展的关系,把水资源保护与节约用水放在首位,改变透支资源、过度消耗资源谋求发展的方式,通过强有力的规划加快调整经济结构和城镇工业布局,编制真正适合我国国情的城镇化速度、规模的发展方案,走中国特色的轻型工业化和循环经济发展之路。

4.4 适合我国国情的城镇化水平分析与远景预测

任何一个国家或地区的城镇化水平必须遵循该国或该地区社会经济发展的条件与基础,必须遵循一定历史时期内的客观发展规律。同时,要认真分析每一个国家的自然资源、经济基础、人口结构、国际背景及其综合支撑条件。

经过"十一五"发展规划后,我国"十二五"期间的城镇化发展水平每年增长的速度不能太高,也不会太高,特别是世界金融危机之后,需要一段时间的调整、转型。我国的经济发展也到了工业化的中期和后期(2015—2030年),城镇化走的是健康稳定发展的道路,不应该出现1996—2008年这段时间内城镇化发展速度虚高、不稳定发展的现象了。国内知名学者经过较长时间的追踪研究、综合分析后,都认为今后20～30年间,中国的城镇化发展速度不宜过快,应当走一条稳定、健康、可持续发展之路。今后中国城镇化发展切忌冒进、"大跃进"。周一星认为,0.7%～0.9%的增长率是合理的;周干峙认为0.8%～1.0%的增长率是适宜的;陆大道和姚士谋认为0.65%～0.85%的增长率是比较合理的;李善同认为年均增长一个百分点是可以的;顾朝林、于涛方等认为每年增长不超过一个百分点,应保持0.85%～0.95%的增长率。根据众多专家的分析,对照我国人均GDP的增长、就业率以及各地区城市发展条件与潜力,我们进行了许多运算与数学分析,初步得出一个比较客观的结果(见表4-4)。

我国目前的经济增长模式大部分依赖高投入、高消耗、低收益的粗放型方式,城市用地到处扩张,非集约化,一些开发商、房地产商不愿意投资改造老城区以置换用地空间,而是在郊区大量占用廉价的耕地,掠夺资源。我国沿海一些省市,GDP每增长1个百分点,要占用土地3 000公顷,消耗4.5万度的电量,单位能源消耗是美国的6.9倍、日本的8.8倍。可见,我国的城镇化、工业化的新路应当是走集约化、专业化之路,走新型工业化与用地集约化的内涵式发展之路,走低碳经济之路,走健康城镇化之路。

表4-4 我国五类地区城市化增长速度趋势分析(单位:%)

各类地区	现在年均增长率 (2000—2006年)	中期年均增长率 (2010—2020年)	远期年均增长率 (2021—2030年)
中央直辖市	0.65～1.10	0.40～0.75	0.25～0.35
沿海发达区	1.35～1.60	1.00～1.15	0.60～0.85
沿海次发达区	0.45～0.95	0.40～0.50	0.30～0.45

续表

各类地区		现在年均增长率 (2000—2006 年)	中期年均增长率 (2010—2020 年)	远期年均增长率 (2021—2030 年)
中西部地区	①较发达地区	0.46～0.65	0.50～0.55	0.40～0.46
	②次发达地区	0.35～0.50	0.45～0.58	0.40～0.50
	③落后地区	0.30～0.40	0.40～0.55	0.40～0.50
全国平均城镇化水平		40～45	48～55	55～60

注：中西部地区依据现状（人均 GDP 和城市竞争力）与发展趋势，又可以分为三个类型区：①较发达地区：如重庆、湖北、湖南、陕西、四川、河南等地；②次发达地区：如新疆、云南、江西、安徽等地；③落后地区：如贵州、广西、青海、甘肃、内蒙古、西藏等地。

我国城镇化、现代化的发展势头十分迅猛，在全球城市体系中占有重要的战略区位，将会对人类进步产生重大影响。联合国人居中心发表的《2006 年全球人居报告》曾经预测，中国城市人口在 2015 年将达到 5.77 亿（实际上我国在 2009 年已达到 6.2 亿，2011 年已达 6.9 亿），2030 年达到 7.52 亿。同时，我们还要关注到中国社会已经进入老年化阶段，全国第六次人口普查资料显示：全国 60 岁及以上的人口目前有 1.78 亿，已占总人口的 13.26%，再过 10 年还有较大的增长趋势。我们认为，2010—2020 年，我国的城镇化进程会逐步进入平稳较快的发展阶段（因为 2010 年我国的 GDP 总量达到 47 万亿元人民币，超过日本，为世界上仅次于美国的第二大经济强国），根据"十二五"规划，我国每年 GDP 的增长保持在 8%～9% 的增长速度，城镇化水平平均每年增长 0.85～0.90 个百分点（沿海省区可以稍快些），这是比较科学、合理的。从我国的资源环境、经济增长速度和国际合作态势分析，可以得到一个符合国情的判断（表4-5）。

表4-5　我国城镇人口发展水平综合预测表

项目	2008 年	2010 年	2015 年	2020 年
全国总人口（亿）	13.1	13.4	14.2	14.8
全国城镇人口（亿）	5.7	6.16	6.82	7.5～7.69
城镇化水平（%）	45	49.1	50	55～60
设市城市数（个）	656	610	680	780
建制镇（万个）	1.9	1.95	1.98	2.00
年递增城镇人口（万人）	1 100	1 200	1 500	1 400
年进入城镇农民工（万人）	1 200	1 000	1 100	1 200
失业率（%）	4.5	4.6	4.0	3.6～3.8

资料来源：姚士谋，冯长春，等.中国城镇化与资源环境基础[M].北京：科学出版社，2010 年.

总之,城镇化水平的提升是世界经济发展、人类文明进步的重要标志,也是农业国向工业国跨越的必经之路。由于特殊的社会经济条件和国情历史发展的原因,我国目前的城镇化水平与发达国家相比仍然有较大的差距,这也是可以理解的,但在全球经济一体化的新形势推动下,按照党中央十八大报告提出的科学发展观的指导方针,今后我国的城镇化发展必然是健康、稳定、和谐发展与"美丽中国"的新局面。在统筹城乡关系中走新型城市化之路,防止各地相互攀比,杜绝消耗更多的水土资源。"十二五"规划指出,要按照城乡统筹规划、合理布局、完善功能、以大带小的原则,遵循城市发展的客观规律,这正是符合我国国情的城镇化前进的方向以及走中国特色的社会主义道路的必然选择。

参考文献:

[1] 温家宝.在全国人大会议上的政府工作报告[R].2012-03-08.

[2] 虞孝感,吴楚材.长江三角洲地区国土与区域规划研究[M].北京:科学出版社,1997:110.

[3] 姚士谋,等.江苏城市化问题及其对策研究[M].北京:中国统计出版社,1997:15.

[4] 吴良镛.在全国城市规划年会上的讲话[J].城市规划学刊,2009(12).

[5] 王成新,等.高速公路与城镇发展论[M].济南:山东大学出版社,2008.

[6] 姚士谋,等.中国城镇化需要综合性的科学思维[J].地理研究,2011,30(11).

[7] 陆大道,等.2006年中国区域发展报告(城镇化专题)[M].北京:商务印书馆,2007.

[8] 国家统计局公报.全国第六次人口普查资料简介[Z].2009.

[9] 姚士谋,等.顺应我国国情的城镇化问题的严峻思考[J].经济地理,2012(5).

[10] 吴敬琏.中国城市化的最大问题[N].人民日报,2012-10-24(12).

[11] 高云才.我国目前的城市化是大跃进?[N].人民日报,2011-02-14(17).

[12] 周干峙.走具有自己特色的城镇化道路[J].城市发展研究,2006(4):13-14.

[13] 姚士谋,等.中国城镇化需要综合性的科学思维[J].地理研究,2011,30(11).

[14] 姚士谋,陈振光,朱英明.中国城市群(第四版)[M].合肥:中国科技大学出版社,2008.

[15] 顾朝林,等.中国城市化格局、过程、机理[M].北京:科学出版社,2008:65-80.

[16] 李津逵.中国加快城市化的考验[M].北京:中国建筑工业出版社,2008.

[17] 姚士谋,等.我国城市群总体发展趋势与方向探讨[J].地理研究,2010,29(8):1345-1354.

多维视角下的健康城镇化道路思考
Study with Comprehensive View on Healthy Urbanization

段进军[①]

Duan Jinjun

摘 要 在今后相当长的一段时间内,城镇化仍处于相对快速的发展阶段,仍将是我国社会经济发展最重要的支撑。但国内外宏观经济形势的变化,使得我国城镇化的内涵出现了重大变化,我们必须走健康城镇化道路,即新型城镇化道路。健康城镇化应体现在以下几个方面:相对于传统的城镇化,应体现在政府主导型的城镇化向市场主导型的城镇化转变;从城镇化发展的阶段性来看,应进入由"化地"到"化人"的重大转变;相对于外生的城镇化模式,应体现为内生城镇化模式,要特别关注城镇化的区域视角;相对于出口和投资驱动下的城镇化,应建立在消费驱动的基础上;从发展目标上来看,城镇化应由"一维"的经济目标转型到基于资源环境、社会和经济发展的"三维"目标。

Abstract For a long time in the future, the urbanization which will be the most important support of social and economic development in China is still in a relatively rapid development stage. But changes of the macroeconomic situation domestic and abroad, makes the connotation of urbanization great changes in our country, as a result, we must take the road of new urbanization. Where's the new urbanization's "new"? This paper takes the opinion that it should be reflected in the following aspects: relative to the traditional urbanization, the new urbanization mechanism should be reflected in the transformation from the urbanization government dominated to market dominant; from the view of stages of urbanization development, the new urbanization should come into the great transformation from urbanizing "land" to "men"; relative to exogenous, new urbanization should be reflected as endogenous urbanization mode, paying special attention to regional perspective of urbanization; relative to exports and investment driven urbanization, the motive power of new urbanization should be built on the basis of consumer driven; from the perspective of development goals, urbanization should transfer from the "one-dimensional" target—economic goal to the "three-dimensional" target based on resources and environment, social and economic development.

关键词 传统城镇化 健康城镇化 转型

Key Words The Traditional Urbanization Helthy Urbanization Transconformation

---

① 段进军,苏州大学东吴商学院教授,中国特色城镇化研究中心副主任。

2008年欧美发达国家金融危机对世界发展产生了深刻的影响,它预示着全球经济进入新一轮结构调整中,而调整过程不是短期内能够结束的,因此,我国建立在出口和投资驱动基础上的传统外向型发展模式面临着严峻的挑战。支撑出口导向型发展模式的土地、劳动力和环境容量等传统要素的稀缺性表现得越来越突出。内外双重倒逼机制迫使我国城镇化必须转型,转型的实质就是寻找城镇化的新动力和新模式,走出一条具有中国特色的新型城镇化道路。新型城镇化内涵与传统城镇化相比,体现出6个方面的不同,即城镇化的新机制、新阶段、新模式、新动力、新格局、新目标。

1 发展机制应实现政府主导型向市场主导型的转变

"世界经济论坛"在《全球竞争力报告(2006—2007)》中,将世界各国划分为三个特定的阶段:要素驱动、效率驱动和创新驱动。这是具有洞见性的战略判断。第一个阶段是经济自由化阶段,也就是要素驱动阶段。在这个发展阶段,政府起到重要的作用,政府通过压低要素价格力争竞争优势。刘守英认为:"土地的宽供应和高耗费来保障高投资,通过压低的地价来保证高出口,以土地的招商引资保证工业化,靠土地的抵押和融资来保证城镇化推进的过程。土地在这里其实是起着一个非常关键的作用,在我看来就是一个发动机的角色。"虽说要素驱动是经济发展的必经阶段,但从长远来看,要素驱动的发展模式是不可持续的,因为要素驱动本身是在要素市场发育不充分的前提下,通过非市场行为压低要素价格而产生的不合理的阶段有效的竞争优势,易于导致高投入、高耗能、高排放、高污染、低经济效益、低劳动力回报、低创新附加值的粗放式的经济发展方式。吴敬琏指出,中国传统的城镇化最大的问题就是效率太低,土地资源浪费严重。应对中国城镇化的低效率,地产制度一定要改革,不改革的话很难制止这种恶化。要改变相应的财政体制,重新界定市场和政府的职责,政府在规划的时候只能因势利导,而不能取代市场。随着人口红利、资源红利、环境红利等内部要素红利的衰减,我国经济发展进入效率化和创新化的阶段,传统政府主导的低效率的城镇化模式必须转向市场主导的城镇化模式,这是经济发展和城镇化规律使然。如果没有政府主导型的城镇化转向市场主导型的城镇化发展机制,其他所有的转型只能是一句空话。

2　发展阶段应实现由"化地"到"化人"的重大转变

我国传统的城镇化主要表现在"化地"方面,即"土地城镇化"严重超前于"人口城镇化"。长期以来,我国城镇化处于快速发展阶段,特别是在"九五"和"十五"期间,城镇化出现了"冒进"态势。这种冒进城镇化带来了严重的资源环境问题,并引发了严重的社会问题,改变了我国传统的城乡地域社会结构,这是"社会—空间"辩证法在我国的具体体现。许多地方政府过分追求城镇化指标,利用行政力量,片面做大城市规模,使土地城镇化远远快于人口城镇化,一些地方"要地不要人"的问题非常严重。1996—2008年,全国城市用地和建制镇用地分别增长了53.5%和52.5%,但农业户籍人口仅减少了2.5%。2000—2008年,全国有21个省(自治区、直辖市)城镇用地增长率快于城镇非农人口增长率。部分地方为了扩大新增建设用地指标,背离城乡建设用地"增减挂钩"政策,擅自扩大挂钩规模,导致强拆强建、逼民上楼等恶性事件时有发生。

"化地"不仅表现在空间的蔓延和扩张上,也包括附着在其上的政府办公大楼、宽马路、立交桥、高速公路、高速铁路等交通基础设施的超前建设。我国著名经济地理学家陆大道院士将其称为"空间失控"。他说,大规模发展交通运输建设是近年来我国各地区发展战略的重要组成部分,是GDP两位数增长的重要支撑。2008年起,我国高速公路建设进入快速发展阶段。按照各地区的规划,全国高速公路的总里程要达到18万千米左右,许多省提出了"县县通高速"。我国许多省份仅其一省的高速公路的长度和密度就均超过了发达国家一国的长度与密度,高速公路网的规划规模与空间覆盖水平背离了其技术经济属性。远程城际高铁、大城市的城郊铁路系统的盘子过大,大项目上得过快。超大规模的交通规划和建设导致交通投资占GDP的比重上升到7%～9%,这是很不正常的比例。

由"化地"到"化人"的转变,是矫正我国资源配置扭曲的重要选择。天平偏向"化地",势必要投入大量资金,基础设施的超前建设导致了大量资源的浪费。我们需要矫正这种资源的不合理配置,需要将资源投入到"化人"中来,要加快社会保障制度建设,加快收入分配制度改革,提高城乡居民收入水平。为了实现由"化地"到"化人"的转变,需加快农民工市民化进程,很好地利用"第二次人口红利"。"第一次人口红利"的利用形式主要是劳动力从农业转向非农产业,虽然这些劳动力转换了就业结构和就业身份,但其消费模式、社会身份没有转化,所以他们的消费贡献、对社会公共服务以及城市居住设施的需求还没有被充分挖掘。因此,我们需要将推进农民工的市民化,推进公共服务均等化,看作是对人口"第二次红利"的挖掘。现在我国人口城镇化率已超过50%,而非农业户口人口的比重只有35%左右,中间还有15个百分点的差距,"第二次人口红利"开发将有利于我国内需的扩大和经济发展方式的转变。同时,也有利于促进我国城市和区域发展内生型模式的形成。

由"化地"到"化人"的转变,是实现经济可持续发展的重要基础。"化地"主要建立在投资和出口的基础上,而"化人"则需要建立在消费的基础上,只有实现了"人的城镇化",不断地满足人的需求,才能为经济可持续发展提供动力源泉。人的需求不仅在于物的方面,还包括大量精神需求,这是促进产业结构提升的重要源泉。我国城市和区域产业结构极不合理,第二产业特别是重化工业的比重过大,这与"化人"的滞后存在着必然的联系。社会保障不完善,收入过低,必然导致消费难以启动。但投资驱动必然带来大规模低水平的产业扩张,也必然带来一种高耗能的发展模式,2011年全国钢产量在8.86亿吨,占全球总量的45.5%。近年来,除个别年份外,每年钢增量都在7000万~8000万吨。2011年全国水泥产量为20.99亿吨,约占全球总量的60%,水泥产量每年攀升,仅2011年就比2010年增加2.17亿吨。2011年全国能源消费总量达到34.80亿吨标准煤,以煤为主的能源消费结构没有变化。固定资产投资的弹性系数,2004—2011年均为2.42,2009年高达3.6。这也就是说,经济高速增长在很大程度上是投资拉动的。

最后,由"化地"到"化人"的转变,是回归城镇化的本质要求。经过长期城镇化的快速发展,我们需要从价值层面回答城镇化的本质到底是什么,是"人的城镇化"还是"物的城镇化"。目前,我国城镇化在硬件方面可能都已超越于发达国家,但我们社会经济发展仍然滞后,原因是什么?毫无疑问,是我国"人的城镇化"严重滞后。"人的城镇化"严重滞后不仅扭曲了我们的社会结构,同时也扭曲了我们的经济结构,并破坏了我们的生态结构。所以,新型城镇化应尽快实现由"化地"到"化人"的转变,这是支撑我国社会经济可持续发展的重要基础。

3 发展模式应实现由外生城镇化模式到内生城镇化模式的转变

我们不能再将城镇化简单地理解为规模型的城镇化。城镇化转型是一个重大课题并包含丰富的内涵,但首先需要考虑的是经济发展战略和城镇化发展模式的转型。"后发优势"是我们长期以来坚持的重要战略,在相当长时期内确实支撑了我国经济的快速发展,但现在,"后发优势"变成"后发劣势",人们养成了依赖,缺乏制度创新的动力。"后发优势"本质上是一种外向型经济发展模式,这种模式存在严重弊端,尽管"世界工厂"带来了发展机遇、外汇盈余和就业机会,但也导致了"全世界污染中国"的局面,加剧了我国资源环境问题。我国城镇化模式是建立在"后发优势"战略和外向型经济发展模式的基础上的,也具有典型的外生型特点。

著名城市规划专家约翰·弗里德曼将城市发展划分"城市营销"与"准城市国家"两种模式。第一种模式是一种无情的零和博弈。他说奉献在跨国资本祭坛上的祭品通常是低廉的工资、温顺的劳动力、"灵活和敏感"的地方政府,以及各种优惠政策——减免税收、免费土地、给予津贴等。第二种模式是"准城市国家",城市—区域不可能期望从自身外部获得某种可持续发展动力,要获得可持续发展,就必须稳定而持久地给予它们自身的天赋资源。城市—区域的发展要想具有"可持续性",就必须牢固地根植于它们自身的综合资源,它是不能够进口的。

我国为欧美发达国家市场提供大批量的生产,如今面临着严峻的挑战,这种大批量的生产主要依靠低成本竞争的产业集群支撑,并且这种集群在全球产业链中获取了极其微薄的利润。我国大多数城市的产业区都是依靠逐底的低成本竞争的。在1996年,美国《洛杉矶时报》对芭比娃娃玩具的全球生产与价值分配体系所做的一项调查显示:一个在美国市场上售价9.9美元的芭比娃娃玩具,其海运、仓储、营销、批发、零售和利润环节就占了7.9美元;在余下仅仅2美元的分配结构中,中国香港管理和运营中心占1美元,从中国台湾地区、日本、美国、沙特阿拉伯进口和中国内地市场采购的原材料占0.65美元,剩下的0.35美元才是中国工人的加工费——在全球玩具产业的价值链上,加工制造环节的附加值仅为3.5%(Tempest,1996)。但随着中国劳动力等生产要素的不断上涨,这种低附加值的产业链在我国东部发达地区已经面临着严重瓶颈问题。新型城镇化必须通过新型的产业集群提升发展的内生性,要从供应链型的GVC走向基于区域的NVC,实现全球化和本地化的辩证统一,摆脱"代工—出口—微利化—品牌、销售终端渠道与自主创新能力缺失—价值链攀升能力缺失"的非意愿恶性循环的发展路径。同时,作为城市和区域要高度重视城市和区域的财富创造的内循环,只有这样才能支持全球贸易大循环的可持续。因此,要将发展从廉价要素驱动转型为创新驱动,要高度重视城市和区域创新生态系统的建立与完善。

4 发展动力应实现由投资出口驱动到消费驱动的转变

城镇化由投资、出口驱动转变为消费驱动,这是国内外经济形势变化和社会经济发展到新阶段的必然要求。过去我们一直提启动内需,但内需一直启动不起,其根本的原因在于有着广阔的外需市场空间支撑,我们没有一种倒逼机制来推动内需消费市场的启动。而且在时间点上存在着一种巧合,每当外部出现经济危机,我们都会把内需启动作为一种战略选择。比如1997年东南亚爆发金融危机后,我国提出要启动内需,其中最重要的举措就是房地产开发和一些重大基础设施的建设。在当时特定的历史条件下,这一战略举措起到了积极的作用,内部投资弥补了外需的不足,一方面使我国摆脱了外部市场的影响,同时,投资驱动的城镇化也在一定程度上支撑了我国经济相对快速发展。2008年欧美发达国家爆发金融危机后,我们也提出了内需战略,同时启动了更为庞大的4万亿救市计划,试图仍沿用过去的"药方"来"医治"一个"病情"不同的新"病人",这不但不能取得好的效果,而且反而会促进低层次高耗能的产业进一步扩张,以及超越国情的超前基础设施建设,浪费大量的资源。其原因在于:1997年出口导向型模式仍然处于"青壮年"发展时期,还有很大的发展空间,一旦危机过去,又会带动我国经济的发展,但是2008年欧美发达国家的金融危机宣告我国传统出口导向型发展模式已经接近尾声,如果再以基础设施和房地产投资来启动内需,只能进一步强化一种结构型矛盾,所以,发展模式转型的根本就在于启动一种消费驱动的城镇化新模式,消费驱动要求必须有良好的社会结构作为支撑,特别是中产阶级所占的比重,因此,收入分配制度改革理应成为新型城镇化最重要的选择。

根据陈志武的研究,自1995年到2007年的12年里,政府财政税收年均增长16%(去掉通货膨胀率后),而城镇居民可支配收入年均增长8%,农民纯收入年均增长6.2%。这期间国内生产总值的年均增幅为10.2%。我国政府财政收入高速增长所导致的一个结果是,从1995年到2007年,去掉通货膨胀成分后,财政收入增加了5.7倍,呈现一种高速增长的态势,而城镇居民人均可支配收入只增长了1.6倍,农民的人均纯收入更是才增加了1.2倍。近年来,在经济高速增长的同时,劳动者报酬所占比例下降更快。

从国际比较的角度来看,目前我国消费率太低,而固定资产投资率太高,积累与消费比例已经严重失衡。按照当年的价格计算,2011年我国最终消费率为49.1%,资本形成率为48.3%,其中固定资本形成率为45.7%。近年来,在中国经济高速增长的时期,最终消费率却不断下降。2000年,我国最终消费率为63.2%,此后十年间最终消费率一路下降了14.1个百分点,2010年为48.2%。2011年最终消费率在金融危机后内需刺激政策下有所回升,为49.1%。按照世界银行统计,目前全球平均最终消费率约为77%(美国消费占国内生产总值的份额为86%,德国为78%,日本为75%),固定资产形成率为23%。2011年,我国的最终消费率比世界平均水平低近30个百分点,固定资本形成率比世界平均水平高30多个百分点。我国消费率不仅远远落后于欧美一些发达国家,甚至和印度等发展中国家比较也有相当大的差距。

基于上述分析,我们可以看到,在出口导向型的发展模式面临严峻挑战的时候,我们必须将消费作为经济发展的推动力,外部市场的萎缩和结构的变化必然倒逼我们去改变我们的收入分配制度。以前的消费与投资的分配主要支撑着出口导向和投资的发展模式,如果转为内需就必须相应推动投资与消费的比例的变化,否则启动内需和消费驱动只能是一句空话,同时也必须围绕着消费社会的建立,加快社会保障制度的改革,消费驱动经济的发展必然需要相应的社会结构和经济结构的转变作为支撑。

5 空间应实现由"非均衡型城镇化"到"均衡型城镇化"的转变

在今后一段时间内,城市空间扩张蔓延应转变为以协调城乡空间结构为主的均衡的城镇化模式。以2008年市政公用设施建设固定资产投资为例,城市人均投资分别是县城的2.26倍、建制镇的4.48倍、乡的7.27倍、行政村的20.16倍。城镇等级体系和规模结构出现严重失衡。2000—2009年,我国特大城市、大城市数量分别由40个和54个,骤增到60个和91个,城市人口占全国城市人口的比例分别由38.1%和15.1%,增加到47.7%和18.8%,而同期中等城市和小城市的数量分别由217个和352个,变化为238个和256个,中等城市和小城市中的城市人口比例分别由28.4%和18.4%,下降到了22.8%和10.7%。另外,快速的城镇化,在很大程度上是建立在对农村生产要素吸附的基础上的,导致我国农村的快速空心化和农村人口主体的老弱化。近10年来,我国城镇年占用耕地在300万~400万亩。因此,城市化的空间均衡是中国城市化进行过程中的发展方向,对于促进城市化健康、可持续发展具有重要作用。中国城市化的"非均衡"突显、"城市病"出现以及农村"空壳村"问题是推进"均衡型城镇化"的现实动因,在城市进程中以及城市化模式抉择的形势下,实现城市的网络化、寻找最佳城市规模、实行农村"就地城市化"、优化产业空间和促进产业升级，已经成为我国实现均衡型城市化的现实策略选择。

在未来城镇化的过程中，要改变传统城镇化的空间模式，遵循位置级差地租的客观规律，不能将所有的资源都投入到大城市和特大城市，忽视中小城市和小城镇的发展。因此，要不断地优化大城市的发展，加快中小城市和重点小城镇的基础设施建设，积极构建以"特大和大城市—中等城市—小城市（包括县城）—小城镇—农村新型社会"为框架的城镇等级体系。要科学推进农村新型社区及中心村的建设，特别要发挥中小城市、小城镇在城乡统筹发展中的重要作用，以县域城镇化作为未来 10～15 年中国城镇化发展的重要环节。

6 发展目标应实现由"一维"到"三维"的转变

从"土地城镇化"到"人的城镇化"的转变体现着发展阶段的转变，"人的城镇化"是城镇化的最核心目标。城镇化战略的内涵更应该体现在"人的城镇化"上而不是"物的城镇化"上，城镇化作为我们最重要的战略目标，并不意味着城镇化成为实现 GDP 和政绩的工具。近几年我国城市规划界对城市规划学科性质的争辩其实就是对这种空间工具性所带来的负面效应的反思，其争论的实质反映了在城市发展过程中人文主义和科学主义、价值理性和工具理性之间的哲学争辩。一些人强调"城市规划是一门科学"，与此同时，另一些人强调"城市规划是公共政策"，国家城市规划行政主管部门应积极推进城市规划的政策建构。这两种对城市规划的表述体现了城市规划思想史上的人文主义和理性主义。所以，认识城镇化内涵必须由"工具理性"上升到"价值理性"，由"理性主义"回归到"人文主义"，要高度重视城市发展的"人文性"和城市公共政策的重要性，实现科学性和人文性的辩证统一。

从发展目标上来讲，新型城镇化应实现由"一维"经济目标到经济、社会和生态"三维目标"的转变，只有这样才能认识到城镇化的本质。无论是"一维"还是"二维"，对城镇化的理解都有失偏颇。我们长期以来的城镇化是简单的一维城镇化，是追求城镇化的"大跃进"，是一种典型的 GDP 主义主导下的城镇化，也是政府主导下的土地城镇化，以牺牲社会和生态环境为代价。这种大规模的城镇化强烈地改变了我国的自然和社会结构，但当其发展到一定阶段，必然受到资源环境和社会结构的限制。郑永年曾指出，当前的 GDP 主义导向对于社会发展具有极大的破坏性。第一，GDP 主义进入很多社会领域，错误地把社会政策领域"经济政策化"。第二，GDP 主义盛行，社会政策就不可能建立起来。这主要表现在社会保障、劳动保护、教育公平、农民工权利等方面。没有社会政策,已经形成的中产阶级就没有保护机制,而更多属于社会中下层的人则更难以上升为中产阶级。所以,GDP是以破坏社会来保障经济增长的。

当这种"一维"的经济城镇化进行到一定阶段,要想取得进一步的可持续发展,必须使经济、社会和生态"三维"目标取得平衡。因此,我们倡导的"三维"目标下的城镇化新趋势不仅是一种美好的理想,同时也是城镇化可持续发展所必须遵循的客观规律,是我国城镇化发展进入新阶段的要求。城镇化进程中经济结构、社会结构和自然生态结构具有相互的制约性与相互的促进性。合理的经济结构必须要有合理的社会结构来支撑,同时合理的经济结构和社会结构也受到合理的自然生态结构的支撑。畸形的经济结构必然伴生畸形的社会结构和自然生态环境结构。新型城镇化必须要实现社会、经济和自然生态之间的协调发展,这是一种在三维目标下的高级协调。

参考文献:

[1] 田国强.中国经济发展中的深层次问题[J].学术月刊,2011(3).

[2] 吴敬琏.中国城镇化的最大问题[N].人民日报,2012-10-24(12).

[3] 陆大道,等.2006中国区域发展报告——城镇化进程及空间扩张[M].北京:商务印书馆,2007:1-4.

[4] 刘卫东,等.2011中国区域发展报告——金融危机背景下的区域发展态势[M].北京:商务印书馆,2011:1-11.

[5] 约翰·弗里德曼.城市营销与准城市国家:城市发展的两种模式[J].国外城市规划,2005(4).

[6] 王缉慈,等.超越集群——中国产业集群的理论探索[M].北京:科学出版社,2011.

[7] 刘志彪,于明超.从GVC走向NVC:长三角一体化与产业升级[J].学海,2009(5):59-67.

[8] 陈志武.陈志武说中国经济[M].太原:山西出版集团,山西经济出版社,2010.

[9] 倪建伟,等.基于扩大内需背景的城市化战略创新[J].人大复印资料,2011(3).

[10] 张明斗,等.均衡型城市化:模式、动因及发展策略[J].兰州商学院学报,2011(6).

[11] 陈锋.城市规划理想主义和理性主义之辩[J].城市规划,2007(2).

[12] 郑永年.保卫社会[M].杭州:浙江出版联合集团,浙江人民出版社,2011.

促进健康城市发展的低碳城市建设研究
——以苏州低碳城市建设为例

Research on Low Carbon City To Promote Development of the Healthy City
—A Case Study of Suzhou

韩 坚 ①

Han Jian

摘 要 随着世界工业经济的发展、人口的剧增以及城市化进程的快速推进,为保持经济高速增长而付出的环境成本十分巨大,能源、资源短缺以及大气污染等问题直接或间接地破坏着城市的环境,威胁着城市居民的健康生活,动摇着我国社会经济可持续发展的基础。越来越多的人认识到健康跟环境密切相关。人与自然应该如何相处?人与城市应该如何相处?我国城市环境的健康化已刻不容缓。建设低碳城市正是促进健康城市发展的重要途径之一。自2007年起,城市的发展模式和发展轨迹成为全球低碳发展关注的焦点,国内外学者对低碳城市的发展进行了大量的研究,低碳城市发展的核心应是培育城市某些内在的品质,即通过低碳政策、制度的建设,推广低碳理念,在全社会形成低碳文化,提升城市发展的健康水平。低碳城市的发展离不开城市中的各个参与主体的共同作用,政府应当充分发挥引导作用,通过制度、政策的建立,推广低碳理念,优化城市能源结构、产业结构,打造城市健康发展的产业基础。

Abstract With the development of industrial economy, the population explosion and the rapid advance of urbanization, the environmental cost to pay for maintaining rapid economic growth is very great. Shortage of energy and resources and atmospheric pollution damage to the environment of city, threaten the health of urban residents, shake the foundation of sustainable development. More and more people realize that health is closely related with environment. Should people be how to get along with nature? How to get along with city? China's city environmental health has been crunch time. Since 2007, development model and development path have become the focus of global low carbon development. Scholars at home and abroad have done a lot of research on the development of low carbon cities. The core of low carbon city is to cultivate the city some internal things. We improve the health of urban development through low carbon policy,

---

① 韩坚,苏州大学东吴商学院教授。

system, the concept of low carbon, low carbon culture. Low carbon city development is inseparable from Interaction of the main body to participate. The government should make efforts to build the industrial base of the healthy development of the city through the establishment of system and policy, optimization of energy structure and industry structure.

关键词 健康城市 低碳城市 碳排放
Keywords The Healthy City   Low Carbon City   Carbon Emissions

1 研究背景

20世纪90年代"健康城市"概念被引入我国后,健康城市的理念逐渐被人们接受。在健康城市的发展历史中其建设侧重点各不相同,随着世界工业经济发展、人口剧增以及城市化进程快速推进,CO_2等温室气体的大量排放而带来的全球气候变暖已成为威胁人类社会发展的严重问题,通过建设低碳城市促进健康城市发展成为人们讨论的热点之一。2005年《京都议定书》的生效、2007年"巴厘岛路线图"、2009年末的哥本哈根气候变化大会、2011年德班气候大会以及2013年的华沙气候大会,都体现了近年来国际社会为解决气候问题所做出的努力。在此背景之下,大力发展低碳经济逐渐在各国达成共识。低碳经济的概念最早由英国政府在2003年发表的《能源白皮书》中提出,《能源白皮书》指出,低碳经济是通过更少的自然资源消耗和环境污染,获得更多的经济产出,创造实现更高的生活标准和更好的生活质量的途径与机会,并为发展、应用和输出先进技术创造新的商机与更多的就业机会。城市是全球温室气体排放的重要源头,因此,低碳城市的建设是发展低碳经济的重要手段之一。2007年政府间气候变化专门委员会(IPCC)报告说:当前气候变暖的原因中,90%以上可能是由人类活动造成的。城市作为人类的聚居地,既是建筑、工业、交通、物流的集中地,也是高耗能和高排放的集中地。尽管全球城市面积仅占地球表面积的2%,但全世界人口中约有一半居住在城市中,这些城市消耗了全球能源的75%,排放的温室气体占全球所产生的温室气体总量的80%左右。全球的建筑物本身所占用的能耗,占到全球所有能耗的40%。气候变化、碳排放与城市化是相互交织、相互影响的,快速的城市发展是导致碳排放问题的主要原因,也是解决这一问题的关键所在。虽然城市化带来了人类文明的新发展,但其经济发展和生活水平提升带来的能源需求也在日益增加,城市蔓延、对机动交通的高度依赖和城市生活方式等"高碳"的城市发展模式使得城市中大量集聚的人口在消耗资源的同时也产生了大量的生活垃圾、工业垃圾。近100多年的城市发展使得人类的环境问题在规模上和危害程度上都越来越严重,这使世界各地逐渐意识到建设低碳城市的重要性。城市的发展模式和发展轨迹成为全球低碳发展的关注焦点。

作为最早申报健康城市试点的城市,地处长三角城市群核心区域的苏州在全球能源短缺和碳排放空间受限的宏观背景下,深入贯彻落实科学发展观,做好应对气候变化工作,有效控制温室气体排放,积极探索健康城市、城市生态文明建设,推进资源节约型、环境友好型社会建设,这具有十分重要的现实意义。建设低碳生态城市可以进一步促进苏州经济发展方式转变、推动"两个率先"(率先全面建成高水平小康社会和率先基本实现现代化)和"三区三城"(科学发展的样板区、开放创新的先行区和城乡一体的示范区,以及高端产业城市、最佳宜居城市和历史文化与现代文明相融的文化旅游城市)建设。

2 国内外文献研究概述

国外政府和学者对低碳城市的研究主要集中在以下三个角度。

低碳经济角度。2003年英国政府发表《能源白皮书》(UK Government 2003),题为"我们未来的能源:创建低碳经济(Our Energy Future, Creating a Low Carbon Economy)",首次提出"低碳经济"(Low Carbon Economy)的概念,引起国际社会的广泛关注。《能源白皮书》指出,低碳经济是通过更少的自然资源消耗和更少的环境污染,获得更多的经济产出;低碳经济是创造更高的生活标准和更好的生活质量的途径与机会,也为发展、应用和输出先进技术创造了机会,同时也能创造新的商机和更多的就业机会。随后,D.约翰逊等学者探讨了英国大量减少住房二氧化碳排放的技术可行性,认为利用现有技术到21世纪中叶实现在1990年基础上减排80%是可能的。T.特雷福斯等学者探讨了2050年德国实现在1990年基础上减少GHG(温室效应气体)排放80%的可能性,认为通过采用相关政策措施,经济的强劲增长和GHG排放的减少的共同实现是可能的。R.卡维斯等学者回顾和描绘了长期气候稳定的情景,将排放变化分解为三个因素:二氧化碳强度、能源效率和经济活动,并指出,为实现60%~80%的减排目标,总的能源强度改进速度和二氧化碳强度减少速度必须比以前40年的历史变化速度快2~3倍。岛田居二等学者构建了一种描述城市尺度低碳经济长期发展情景的方法,并将此方法应用到日本滋贺地区。气候集团《盈余:低碳经济的成长》报告中介绍了低碳经济的概念,回顾了市场的发展,并分析了城市走低碳经济道路带来的收益，表明低碳经济具有更高的投资回报率，能够显著地增加产量、缩短生产周期、提高生产可靠性、改善产品质量、改善工作环境并鼓舞员工士气，在新增就业方面具有出色的潜力，其增长速度也大于其他经济形态。

城市碳排放角度。美国哈佛大学经济学教授 Edward L. Glaeser（2008）从家庭消费的角度研究了碳排放因素，认为消费碳排放涵盖家庭成员衣、食、住、行、娱乐等各项活动。他选取了美国 10 个典型大城市中心与郊区的单位家庭，从采暖、空调、交通及生活能耗等方面进行实证分析，科学地提出了实现城市低碳化发展的政策建议。日本学者柳下正治立研究了日本家庭、运输部门及工业部门的碳排放比重，并从建筑结构、低碳交通、产业分布及新节能技术应用等方面提出减少城市碳排放的具体措施。Diakoulaki（2007）等学者从生产的角度研究了影响城市碳排放的主要因素。影响城市碳排放的主要因素的研究集中在生产和消费两方面，其中生产碳排放包括工业、建筑业、交通运输业、商业等领域。Folke（1997）等学者研究指出城市碳循环系统所涵盖的城市蔓延区和城市碳足迹区不一定毗邻，可能位于数百千米之外。他们的这一观点让许多学者关注跨境交易中存在的城市碳循环、碳代谢问题。Peters 和 Hertwich（2008）研究发现，国际贸易中碳排放量占全球排放量的 21.5%，可见商品和服务贸易产生的间接碳排放问题也十分严峻。

低碳城市空间规划角度。低碳城市空间规划需要整合低碳社会和低碳经济的理念，推进"低碳"排放或者"零碳"排放，包括低碳城市格局、用地、交通与道路系统、产业、居住区等方面的内容。典型的健康城市规划理念是紧凑型城市设计的理念，紧凑型城市是从城市自身角度研究的一种促进城市可持续发展的城市形态，通过对集中设置的公共设施的可持续综合利用，有效减少交通距离、污染排放量及碳排放量并促进城市发展。W. K. Fong 等人以马来西亚为例，研究能源消耗、碳减排与城市规划的关系，指出防止全球变暖主要是减轻城市热岛现象，而紧凑型城市模式可以很好地实现这一目标。

国内学者对低碳城市的研究也有不同的角度，主要集中在以下几个方面。

从系统论角度研究低碳城市发展。从系统论的角度研究低碳城市发展的各个因素，做出综合性分析。付允、汪云林、李丁从系统论的角度建立了低碳城市的发展路径。其主要分为四个系统：一是能源低碳，提倡减少煤炭使用，充分利用新能源和可再生能源；二是经济低碳，优化产业结构，严格限制高能耗产业的发展，积极发展第三产业；三是社会低碳，通过调整交通战略和空间战略来促使人们养成依赖步行、自行车及公共交通的绿色交通方式，改变以往高消费、高浪费的生活方式；四是技术低碳，主要是通过发展二氧化碳捕捉以及清洁能源开发等技术作为发展低碳城市的支撑体系。李金兵、唐方方(2010)在综合了付允等人观点的基础上，考虑政府政策因素，研究各子系统之间的关系，构建了低碳城市系统模型图。他们认为低碳城市系统是非线性反馈系统，具有开放性和多样性，低碳城市系统的发展过程是自然生态系统的演替与城市有组织的经济、能源、城市规划、城市交通、技术创新、城市建筑、生产与生活、政府治理系统等子系统活动的相互耦合的过程，其中任何一个子系统发生变化都可能对其他子系统产生短期或长期的影响。由于低碳城市的发展本身就是一个长期的系统的过程，因此从系统论的角度研究低碳城市发展问题既能从整体上把握，又能细化到各个影响因素，同时还能考虑到各因素之间的联系，这对制定低碳城市发展规划、实施低碳城市发展策略具有重要的意义。

从低碳城市规划角度研究低碳城市发展。就低碳城市规划的重要性而言，候波等(2010)认为低碳城市规划是发展低碳城市的基本战略、有效策略和可靠保障。叶祖达(2009)认为城市规划在建设低碳经济中充当着重要的角色，作为可以影响城市发展的土地、资源、建筑、交通等行业的规划，对城市化进程中资源合理分配和使用都有协调与调整的能力。就低碳城市规划具体制定方面，张泉等(2010)提出低碳城市规划主要应关注城市形态、土地利用、产业发展、能源利用、交通模式、城市建筑等方面。汪鳃以武汉市城市总体规划为例，运用生态足迹研究方法、GIS(地理信息系统)评价技术、生态城理论、TOD(以公共交通为导向的开发)模式、CFD(计算流体力学)模拟等技术方法和研究手段，探索了总体规划在低碳城市建设方面的应用，建立了绿色基础设施和交通之间的联系，提出了以可持续发展为目标的战略政策。学者们的研究明确表明，制定好的低碳城市规划于低碳城市的发展具有重要意义，低碳城市规划可以说是低碳城市发展的源头。

从具体措施角度研究低碳城市发展。近年来，学者们对低碳城市发展的研究进一步细化到低碳城市发展的具体措施，如绿色交通、低碳建筑等，从更加专业的角度提出更具现实意义的建议举措。绿色交通方面，陈洁行(2009)、余凌曲(2009)、崔耀杰(2009)等学者做了详细的研究，综合他们的观点，绿色交通应做到以下几点：(1)首先应鼓励公众选用环保的交通工具，提倡健康出行；(2)发展轨道交通、快速公交，为公众提供快速便捷的公共交通系统；(3)对原有的高污染的公共交通工具进行整治，提倡新能源在交通工具中的应用。王登云(2010)、龙惟定(2010)等学者对低碳建筑领域做了研究，低碳建筑是指在建筑材料与设备制造、建筑设计、施工建造和建筑物使用的整个生命周期内，尽可能地减少化石能源的使用,提高能效,降低二氧化碳排放量。从此概念和学者们的相关研究中发现,低碳建筑的建设离不开新能源的使用,低碳建筑与能源规划关系紧密。

国内相关城市对建设低碳城市已进行积极的实践,具体情况见下表。

表 6-1 国内低碳城市建设的实践

城市	目标设定	规划与行动
珠海	低碳经济区	推动液化天然气公交车和出租车的使用
日照	气候中和网络城市成员	普及居民太阳能热水器;公共照明设备使用太阳能光伏发电技术;在农村推广太阳能保温大棚、太阳能灶
保定无锡	低碳城市	鼓励太阳能光伏设备生产企业的发展;实施城市公共照明和高速公路照明的太阳能光伏发电工程
杭州	低碳产业、低碳城市	在国内率先启动了公共自行车交通系统,免费向市民和游客出租,提倡低碳出行
上海	低碳社区、低碳商业区、低碳产业区	世博会低碳建筑、临海新城太阳能光伏发电示范项目和崇明岛的碳中和规划区域;绿色变电站;节能灯泡进家庭计划
贵阳	生态城市战略规划	LED 节能照明试点项目;城市轻轨体系建设
昆明	低碳产业	兴建光伏发电站;发展生物质能经济
南宁	低碳城市	争取获国家森林城市称号

3 苏州市建设低碳生态健康城市的重要性

在推进"两个率先"、建设"三区三城"的关键进程中,苏州必须选择一条低消耗、低排放、高效益、高产出的新型工业化和城市化道路,努力实现经济发展和保护环境"双赢"的目标。建设低碳生态健康城市则是实现这一战略目标的重要路径。

(1) 有利于苏州全面贯彻落实科学发展观。贯彻落实科学发展观,最根本的就是要把以人为本的发展理念落实到具体工作中。低碳健康城市建设涵盖了经济、社会、能源、居民生活的方方面面,充分体现了科学发展观的内在要求。在资源环境约束日益突出的条件下,通过建设低碳城市,可以在遵循产业结构演变规律的基础上,构建低碳、高效的现代产业体系,形成低碳驱动经济增长局面,实现产业竞争力与环境竞争力同步提升。

(2) 有利于苏州实现经济发展方式的转变。当前苏州处于后工业化阶段,经济的主体是第二产业,又以制造业为主,能源资源消耗大,对国际资源、能源市场严重依赖,经济对外依存度不断上升,抵御国际风险的能力逐步减弱,这些直接影响其经济增长的稳定性。建设低碳城市,有利于从"高碳"经济模式转向低碳经济发展模式,是实现经济发展方式从粗放型向集约型转变的有效路径。

(3) 有利于苏州建设节约型社会。苏州长期以来的高投入、高产出的发展模式已经日益受到资源和环境的制约。目前苏州正通过清洁生产模式、循环经济园区的形式推行节约型社会建设。苏州正在进行低碳城市的试点,确立低碳经济发展和低碳生活方式,将与节约型社会建设形成合力,顺利推动生态健康城市建设各项工作的深入开展。

(4) 有利于推动技术创新。建设低碳健康城市,将推动技术创新和制度创新,使得符合健康城市发展趋势的能效技术、节约能源技术、可再生能源技术和温室气体减排技术等低碳技术不断涌现并广泛应用。开展低碳城市试点建设工作,引进、消化、吸收先进技术和经验,推动自主创新技术和政策,有助于加快实现苏州经济社会发展向技术创新和制度创新等重点领域转型。

(5) 有利于探索发达地区节能减排的新道路。苏州的发展先后抓住了农村改革、浦东开发开放和全面建设小康社会的三次机遇,创造了"张家港精神""昆山之路""园区经验"这三大法宝,实现了乡镇企业、对外开放、民营经济发展的三大跨越。开展低碳城市建设试点工作,有利于苏州总结形成具有时代特征和苏州特色的节能减排的新道路,在经济社会与环境保护协调发展方面起到典型和表率作用。

4 苏州市建设低碳健康城市的基础

4.1 苏州市能源消费现状

(1) 能源消费总量快速增长。随着苏州经济的高速增长,特别是重工业化进程的加快,能源消费总量呈现较高的增长速度。2006 年以来,年均增速为 6.8%。其中,焦炭、热力、电力、原煤、汽油、柴油年均增长分别为 32.0%、27.5%、23.2%、17.0%、6.1% 和 6.5%。

(2) 八大行业能源消费超百万吨标煤。根据对全市 35 个工业行业的分析,规模以上工业企业有 8 个行业能源消费超过 100 万吨标煤。八大行业能源消费总量为 3 908 万吨标煤,占全市能源消费总额的 91.3%;其中电力、蒸汽、热水的生产和供应业的消费份额及黑色金属冶炼及压延加工业消费份额分别为 32.2% 与 28.6%。

（3）全社会用电量逐年攀高，工业用电占八成多。全社会用电量占江苏全省总量的26.6%，达880亿千瓦时，其中工业用电占全社会用电量的比重高达83.9%，达739亿千瓦时，超过上海市，位居全国首位。

（4）能源利用效率水平参差不齐，整体水平有待提高。从工业行业内部的能源利用效率看，在各种工业单品的能耗指标值上，苏州部分行业如钢铁冶炼技术、水泥生产技术等在国内处于先进水平，但大部分高能耗行业的单品能耗值相对国内、国际先进都还存在一定的差距。

4.2 苏州市二氧化碳排放总量及其构成

苏州是一个不生产煤、油和天然气的地区，这类能源资源全部依靠外地调入。在一次化石能源中，油、气能源的比重极低，煤炭的比重要超过95%，能源消费以煤炭为主，电力消费是煤炭的转换形式。因此，苏州市二氧化碳的排放相对较高。苏州市二氧化碳排放主要由工业、建筑及交通运输的二氧化碳排放构成。

据清华大学国情研究院测算，苏州市在2005年至2008年间，规模以上工业企业温室气体排放总量持续增长，2006年、2007年、2008年分别比上一年增长20%、17%、2%，与能源消耗总量的增长趋势一致。2008年能源消费前十个行业排放二氧化碳总量为11 862万吨。按同系数推算，2009年前十大行业的温室气体排放总量为12 676万吨，同比增长6.9%，与上文所述2006年以来的能源消费总量年均增速基本持平。

建筑和交通运输的二氧化碳排放也比较严重。据清华大学国情研究院估算，2008年苏州市建筑耗能排放二氧化碳为246万~672万吨；交通运输排放量为892万吨，其中客车排放占62%、货车占18%、轿车占14%。

预计随着苏州国民经济和社会的进一步发展，苏州市的二氧化碳排放总量仍将逐步增加。按照清华大学国情研究院的计量方法，我们预测苏州市未来的二氧化碳排放总量如表6-2所示。

表 6-2 苏州市二氧化碳排放情景预测　　　　　　　　单位:万吨

预测方案	假设条件	2015年	2020年
基准情景	产业结构、技术水平、能源结构均不变,地区生产总值平均增长速度:"十二五"增长12%、"十三五"增长10%	32 711.91	52 682.85
产业结构调整	基准情景中产业结构调整(低方案)	24 261.89	34 232.40
	基准情景中产业结构调整(高方案)	19 917.08	26 101.61
技术进步	基准情景中技术水平提高(低方案)	30 004.55	46 028.66
	基准情景中技术水平提高(高方案)	29 720.84	45 570.28
产业结构和技术进步	基准情景中产业结构调整(低)和技术水平提高(低)(低方案)	22 343.83	30 253.22
	基准情景中产业结构调整(高)和技术水平提高(高)(高方案)	18 157.12	22 916.58

注:表中数据为清华大学国情研究院以17个工业行业、建筑运行和公路交通运输业进行的情景预测。

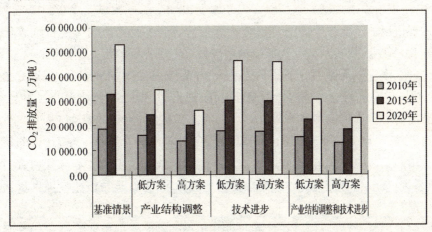

图 6-1 苏州市二氧化碳排放分布比较图

4.3 苏州市低碳生态健康城市建设现状

近年来苏州市一直高度重视低碳生态健康城市建设,采取一系列积极措施推动产业结构调整,提升产业层次,在节能降耗、发展循环经济、改善环境质量等方面取得了初步成效。

(1) 逐步完善政策体系。苏州市是能源消费大市,长期以来一直高度重视利用政策法规引领地方经济和社会向低碳化方向转变。在节能降耗等方面相继出台了《苏州市加强节能工作的实施意见》《苏州市调整淘汰部分落后生产工艺装备和产品指导意见》《关于进一步推进苏州市重点耗能企业能源审计工作的通知》等一系列地方性政策法规,为低碳城市建设试点工作的开展奠定了良好基础。

（2）建设低碳经济体系。苏州市陆续制定了《市政府关于全市工业结构调整的实施意见》《市政府关于进一步加快新型工业化进程的意见》《苏州市新能源产业提升发展计划》等低碳化产业发展指导意见。近年来全市淘汰落后产能工作取得重大进展,累计关停并转落后化工企业1 140家,淘汰落后水泥产能600多万吨,关闭不达标水泥企业11家,淘汰落后印染产能2.45亿米,淘汰燃煤设施279台,全市所有电厂、热电厂全面建成脱硫设施,淘汰年产190万吨水泥能力设备、苏钢厂年产80万吨钢铁能力的10台(套)落后装置,关停小火电机组19台(套)833兆瓦,对高污染排放汽车实施限行,淘汰黄标车8 000多辆。2010年末,规模以上高新技术产业实现产值9 008亿元,年均增长23.9%,规模以上高新技术产业产值占全部工业产值的比重已从2005年末的31%提高到36.6%;规模以上战略新兴产业实现产值7 100亿元,规模以上战略新兴产业产值占规模以上工业总产值的28.9%。新能源、新材料、新医药等一批低碳化战略性新兴产业进一步壮大,为低碳城市建设奠定了良好的产业基础。

（3）推进节能减排工作。在苏州大市范围内推进能源审计,重点开展5 000吨标煤以上用能单位的能源审计工作,提出2 110个节能技术改造方案,挖掘节能潜力等价折标准煤417.964万吨/年,当量折标准煤288.463 9万吨/年;试点并推广"能效之星"计划,选出"能效之星"实施单位24家,并逐步在苏州市重点用能单位中推广运用,同时也推向节能技术服务业;研发"能源管理数字地图"系统,反映各种能耗、能效、余热等的地域分布,为低碳城市建设提供科学管理依据。

（4）发展循环经济。通过编制《苏州市循环经济发展规划》,全市培育循环经济试点531家,通过ISO14000环境管理体系认证企业1 683家,完成清洁生产审核验收企业1 000多家,分别建成国家级、省级和市级环境友好企业6家、11家和100家。苏州工业园区、苏州高新区成为全国首批国家生态工业示范园区。张家港扬子江冶金工业园、吴江再生资源回收处理基地、苏州工业园区和苏州高新区4个园区被列为国家级循环经济试点园区。省级以上开发区基本完成示范园区建设规划编制,苏州市光大国家静脉产业园建设初具规模。

（5）推进低碳示范与研究工作。2009年11月,苏州工业园区首个低碳示范产业园——中节能(苏州)环保科技产业园奠基启动,市政府与清华大学合作创建"国家低碳经济示范区",探讨低碳技术、低碳产业与低碳金融三位一体的发展模式。2009年,苏州工业园区与中国人民大学签署协议,成立中国人民大学苏州研究院,其中就包括气候变化与低碳研究基地的建设。2010年11月,苏州市政府与苏州大学共同成立了苏州市低碳经济研究中心。

(6)森林碳汇能力逐步提高。苏州市区投入绿化资金近40亿元,新增林地、绿地2 017万平方米。建成区绿化覆盖率、绿地率和人均公共绿地面积分别由"十五"末的40.2%、34.6%和9.8平方米,提高到2011年的42.5%、37%和14.8平方米。农村绿化力度进一步加大。苏州全市各级直接投入农村绿化资金超过80亿元,全面推进农村"绿色通道""绿色基地""绿色家园"和沿湖沿江绿化建设,建成太仓金仓湖等一大批生态绿地。2003年至2011年末,全市新增林地绿地80万亩,森林资源总量达160万亩。全市形成了布局合理、景观优美、安全稳定的城乡绿色生态系统。

(7)生态建设取得阶段性成效。苏州始终坚持"规划先导、城乡统筹、自下而上、整体推进"的原则,加快构建生态经济、生态环境、生态人居、自然资源和能力保障五大体系。通过不懈努力,截至2011年年末,张家港、常熟、昆山、太仓四市率先建成国家生态市,吴江生态市也通过了国家考核验收,苏州工业园区、苏州高新区、张家港保税区、昆山经济技术开发区建成国家生态工业示范园区,吴中、相城两区国家生态区通过国家级考核。苏州市已通过国家第一阶段验收考核,基本达到国家级生态市的要求,建设工作取得了阶段性成效。

5 苏州市建设低碳生态健康城市的工作重点

(1)低碳化的能源供给方式。从源头改变全市能源供给,加速从"碳基能源"向清洁能源转变,彻底实现低碳发展。其实现路径是逐步提升油气清洁能源在总能源中的比重;大力发展太阳能、地热能等可再生清洁能源发电。同时,加强可再生能源及新能源等领域的技术研发,扩建和新建垃圾焚烧发电厂、沼气发电厂;加快太阳能储能技术、太阳能电池技术的研发进程;大力开发适用于电力、交通、建筑、冶金、化工、石化、汽车等部门的低碳能源,从源头上控制和降低二氧化碳排放量。

(2)低碳化的经济发展方式。主要包括两方面的内容:一是在经济发展过程中实行低碳生产,即实行循环经济和清洁生产。循环经济是一种与环境和谐的经济发展模式,要求把经济活动组织成一个"资源—产品—再生资源"的反馈式流程,其特征是低开采、高利用、低排放。所有的物质和能源在经济与社会活动的全过程中不断进行循环,并得到合理而持久的利用,尽可能把经济活动对环境的影响降到最低,从而间接减少了温室气体的排放。清洁生产是从资源开采、产品生产、产品使用到废弃物处置的全过程中,最大限度地提高资源和能源的利用效率,减少消耗,减少污染物的产生,从而间接降低了温室气体的排放。二是调整产业结构,控制高碳产业的发展速度。产业结构决定能源消费结构,同时也决定温室气体的排放强度。第二产业的能耗强度远高于第一产业和第三产业,第二产业的能耗度为第一产业的五倍多,为第三产业的四倍多。电力、交通、建筑、冶金、化工、石油化工等行业的能源消费量占全部消费量的50%以上。可见产业结构影响能源消耗总量和经济能耗强度。为了降低经济的能耗强度和碳排放强度,必须加快产业结构的优化升级,严格控制高能耗、高碳排放产业的发展,从结构上实现经济的高效、低碳发展。

(3) 低碳化的生活消费方式。主要是改变居民传统的生活方式,确立低碳生活理念和生活消费方式。其实现路径是普及低碳知识、提升居民对低碳生活的认知程度;大力推动节能产品认证和能效标识管理制度的实施,运用市场机制,鼓励和引导消费者购买节能型产品;推行紧凑型的城市布局,大力发展城市零排放公共交通,严格控制家用小轿车保有量的增长速度;提倡居住低碳建筑和公共住宅,降低能源需求和实现城乡居民低碳消费。

6 苏州建设低碳生态健康城市体系框架

从低碳经济和低碳社会两个层面出发,构建苏州低碳生态健康城市的体系框架,主要包含五个支撑体系:低碳理念体系、低碳技术体系、低碳金融体系、低碳生产体系和低碳消费体系。低碳理念是低碳生态健康城市建设的灵魂,政府宣传推动使低碳理念成为低碳生态健康城市建设的指导思想和行动指南;低碳技术以科研机构为主体,为低碳生产提供技术支持;低碳金融以金融机构为主体,为低碳生产和低碳城市建设提供资金保障;低碳生产以企业为主体,为社会提供所需的低碳产品,同时强调低碳的经济和社会效益;低碳消费是低碳生产的最终目的,其主体是市民,并引导着低碳生产的方向。政府、科研机构、金融机构、企业和市民分别在这五个支撑体系中扮演主要角色,发挥不同作用。具体见下图。

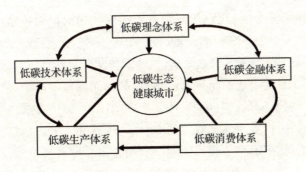

图 6-2 低碳生态健康城市的体系框架

7 苏州市建设低碳生态健康城市的对策

(1) 组织实施低碳规划,创新低碳生态健康城市发展的政策体系。建立苏州低碳生态健康城市建设的地方性法规;基于市场运作机制,研究制定促进低碳产业发展的标准和经济政策措施,引导和鼓励社会资本投入低碳城市建设与低碳经济发展领域,推动经济社会向低碳方向转型;政府采购和政府补贴向低碳产品及低碳企业倾斜;制定苏州地方性低碳专项财税扶持措施,加大对低碳试点重大示范项目的财政投入,支持低碳经济科技创新、研发能力建设;选择具备一定条件的部分行业,研究制定行业低碳发展的标准体系;建立并完善苏州低碳发展的目标考核制度,将低碳发展任务目标纳入经济社会发展的考核体系。

(2) 壮大战略性新兴产业,实现产业高端优化发展。加快扶持以重大技术创新与重大发展需求为基础的、代表苏州形象的绿色和低碳的战略性新兴产业发展,以突破制约产业发展的核心技术和前沿技术为主攻方向,高起点培育全市经济发展的新兴增长极,引领低碳产业群的崛起与壮大。打造一批以张家港现代装备制造基地、太仓生物医药产业园、昆山光电产业基地、吴江光电缆基地、苏州工业园区纳米技术创新及产业化基地、苏州高新区新能源科技产业园、吴中药港等为代表的新兴产业发展载体。努力提高低能耗的现代服务业在经济总量中的比重,以国家级服务外包示范基地和中国金融 BPO 示范区为抓手,推进苏州工业园区城市 CBD、昆山花桥国际商务城等商务服务集聚区建设。重点发展与工业良性互动的现代生产性服务业,培育软件开发、生物医药、检测认证、研发设计、动漫创意、供应链管理、金融后台等服务外包业态,占领产业价值链的制高点。重点培育 5 大综合物流园区、5 个口岸物流园区、16 家专业物流中心和一批现代物流企业,建设长三角重要的现代物流枢纽城市。到2015年服务业增加值占地区生产总值的比重达到48%,其中生产性服务业占服务业比重达60%。调整工业内部各产业结构,以沙钢集团获得江苏省低碳经济试点单位为起点,鼓励工业企业进行低碳经济试点,控制能耗高的冶金、化工、造纸、纺织、建材等行业规模,降低高耗能、高污染产业的比重,加快发展高新技术产业,到2015年高新技术产业产值比重达到40%,不断优化工业内部结构。

  (3)优化能源结构,努力提高能源的利用效率。发展高效、洁净发电技术,大力推进生物能源的开发和利用,扩建七子山垃圾焚烧发电厂,增建常熟垃圾焚烧发电厂、张家港垃圾焚烧发电厂;依托大型畜禽养殖场和酿造企业,合理配套安装沼气发电设施;积极扶持以苏州工业园区"金太阳"光伏发电为代表的太阳能发电项目,建设清洁能源接收配套工程和储运补给基地,完善城市供气管网设施,扩大燃气管网覆盖范围,增加清洁能源使用量,努力提升清洁、再生能源占比。重点加强对黑色金属冶炼及压延加工业、造纸及纸制品业、电力蒸汽热水生产和供应业、有色金属矿采选业和非金属矿物制品业这五大本市高能耗行业的技术改造和能源利用率监控。健全强制淘汰高耗能、落后工艺、技术和设备的管理制度。依法加强对高耗能行业及政府办公楼等大型公共建筑用能情况的监督,"十二五"期间,公共建筑能耗每年下降5%。建设低碳生态建筑示范区,全面推广节能、绿色民用建筑。新建民用建筑必须严格执行国家和省建筑节能设计标准;在积极试行合同能源管理、用电需求管理、企业用能实时监控管理的基础上,总结经验,逐步推广应用范围。结合老城区改造,加快推进对既有建筑的节能改造。积极拓展建筑中采用浅层地表热、太阳能等可再生能源的广度和深度,努力降低建筑能耗。大力推广节能门窗、墙体保温隔热、建筑物遮阳等建筑节能产品与技术。建设民用建筑能耗监测监管平台,制定建筑能耗定额标准。

  (4)城市布局紧凑合理,实现城市生活体系低碳化。通过城市紧凑化促使土地的集约化利用,并大幅减少城市交通能耗。城市空间紧凑化按照城市结构尺度及规模体现在不同的空间层面上,具体表现在都市区域层面、城市空间层面、社区空间层面及组团空间层面4个维度上。在都市区域空间层面,通过合理的城镇空间布局、产业结构组织及基础设施的合理安排,引导城市各类要素向城镇空间集聚,形成区域性空间等级与层次的空间格局,形成不同等级城市间横向联系的网状格局。在城市空间层面,规划引导城市各项功能的合理分区。不同的社区组团依靠公共交通或轨道交通联系,减少私家车的使用。

  (5)大力发展公共交通,完善城市低碳交通体系。坚持公交优先发展战略,以公共交通为核心,通过编制城市综合交通体系规划、公共交通专项规划和城市轨道交通建设规划,科学配置和利用交通资源,实现高铁、城铁、公路客运、城市轻轨、公交、公共自行车等各种交通方式的"无缝隙衔接、零距离换乘"。全力推进市区及市域轨道交通网、公交专用道、公交首末站建设;积极发展大运量的快速公交系统(BRT);推广普及苏州城市公共自行车,优化公共自行车设置区域;推广节能与新能源公交车的使用;提高线网通达深度,方便城乡居民出行。同时要制定更为便捷的公共自行车使用制度和有吸引力的公共交通票价政策,鼓励人们采用公共交通方式出行。此外,通过完善停车收费制度、探索拥挤收费制度、鼓励慢速交通方式等,取得节能减排效果。

(6)提高全民低碳意识,建立低碳、生态、健康的生活消费方式。组织系列专题讲座,利用电视、报刊等大众媒体,向全体市民宣传低碳知识,倡导低碳、生态、健康型消费观念。编制低碳生活指南,对市民的生活方式进行积极引导,鼓励使用高效、节能的空调等节能家电和节能照明,倡导消费低碳认证产品,自觉抵制塑料袋包装、过度包装、一次性包装产品;呼吁摒弃奢侈浪费的消费观念,使粗放型的消费模式向绿色、健康、实用的消费模式转变。以"人与自然和谐共生"作为主旨,从社区的开始设计到消费、管理始终贯彻绿色的理念,让社区既保护环境又有益于人们的身心健康,同时又与城市经济、社会、环境的可持续发展相统一。建设绿色、低碳社区,在社区内推广低碳的生活方式,探索低碳社区模式示范,使社区基础设施低碳化,构建社区低碳服务体系,使低碳理念深入各家各户,从而现实低碳化消费与生活。

(7)强化湿地资源保护,增强城市碳汇能力。结合"绿色苏州""生态苏州"的发展目标,大力开发利用以太湖为代表的300多个湖泊、2万多条河流周边的湿地资源,加快林业发展步伐,不断提高森林、湿地和绿色植被汇集与固化二氧化碳的碳汇能力,继续全力推进"绿色通道""绿色基地""绿色家园"和沿湖沿江绿化建设。苏州在江苏省内首家湿地保护管理站成立的基础上,全面完成湿地资源调查,编制完成沿江地区综合开发生态环境保护规划,在3个国家级城市湿地公园、2个国家级湖滨湿地公园、5个省级湿地公园建成的基础上,努力把苏州建设成全国最大的"城市湿地群"。重点推进东太湖滨湖湿地水生态修复工程,建设环湖岸线200~500米宽度范围内的滨湖湿地。在低碳城市试点建设中,苏州可以结合自身的特点,通过不断扩大湿地面积、增加城乡绿地量、保护生态林,不断提高对二氧化碳的吸收和贮存水平。

(8)抓住典型,以点带面,积极培育低碳、生态、健康的示范点。运用工业生态学和循环经济理念,建设生态工业园区,通过开展"生态示范园区、循环经济试点园区和低碳园区"活动,在开发区和园区实施绿色、低碳生产,大力开展清洁生产审核、ISO14000 环境管理体系认证和环保标志产品认证工作,创建一批低碳、绿色发展的示范园区和示范企业。研究和总结低碳示范园区与示范企业经验,以示范园区和示范企业为龙头,全面推广低碳技术和生态发展,逐步普及绿色、低碳的经济增长与发展方式。到 2015 年,生态工业园区占工业园区总体数量的比例达到90%;到 2020 年,这一比例达到 100%。引导全社会生产企业采取绿色供应链管理、生产者的延伸责任、建设项目环境影响评价等方法开展生态自我管理。研究和制定资源利用的各类技术标准,建立健全企业自愿和政府推动相结合的清洁生产机制,通过示范、评优、奖惩等系列活动,推动建设符合低碳经济发展要求的生产企业。

参考文献：

[1] 戴亦欣. 低碳城市发展的概念沿革与测度初探[J]. 现代城市规划,2009(11):7-12.

[2] 金石. WWF 启动中国低碳城市发展项目[J]. 环境保护,2008(2A):22.

[3] 夏堃堡. 发展低碳经济,实现城市可持续发展[J]. 环境保护,2008(2A):33-35.

[4] 付允,汪云林,李丁. 低碳城市的发展路径研究[J]. 科学对社会的影响,2008(2):5-10.

[5] 陈飞,诸大建. 低碳城市研究的内涵、模型与目标策略确定[J]. 城市规划学刊,2009(4):8-13.

[6] 刘志林,等. 低碳城市理念与国际经验[J]. 城市发展研究,2009(9):2-4.

[7] 何涛舟,施丹峰. 低碳城市及其"领航模式"的建构[J]. 上海城市管理,2010(1):55.

[8] Edward L. G., Matthew K. The Greenness of City[J]. Rappaport Institute Taubman Center Policy Brief,2008(3):1-11.

[9] 候波. 焦琰浅析建立低碳城市规划体系的意义[J]. 价值工程,2010(4):185.

[10] 张泉,叶兴平,陈国伟. 低碳城市规划:一个新的视野[J]. 城市规划,2010(2):13-18.

[11] 汪翩. 低碳视角下城市总体规划编制技术应用探讨——以武汉市总体规划为例[J]. 规划师,2010(5):16-20.

[12] 戴亦欣. 中国低碳城市发展的必要性和治理模式分析[J]. 中国人口·资源与环境,2009(3):15.

[13] 李金兵,唐方方. 低碳城市系统模型[J]. 中国人口·资源与环境,2010(12):67-71.

[14] 郭万达,刘艺娉. 政府在低碳城市发展中的作用——国际经验及对中国的启示[J]. 开放导报,2009(12):23-27.

[15] 陈洁行,沈悦林,龚勤,等.杭州的低碳城市交通实践与发展对策[J].城市发展研究,2009(12):19-22.

[16] 袁晓玲,仲云云.中国低碳城市的实践与体系构建[J].城市发展研究,2010(5):42-47.

[17] 龙惟定.低碳城市公共建筑能源管理[J].建设科技,2010(8):26-30.

[18] 王登云,许文发.低碳城市与建筑区域能源规划[J].建设科技,2010(13):68-71.

[19] 陈柳钦.低碳城市发展的国外实践[J].环境经济,2010(9):31-37.

健康城市化：新的发展理念及其政策含义
Healthy City: A New Development Conception and Policy Implications

陈明星①   叶 超②
Chen Mingxing   Ye Chao

摘 要 我国城市化已进入一个新阶段，高速推进的城市化面临许多突出问题。在研究和政策方面也陷入困境，对未来城市化发展取向和道路认识不一。本文提出健康城市化的发展理念。它有3个理论来源：健康观的演变与系统健康科学的兴起，发展观的演变与人类发展指数评价，人地关系演变与可持续发展理论。在归纳其对健康城市化的启示的基础上，界定了健康城市化的概念，明确提出三个内涵：人的发展、城乡互动、资源环境，并与传统城市化进行比较。相应的政策含义是：资源环境是城市化的基础，城乡协调和互动是城市化的关键环节，"人的发展"是城市化的出发点与最终目标。

Abstract Urbanization in China has entered a new phase, high-speed advancing urbanization faces many outstanding problems. Interms of research and policy are also troubled about the future of urban development and road awareness of different orientation. This paper presents the development concept of healthy urbanization. It has three theories Source: the evolution of healthy outlook and the rise of System Health Sciences, the evolution of development outlook and the evaluation of the Human Development Index, the evolution of the relationship between people and land and the theory of sustainable development. Based on implications for health in the induction of its urbanization, this paper defines the concept of healthy urbanization, and clearly proposes three connotations: human development, urban rural interaction, resources and environment, and compared with the traditional urbanization. Corresponding policy implications are: resources and the environment is the basis of urbanization, urban-rural coordination and interaction are the key aspects of urbanization, "human development" is the starting point and the ultimate goal of urbanization.

关键词 城镇化 人的发展 资源环境 城乡协调

Keywords Urbanization   Human Development   Resource Environment   Urban-Rural Coordination

---

① 陈明星，中科院地理科学与资源研究所教授。
② 叶超，中科院地理科学与资源研究所博士。

1 健康城镇化提出的背景

1.1 现实背景

中国正经历着人类历史上最大规模的由农民向市民、由农业向非农就业的大转移,且这种转移的速度是惊人的。改革开放以来,城市数量不断增加,城市规模不断扩大,城镇化水平也从1978年的17.92%快速上升到2005年42.99%。根据2005联合国公布的城市化报告可以发现,2000—2005年间,中国的城市化水平年均递增1.35个百分点,是世界平均水平(不包含中国)的7.9倍,是发展中国家(不包含中国)的6.1倍,甚至是拉美国家的3.4倍;中国的城市人口净增10 306万人,占世界的1/3,亚洲的1/2强(见表7-1)。中国的城市化率的增长速度和城市人口的增长规模均是空前的,远高于同期其他国家。

表7-1 2000—2005年中国城市化水平的国际比较

	2000年城市人口	城市化率	2005年城市人口	城市化率	2000—2005年年均增长率	净增城市人口
世界	238 094	49.37%	258 788	50.22%	0.17	20 694
亚洲	90 394	37.53%	99 088	38.15%	0.12	8 694
发展中国家	151 094	41.71%	168 788	42.81%	0.22	17 694
中国	45 906	36.22%	56 212	42.99%	1.35	10 306
拉美	39 400	75.40%	43 400	77.40%	0.40	4 000

注:① 人口的单位均是万人;② 世界、亚洲和发展中国家数据均不包含中国。

资料来源:World Urbanization Prospects: The 2005 Revision.

近些年来的高速城市化推动了我国经济和社会的发展,在一定程度上改善了居民的生活条件。但是有些地区城市化只求数量,不求质量的"过度"发展已经带来许多负面影响,引起了不少严重问题。陆大道等认为:"近十年来我国城镇化脱离了循序渐进的原则,超出了正常的城镇化发展轨道。在进程上属于急速城镇化,表现为人口城市化虚高;在空间上建设布局出现无序乃至失控;耕地、水资源等重要资源过度消耗;环境受到严重污染;城市基础设施建设出现了巨大的浪费。"仇保兴总结我国城市化进程正面临八个挑战:宜居土地和水资源相对稀缺,人地矛盾尖锐;候鸟式农民工流动规模巨大,流向分布失调;建筑能耗过快增长,能量供求关系失衡;机动化与城市化同步发生,城市蔓延趋势初显;城市化推动力失调,污染排放失控;自然和历史文化遗产遭到破坏,城市风貌雷同;城乡居民收入差距日益扩大,社会冲突增加;城市区域化加速来临,城市间恶性竞争加剧。吕斌等人认为快速城市化时期区域空间存在开发矛盾,这些空间矛盾的产生是快速城市化时期自由市场经济下的必然结果,主要表现为:城市蔓延式扩张造成的城市空间压力,城市边缘区及城中村的社会问题,区域内重复建设和外部经济不协调问题,地区协调发展问题,农村庞大剩余劳动力城市化过程中的转移问题,资源、能源短缺以及生态环境恶化等问题。为了应对当前高速城市化所带来的突出的"疾病性"问题,健康城市化成为学者关注的重要议题,也成为该领域研究的新方向。有关研究成果不断增多,研究内容也正在深入,但是目前存在几点不足:第一,从视角看,研究侧重单一学科视角,不同的学科往往强调其单一学科领域内的问题与内容,缺乏跨学科融合研究;第二,从内容看,健康城市化研究多是从突出问题出发,健康城市化仅是一个目标或理念;第三,从理论看,健康城市化尚处于起步阶段,目前尚没有关于健康城市化的专门性研究,对于健康城市化的概念并没有形成统一而严格的界定,健康城市化的内涵也不明确;第四,从社会看,城市数量和城市人口的增长仍是人们关注的重点。本文尝试界定健康城市化的概念与内涵,并进一步分析健康城市化的政策含义。

2.2 政策背景

我国城市化具有政府主导特征,政策以及政府行为在我国城市化进程中起着关键性作用,政策以法律法规、公共政策、区划标准、统计口径等为具体形式对城市化加以引导、推动或调控。

1990年,加快沿海地区城市化进程和城市建设步伐成为共识;1997年亚洲金融危机爆发,中国外贸出口一度受阻,"变农民为市民"成为拉动内需、发展经济的重要手段,这时城市化再一次成为舆论的中心;1998年中央提出城市化是解决"三农"问题的重要途径;2000年"十五计划"中首次把城镇化战略作为国家重点发展战略之一,并认为我国推进城镇化的条件已渐成熟,要不失时机地实施城镇化战略。但是2000年以后,对于我国城市化进程的反思之声不断。一些学者根据我国城市化的不断演变,渐渐认为我国城市化进程已经不滞后,甚至是冒进了些。国家"十一五"规划继续高度关注城镇化问题,指出"积极稳妥推进城镇化,推进城镇化健康发展"。显然,健康城市化成为政策的目标。但是到底什么样的城市化进程才是健康城市化呢?具体到指导层面,究竟是要侧重"积极"还是侧重"稳妥"呢?当前的城市化进程从短期看,新的问题不断出现并亟待解决,如大量流动农民工及其家属的安置和福利,征地过程中的失地又失业的农民,城市里涌现的规模愈来愈大的贫困阶层等现实问题。从长期看,城市化高速推进的价值取向究竟是什么?难道就是为了城市数量的增长、规模的扩大和城市人口的增加?答案显然是否定的。

2 健康城市化的理论来源

2.1 健康观的演变与系统健康科学的兴起

自古至今,健康成为人们谈论的永久话题,并被视为人生的第一需要。然而什么是健康?早期的健康一般指没有疾病。随着对健康认识的不断深入,它的概念也逐渐深化。世界卫生组织指出健康不仅是没有疾病或不虚弱,而且是身体与精神的健康和社会适应良好的总称。并指出健康是基本人权,达到尽可能的健康水平是世界范围内一项重要的社会性目标。这种新的健康观念从单一的生物医学模式演变为生物—心理—社会医学模式并不断升华。这个现代健康概念中的心理健康和社会性健康是对生物医学模式下的健康的有力补充和发展,它既考虑到人的自然属性,又考虑到人的社会属性,从而摆脱了人们对健康的片面认识。具体而言,健康的内涵包括三个方面:①身体健康,是指身体结构和功能正常,具有生活的自理能力;②心理健康,是指个体能够正确认识自己,及时调整自己的心态,使心理处于良好状态以适应外界的变化;③社会适应性健康,是指具有较强的社会适应能力。

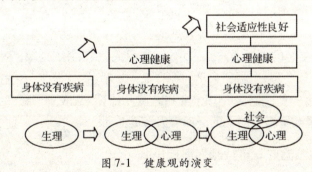

图 7-1　健康观的演变

随着对健康理解的不断加深,20 世纪 80 年代国际学术界出现了新兴研究领域——系统健康科学,主要研究人类活动、社会组织、自然系统的健康问题。Aldo Leopold 提出"在医学中,患病的人是很显然的,而医生进行诊断是一门很古老的艺术",以及当"……土地诊断艺术正需要进行操作……土地健康是一门为了未来的科学",提出了土地健康的概念,并构建了一系列有关"土地疾病"的一些关键性指标,它既强调提供丰富的生态服务,也重视人类健全的福利制度。目前,国内学者在河流、湖泊、农业、森林等生态系统的健康评价和监测方面已进行了大量的研究工作。社会领域的健康研究,主要是世界卫生组织倡导并推动的健康城市。1986年首次设立健康城市项目(Healthy Cities Project)。健康城市侧重提出一个理念,并落实到很多的细节问题上,然后通过项目实施来保障健康。显然,社会领域的健康研究和自然领域相比在理论上十分薄弱,亟待加强。

2.2 发展观与人类发展水平评价指数的演变

进入20世纪90年代以后,"发展"这一概念的内涵不断获得新的理解。早期的发展侧重产业结构的演变角度,突出强调经济增长。后来更多的学者发现增长与发展是完全不同的两个概念。普遍认为,发展应包含更多的内容。

诺贝尔经济学奖获得者阿玛蒂亚森享有"经济学的良心"的美誉,他在著作《以自由看待发展》中指出:"改变狭隘发展观的旧范式,阐述人的实质自由是发展的最终目的和重要手段,指出政府和社会在人的生存、保健、教育等领域承担责任,更需要人作为发展的主体。"中科院院士陆大道也明确提出:"区域发展涉及的对象和目标,从根本上讲不仅是经济的发展,更为重要的是人的发展,这里包括物质、文化生活水平的提高,人的价值取向的实现。"

随着对发展内涵的不断理解与深化,对区域发展水平评价的侧重点也发生了变化。早期人们评价国际发展水平一直采用单一的人均GDP指标。1990年联合国开发计划署(UNDP)进一步提出了一套度量人类发展水平的指标体系,即人类发展指数HDI(Human Development Index)。HDI,是人类发展成就的总括衡量。它衡量一个国家在人类发展的三个基本方面的平均成就:①健康长寿的生活,用出生时的预期寿命来表示;②知识或教育,用成人识字率(占三分之二的权重)以及小学、中学和大学的综合毛入学率(占三分之一的权重)来表示;③体面的生活水平,用人均GDP(按PPP美元计算)来表示。显然,人们评价发展水平由侧重经济增长向人的全面发展转变。

2.3 人地关系演变与可持续发展理论

人地关系是指人类社会与地理环境之间的关系。对人地关系的理解随着人类社会的发展而发生变化。在人类社会发展的初期,"天命论"思想占统治地位;在工业化阶段,随着科技的进步和生产力的提高,人们又过分强调人类的能动作用,"人定胜天"的思潮以及"人类中心论"等占主导地位;在工业化后期,人类社会开始反思,认识到人与自然应协调发展,才能达到可持续发展的目标。

1987年世界环境与发展委员会出版的《我们共同的未来》中将可持续发展定义为"持续发展是既满足当代人的需要,又不对后代人满足其需要的能力构成危害的发展"。可持续发展战略的核心内容是 PRED 协调:人口(Population)、资源(Resources)、环境(Environment)、发展(Development)。可持续发展是经过长期以来对人地关系的思考、讨论、提炼所形成的理性选择。由于这种选择关系到全人类的切身利益和长远利益,因而受到全人类的普遍关注,被越来越多的国家和人们所接受并逐渐转变为其长期发展战略。

2.4 对健康城市化的启示

通过对健康观的演变与系统健康科学的兴起、发展观与人类发展水平评价指数的演变、人地关系演变与可持续发展理论三个方面的追溯,我们得到许多有益的启示(见表7-2),最基本的有以下四点:①健康城市化是人类的普遍理想,应作为城市化的基本目标与长期战略;②健康城市化强调人的生活、教育、医疗等水平的提高;③健康城市化强调城乡协调和互动;④健康城市化强调从国情出发,协调人地关系,构建资源节约型、环境友好型的城市化发展模式。

表7-2 三个理论来源对健康城市化的启示

理论来源	健康观的演变与系统健康科学的兴起		发展观与人类发展水平评价指数的演变		人地关系演变与可持续发展理论	
	健康观的演变	系统健康科学的兴起	发展观的演变	人类发展水平评价指数的演变	人地关系的演变	可持续发展理论
对健康城市化的启示意义	①健康是人类普遍的理想与期望;②健康是人的基本权益;③健康需要人人参与,共同努力;④健康包含多层面,健康城市化也应包含多层面;⑤健康具有动态性与层次性特征,健康城市化也具有动态性与层次性特征	①健康城市化的概念与内涵需要界定,目标需要明确;②健康城市化需要从一个目标向理论化、系统化转变;③健康城市化需要跨学科综合集成研究;④健康城市化的评价与监测需要长期跟踪研究	①发展绝不仅仅是经济的增长,健康城市化的重点不是城市数量的增长和规模的扩大;②经济结构的转变是发展的外在表现,更需要人作为发展的主体,健康城市化的核心应是人的生存、保健、教育等领域不断提高;③这里的人包括全体国民,不仅是市民,也包括农民	①传统的单一GDP存在缺陷,类似的传统的单一人口城市化率指标也存在不足;②城市化质量的测度需要从传统的人口城市化率、产业产出率、产业就业率等指标体系转向度量人的发展程度,如人的预期寿命、医疗、教育、生活等水平	①在地理环境面前,既不要陷入环境决定论,也要防止人类中心论;②健康城市化需要积极引导,又要防止长官意志的人为拉动	①可持续发展是人类长期发展战略;②健康城市化也应成为城市发展的基本目标和长期方针;③健康城市化的基本前提是从国情出发,坚持人地协调观,建立资源节约型、环境友好型社会

3 健康城市化的概念及其内涵

3.1 概念的提出

健康城市化的定义是什么？如何衡量健康城市化的质量？根据健康城市化的三个理论来源及其启示，我们认为健康城市化是指在一定的区域范围内，城市化进程中经济增长、土地非农化和人口迁移相协调，实现了人的全面发展；并具有可持续能力，即自然资源的数量和质量适应城市化的需要，生态环境能通过自我调整修复而趋于完善的水平。这里人的全面发展包含两层意思：其一，人实现全方位的提高，例如人的生活、医疗、教育等水平与条件的改善；其二，这里的人既包括城市的市民，也包括农村的农民，实现区域范畴内城市及其腹地农村地区的共同发展。与以往侧重于强调人口类型和聚落类型的结构转变的理念及理论相区别的是，健康城市化主要分三个层次：自然（资源环境）—社会—人。从这个角度看，健康城市化是以自然环境为基础，注重城乡社会协调，并以人的发展为核心和目标的新的城市化发展理念与形式。

3.2 内涵的归纳

健康城市化的内涵应至少包含三个方面的内容：人的发展、城乡互动、资源环境，即健康的人的发展、健康的城乡互动、健康的资源环境相结合的有机整体。人的发展是指人在各方面的全面发展，即人的身体素质、心理素质、社会适应性的全面发展，同时包括人的福利和自由程度的发展，具体表现在经济生活水平的提高，健康、医疗等条件的改善，文化教育水平的提升，等等。城乡互动是指城市化具有区域特性，它不是城市单方面的建设，而是城市与乡村、市民与农民能够平等分享城市化的成果，城乡之间协调发展，共同发展。健康的资源环境是指自然资源的利用与消耗具有可持续性，其数量和质量能够满足城市化进程的需要，生态环境也能通过自我调整修复而趋于完善的水平。

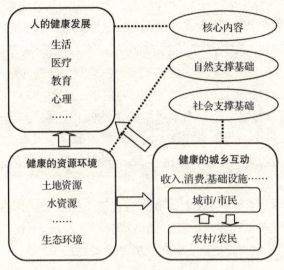

图 7-2　健康城市化的内涵

健康城市化的核心内容是人的发展。城市化不仅是城市数量的增长和规模的扩大,城市化进程的最终目标是人的发展,人的发展才是城市化进程的核心内容。过分强调数量的增长混淆了城市化进程的"质与量""本与形"的辩证关系。这与科学发展观的精神是一致的。科学发展观突出强调以人为本,把实现好、维护好、发展好最广大人民的根本利益,作为党和政府一切方针政策和各项工作的根本出发点与落脚点,把发展的目的真正落实到满足人民需要、实现人民利益、提高人民生活水平上,不断满足人们的多方面需求,促进人的全面发展。党的十七大报告也着重指出:"必须加快推进以改善民生为重点的社会建设。"必须确立人的发展是城市化进程的核心内容,其具有主导性和长期性。南京大学崔功豪教授曾经说过,城市不应只是建筑物聚合的"放大了的建筑",而更应是不断变动中的经济社会活动的舞台;城市不应只是以建筑物、构筑物组成的物质环境,而更应是以人为主体的社会有机体;城市不应只是人类创造的人工环境,而更应是人类追求的人与自然和谐的现代社区。如果在城市化进程中,人的福利和自由程度得到相应的提高,那就是基本健康的城市化;与之相反的城市化进程,不管其增长速度有多快,城市化率有多高,城市建设有多豪华,都是令人担忧的。

城乡互动是健康城市化的社会支撑基础。城市化具有区域特性,即城市与其腹地是一个空间上紧密邻接、经济上相互关联的密不可分的整体,不是就城市而论城市化,而是以区域视角认识城市化。从这个意义上看,城市化应是城市建设与新农村建设的有机结合体。当前的城市化偏向城市,侧重城市建设,对农村只是停留在索取农村土地和农村劳动力方面。从收入看,城乡收入绝对差距1978年仅209.8元,2005年达7 238.1元,城乡收入比2005年达3.22;从消费看,城乡消费绝对差距1979年仅266元,2005年达6 862元,城乡消费比2005年达3.7。统计数据表明中国的城乡居民收入、消费差距持续拉大,二元经济结构愈加突出,甚至已经成为全世界范围内最大的城乡收入差距。这与推进城市化的主要目标之一——缩小城乡差距、解决"三农"问题、优化城乡二元经济结构的初衷发生了严重的背离。城乡能够平等分享城市化成果,城乡之间协调发展,既不是脱离农村的城市化,更不是剥削农村的城市化,城乡公平是健康城市化坚实的重要的社会支撑基础。

资源环境可持续利用是健康城市化的自然支撑基础。作为世界上最大的发展中国家,中国未来社会经济若要保持持续高速发展,不仅需要一个不断扩大的资本和技术来源,而且需要一个不断完善的自然资源与环境基础做支撑。我国具有独特的基本国情,就资源环境基础来看,具有四个特征:总量相当客观;结构配置不尽如人意;人均拥有量更是明显不足;基础损耗高。近年来,我国众多的城镇化地区资源、生态和环境状况严重恶化;人地关系的紧张状态已经开始从局部走向了整体;社会经济发展与自然资源基础两者间的矛盾已经达到了相当严峻的程度。资源环境基础不能支撑这种"急速城镇化"和"空间蔓延式"大扩张,同时,环境有恶化的趋势,人居环境的质量亟待提高。资源环境基础的可持续能力直接对城市化健康发展的速度和规模产生反馈与制约作用,而目前资源环境基础薄弱成为城市化健康发展的瓶颈。

3.3 健康城市化与传统城市化的区别

作为一个历史范畴,城市化具有动态特征及阶段性特征。这意味着,城市化是一个不断发展和演进的过程。不但现实中的城市化历程在发生着变化,而且城市化研究的理论和观念也应该随之而改变,即在不同的时代和环境背景下城市化发展的各个阶段存在着与之对应的发展理念和模式。因此,适当地转变城市化研究中的既定思维和范式就成为一种必然。而健康城市化正是基于当前城市化的研究和政策困境而提出的,它试图对传统城市化研究中固有的思路与模式做出适应性和前瞻性的反思及调整。

表 7-3 健康城市化与传统城市化的比较

	传统城市化	健康城市化
产生时间	二战以后	21 世纪以来
现实来源	西方国家经验	西方国家经验和中国国情相结合
理论来源	工业化理论和钱纳里模型	健康观、发展观、人地观等观念与理论
概念	城市化是人类生产和生活方式由乡村型向城市型转化的历史过程,表现为乡村人口向城市人口转化以及城市不断发展和完善的过程,又称城镇化、都市化	城市化的产业结构、土地非农化和人口迁移相协调,实现了人的全面发展,并具有可持续能力
侧重内容	城市数量的增加,城市规模的扩大,城市人口的增长	以自然环境为基础,注重城乡社会协调,并以人的发展为核心目标
测度标准	城市人口占总人口的比重	人的发展水平、城乡互动、资源环境可持续性
目标取向	农村剩余劳动力向城市的转移	人的全面发展
优点	简单实用易操作	综合协调较全面
缺点	忽略城市化发展的内涵和质量要求	综合评价指标体系的构建、动态监测比较复杂
范式归纳	结构主义	结构主义和人本主义相结合
方法论	实证分析,较少的价值判断	将实证分析与价值判断结合起来

现代城市化研究开始聚焦于实现这一范式转换,即从结构转变的范式向"人的发展"范式的转变。以前的关于城市化的相关讨论大多关注城市化在人口类型和聚落类型上的转变,将发达国家的发展图式与模型直接应用于分析中国和其他发展中国家的城市化问题,这种范式既忽略了大多数发展中国家的城乡关系的历史基础,也忽视了城市化发展面临的目标和限制条件上的制约,如城乡发展不协调、人类发展指数低下、自然环境破坏严重等。

此外,大多数研究关注了城市化的结构问题和技术问题,忽视了城市化发展的目标和价值问题,这是当前研究出现困境的主要原因。因为,既然城市化归根结底反映了人类的生活方式以及文明或文化的进步和转变,它就离不开人类对这一宏大变革对人本身影响的意义的思考,因而就摆脱不了"价值判断"。"健康城市化"的提出是试图指出城市化发展理论和实践所忽视的一些重要方面,并认为这些重要方面是当前乃至今后发展的目的性指向原则。从根本上讲,是一种城市化发展的新理念。

4 健康城市化的政策含义

中国城市化异于西方的一个重要特征,就是政府主导因素大于市场自然演变因素,政府干预对城市化进程起着关键性的调控作用。以市场经济为目标的渐进式改革在不断深化,政府在城市化进程中的主导作用应逐渐淡化,尤其应避免在缺乏充足的就业岗位的情况下继续搞"政府推动"或"形象工程","拔苗助长"式地达到某种城市化指标。但是,鉴于我国的独特国情,笔者认为中国的城市化并不具备完全回归市场化运行的条件,政府可以通过制定和执行有关的公共政策,主动积极地引导调控城市化进程健康发展,主要在人的发展、城乡互动、资源环境基础等方面发挥重要作用。

4.1 充分认识资源环境是健康城市化的基础

我国自然资源短缺、环境压力巨大,注重资源节约与环境保护是健康城市化的必然要求和自然基础,以"资源节约型,环境友好型"为指导原则,从国情出发,走健康城市化道路。具体来看,主要有以下四条措施:一是节约和集约利用土地,坚决遏制冒进式的城市建设用地的空间失控,把城市用地规模弹性系数作为考核与评价的重要指标;二是保护和节约水资源,建立符合市场规律的水价形成和动态调整机制,促进用水节约;三是积极倡导节约型的消费理念,用节约型的消费理念引导节约型的消费模式,在全社会号召公众主动参与树立节俭、适度的优良传统和社会风气;四是不断加强环境保护的力度,发挥公共财政和税收政策的调节作用,基于主体功能区划的理论与实践基础,建立资源环境的价值测度与利益补偿机制,提高政府、社会、集体、个人对资源和环境保护的基础认识与积极态度,并付诸行动。

4.2 城乡互动与协调发展是健康城市化的关键环节

城乡互动与协调发展是当前健康城市化的关键环节。一方面,要做好接纳大量农村人口进入城市的必要准备。首先,通过合理的制度重构打破传统的二元分割体制;其次,依托工业化基础,大力发展现代服务业,千方百计增加城镇就业岗位,消除农民工"候鸟式迁徙"的怪现象,真正实现由农民向市民的转换;再次,城市市民应对转移的"新市民"给予充分的理解和尊重,不能简单地将城市环境的恶化、社会秩序的混乱归咎于农民进城,甚至将农民自由进城视为"洪水猛兽",城市里"严厉打击流动人口犯罪"可以说是经政府批准的口号。另一方面,要加快新农村建设。首先,增加对农业的支持和研发的支出,促进现代化农业体系建设;其次,加快农村地区基础设施建设,既包括交通、水电等基本物质基础设施的提高,也包括教育、医疗等水平的提高。中国的农民是勤劳的、聪明的,他们的任劳任怨、憨厚朴实是中国社会和政治稳定的重要原因,他们应该得到更多。城市化发展的成果有条件、有必要惠及全体人民,进一步推动城乡之间的互动协调发展。

4.3 将"人的发展"作为城市化的出发点与最终目标

坚持用科学发展观指导实践,推动城市化转入健康发展的轨道。坚持以人为本,从人民群众最关心、最直接、最现实的利益问题入手,建立和完善城市公共服务体系。把最贴近居民生产与生活的就业指导、医疗保健、教育文化、环境绿化、社会保障等公共服务纳入每个具体的社区,让城市建设贴近人民生活,人民群众从高速推进的城市化进程中切实得到实惠。并建立统一规范的社会保障体系,扩大社会保障制度的覆盖面,确立多层次社会保障体系框架,尤其是弱势群体的保障体系建设。

在社会经济全面转型和城市化发展进入新的阶段的时代背景下,中国城市化快速发展面临的严峻的现实问题和政策困境对未来城市化发展模式与道路提出了挑战。城市化研究及其政策导向需要进行适应性和前瞻性的调整和长期的战略规划。我国城市化水平与发达国家相比还有较大差距,实现更高的城市化水平是我们的长期目标与方向,21世纪上半叶将是中国的城镇化稳步推进、走向成熟的重要时期。当前城市化进程正处于发展的关键时期,面临阶段性调整和质量型提升的重大问题与严峻挑战。因此,新的城市化发展理念的提出就变得必要和重要。在反思传统城市化发展模式的基础上,我们提出了健康城市化的发展理念。它并不是对传统城市化发展理念的反对和否定,而是对传统城市化发展理论的深化和拓展。在借鉴其他国家的经验和教训的同时,健康城市化强调从我国国情出发,即注重城乡社会协调发展,强调城市化发展的资源环境基础及其制约,并突出强调以"人的发展"为核心目标。这将是城市化发展战略和政策的着力点。

参考文献:

[1] 姚士谋,陈振光. 我国城市化健康发展策略的综合分析[J]. 城市规划,2006,30(S1):60-64.

[2] 陆大道,等. 2006中国区域发展报告——城镇化进程及空间扩张[M]. 北京:商务印

书馆,2007:1-8.

[3] 仇保兴.第三次城市化浪潮中的中国范例——中国快速城市化的特点、问题与对策[J].城市规划,2007,31(6):9-15.

[4] 吕斌,陈睿.实现健康城市化的空间规划途径[J].城市规划,2006,30(S1):65-68.

[5] 周干峙.深入研究搞好规划促进城市化健康发展[J].中国城市经济,2001(2):11-12.

[6] 李京文.城市化健康发展的十个问题[J].城市发展研究,2003(2):37-43.

[7] 石楠.健康城镇化[J].城市规划,2005,29(11):1.

[8] 许坚.健康城市化与城市土地利用[J].中国土地科学,2005,19(4):62-64,55.

[9] 韦亚平.人口转变与健康城市化——中国城市空间发展模式的重大选择[J].城市规划,2006,30(1):20-27,79.

[10] 夏永祥,鞠春燕.以城乡协调发展推动城市化健康发展[J].城市发展研究,2007,14(4):105-108.

[11] 徐海贤,邹军.在高速增长中寻求健康发展——江苏城市化的理性选择[J].城市规划,2007,31(3):35-39.

[12] 牛凤瑞.积极稳妥地推进健康的城市化是建设社会主义新农村的基础[J].城市,2006(6):12-15.

[13] 周一星.关于中国城镇化速度的思考[J].城市规划,2006,30(S1):32-40.

[14] 陈明星,叶超,付承伟.我国城市化水平研究的回顾与思考[J].城市规划学刊,2007(6):54-59.

[15] 杜晓婷,侯文郁.现代健康观念改变与预防保健对策的探讨[J].中国慢性病预防与控制,2007,15(2):159-160.

[16] Leopold JC. Getting a handle on ecosystem health[J]. Science,1997(276):887.

[17] 许炯心.河流健康的定义与内涵[J].水科学进展,2007,18(1):143-144.

[18] 阿马蒂亚·森.以自由看待发展[M].任赜,于真,译.北京:中国人民大学出版社,2002:1-2.

[19] 陆大道.区域发展及其空间结构[M].北京:科学出版社,1995.

[20] UNDP. Human Development Report 1990[M]. New York and Oxford:Oxford University Press,1990:11.

[21] 郑度.21世纪人地关系研究前瞻[J].地理研究,2002,21(1):9-13.

[22] 王成新,姚士谋,王学山.我国城市化进程中质与量关系的辩证分析[J].地理与地理信息科学,2003,19(5):46-49.

[23] 陆铭,陈钊.城市化城市倾向的经济政策与城乡收入差距[J].经济研究,2004(6):50-58.

[24] 张雷.中国区域发展的资源环境基础[M].北京:科学出版社,2006.

[25] 谷荣,顾朝林.城市化公共政策分析[J].城市规划.2006,30(9):48-51.

[26] 陈爱民.福建省城市化:比较分析和政策建议——中国留美经济学会福建考察报告[J].东南学术,2002(2):86-97.

健康城市建设不能"独善其身":
苏州流动人口健康促进问题探讨
——基于长三角地区 25 座城市的实证

Healthy City Can Not "Immune": Discussion on the Problems of Healthy Promotion of the Floating Population in Suzhou
——Take 25 Cities in Yangtze River Delta Area for Example

宋言奇①
Song Yanqi

摘 要 健康城市建设不能"独善其身",不仅要关注本地人口的健康,同时也要关注流动人口的健康。作为我国健康城市建设的"引领者",苏州高度重视流动人口的健康促进,表现在加强流动人口医疗保障、推进流动人口公共卫生服务均等化、开展流动人口健康促进专项行动以及加强考核工作等方面。本文认为,为进一步做好苏州流动人口健康的促进工作,需要进一步完善以下环节:其一,改变卫生部门"孤军奋战"的局面,以部门联动推动苏州流动人口的健康促进;其二,改变依赖行政推动的局面,整合社会组织以及公众力量参与流动人口健康促进工作;其三,改变部分环节不尽如人意的状况,推进流动人口健康,促进工作各个环节的协同发展;其四,改变"标准化"推进工作的局面,根据健康状况、行为习惯、职业分布等因子确定流动人口健康促进工作的目标与手段等。

Abstract Healthy city cannot "immune", healthy city construction should not only concerned about the health of the local population, at the same time also should pay attention to the floating population's health. As a leader of the healthy city construction in our country, Suzhou attaches great importance to health promotion of the floating population in many aspects, such as strengthening the medical security, promoting the equalization of the public health service, carrying out special actions of health promotion of the floating population, strengthening the work of examination and so on. This paper argues that in order to further do a good job of health promotion of the floating population in Suzhou, need to improve the link below. First, change the situation of the health sector alone, promote health promotion of the floating population in Suzhou by department linkage. Second, change the situation of relying on administrative push, integrate social

---

① 宋言奇,苏州大学东吴商学院教授,苏州市健康城市研究所研究员。

organizations and the public power to participate in the health promotion of the floating population. Third, change the dissatisfactory parts, promote the coordinated development of each part of health promotion of the floating population. Fourthly, change the situation of standardization work, according to health condition, behavior custom, occupational distribution and other factors to determine the target and means of health promotion of the floating population.

关键词 苏州 流动人口 健康促进
Keywords Suzhou the Floating Population Health Promotion

健康城市的建设不能"独善其身",即不能只注重本地人口的健康,而必须同时重视流动人口的健康。在当前全球化与区域化加速发展,人流、物流、信息流、能量流频繁流动的时代背景下,流动人口的健康与本地人口的健康是息息相关的,忽视流动人口的健康,很难建设好健康城市。另外,忽视流动人口的健康,有悖公平原则,健康城市建设也就失去了本源意义。

苏州是我国较早建设健康城市的城市之一,在健康城市建设中,取得了丰硕的成果。苏州建设健康城市的一个重要经验就是高度重视流动人口的健康促进工作,并积累了许多经验。但是必须清醒地看到,在流动人口健康促进领域,苏州目前还存在不少不尽如人意的环节,仍需进一步深化与完善。

1 苏州高度重视流动人口健康促进

从建设健康城市伊始,苏州就高度重视流动人口健康的促进工作,采取了很多措施促进流动人口健康,增进流动人口的福利。

1.1 加强流动人口医疗保障

苏州从2005年开始对流动人口实施与本市职工同等的工资待遇和社会保险政策,凡是与苏州用人单位形成劳动关系的流动人口,均要进行"五险合一"参保,即要同时参加养老、医疗、失业、工伤和失业这五项社会保险。流动人口的社会保险缴费基数、缴费比例和享受待遇均与苏州本地城镇职工完全相同。

同时,流动人口子女在苏州市幼儿园、中小学就读的,都可以参加学生医疗保险,每人只要每年缴纳100元,就可以享受和本地少年儿童同等的门诊与住院等医疗待遇。

1.2 推进流动人口公共卫生服务均等化

2013年年底,国家卫生和计划生育委员会将苏州确定为流动人口卫生和计划生育基本公共服务均等化试点市。2014年,苏州颁布了《苏州市流动人口卫生和计划生育基本公共服务均等化试点工作方案》(简称《工作方案》),这一方案既是对未来的一种规划,同时也是对苏州过去十年中推进流动人口公共卫生服务均等化的一种总结,因为很多工作苏州已经开展或者正在开展,《工作方案》只是将相关工作进一步深化而已。《工作方案》的要点如下:

其一,建立健全流动人口健康档案。为在辖区居住6个月以上的流动人口建立统一、规范的健康档案,及时掌握流动人口的健康状况。健康档案主要信息包括流动人口基本信息、主要健康问题及卫生服务记录等内容。流动人口健康档案应当及时更新。

其二,开展流动人口健康教育工作。在流动人口数量较多的社区、企业、集宿区、学校等主要场所成立"新苏州人幸福驿站",设置健康教育宣传栏和资料发放点,每年定期开展卫生和计划生育公共服务基本政策的宣传活动,举办传染病防治等健康知识讲座,组织关爱流动人口健康义诊活动,提高流动人口健康素养,引导流动人口更好地接受公共服务。

其三,加强流动儿童预防接种工作。为辖区内居住满3个月的0~6岁流动儿童建立预防接种档案,采取预约、通知单、电话、手机短信、设立临时接种点等适宜方式,为流动适龄儿童及时建卡、接种。每年集中开展"查漏补种"活动,对漏种儿童及时补种。根据传染病的防控需要,开展乙肝、麻疹、脊灰等疫苗补充免疫、群体性接种和应急接种工作。对入托入学流动儿童严格执行查验预防接种证等管理措施,不断提高流动适龄儿童疫苗接种率。

其四,落实流动人口传染病防控措施。对建筑工地、商贸市场、生产加工企业等流动人口密集的地区,加强传染病的监测工作,及时处置传染病疫情,切实落实流动人口艾滋病、结核病等传染病的免费救治等政策。

其五,加强流动孕产妇和儿童保健管理。为流动孕产妇、儿童建立统一的保健管理档案。加强妇幼保健知识宣传,强化育龄妇女孕情监测、叶酸补服工作以及流动孕产妇早孕建卡、孕期保健、高危筛查、住院分娩和产后访视等关键环节的控制工作,保障母婴安全。完善0~6岁流动儿童家庭访视、定期健康检查、生长发育监测、喂养与营养指导等儿童保健服务。加强流动孕产妇及新生儿预防艾滋病、梅毒、乙肝等母婴传播工作。

其六,设立全科医生工作室。在流动人口密集地区设立全科医生工作室,按照"五定"(定地点、定时间、定人员、定内容和定任务)要求,开展以主动服务为模式的健康教育、健康管理和慢性疾病管理等服务,为流动人口打造更便捷、更高效的"15分钟健康服务圈"。

其七，落实流动人口计划生育基本公共服务。继续落实流动人口计划生育基本公共服务均等化试点工作的各项要求，按需为流动人口提供宣传倡导、避孕节育、优生优育、生殖健康和奖励优待服务。完善计生基本公共服务制度，创新免费服务获取方式和路径，切实提高公共服务可及性与水平。积极拓展流动人口免费服务项目，完善孕前优生健康检查、0～3岁科学育儿指导、出生缺陷干预、生殖健康等政策运行机制。关心帮助流动人口困难家庭，不断提升流动人口家庭发展能力，促进流动人口家庭和谐幸福。

其八，开展流动人口公共服务现状调查。组织开展流动人口卫生和计划生育基本公共服务现状的调查工作，做好流动人口数据，特别是流动育龄妇女、孕产妇、0～6岁儿童等重点人群数据的清理核查工作，掌握本地区流动人口卫生和计划生育基本公共服务的现状与需求，为做好试点工作提供基础数据支持。

其九，促进流动人口卫生和计划生育信息共享共融。依托区域人口健康信息平台，完善居民电子健康档案。整合完善现有的妇幼保健服务和流动人口计划生育等相关信息平台，共建并实时共享流动人口孕产妇、儿童保健、计划生育、生殖健康等信息，逐步拓展信息应用功能，实现流动人口基本公共服务的信息引导。

1.3 开展流动人口健康促进专项行动

2009年起，苏州在市区范围内全面开展了流动人口健康促进专项行动，其中四大工程较有特色：

其一，流动人口集中务工企业健康促进。苏州在流动人口集中务工的企业建立心理咨询室和情感宣泄室、心理咨询信箱，提供专业的心理知识讲座，组织团体的心理活动、一对一心理咨询，建立心理健康测试系统，定期对流动人口进行心理健康测试，及时了解流动人口的心理健康状态，及时进行健康关怀干预，增进流动人口人际沟通及社会活动能力。另外还选择流动人口相对集中的建筑工地，通过播放健康宣传片、发放健康素养读本、开展专家咨询义诊、艾滋病免费咨询与检测、健康咨询、发放急救包与避孕套等活动，提高流动人口健康素养和技能。

其二，流动人口集中居住地健康促进。苏州在流动人口集宿区的室外、楼道内、活动室内建立多方位与立体化的健康教育阵地，设置健身器材，提供健康类图书，营造健康支持环境；还组织健康素养基本知识讲座，促进流动人口在务工期间养成科学、健康、文明的生活方式。

其三，流动人口子女健康促进。苏州定期开展"同一蓝天下　健康我成长"——苏州市流动人口子女健康促进活动,采取分组讨论、实地情景模拟、模拟训练、趣味竞赛等形式多样的方式,传播心理卫生、饮食卫生、社会伤害等预防及自救训练,培养沟通能力、社交能力、抗挫能力和自立能力,增强新苏州青少年健康自护意识和安全自救能力,提高新苏州青少年的健康素养水平。同时,建设全市首家流动人口子女学校健康教育园,作为流动人口子女学校校际间健康教育交流的活动场所。

其四,流动孕产妇和新生儿应急救治补助。苏州为确保贫困流动孕产妇和新生儿在发生危及生命的并发症时,能够得到及时有效的救治,不因贫困而放弃生命,特设置母婴应急救助资金,用于补助医院对贫困危重孕产妇及婴儿在危重期进行医疗救治的成本费用,其中包括抢救用的药品、血液制品、必要的检查、心电监护、呼吸机等。

1.4 加强考核工作

苏州健康城市建设的特色之一是考核工作。苏州专门制定了健康城市指标体系,其中包括健康城市(县城)、健康镇(乡、街道)、健康村(社区、单位)标准和评价体系。指标体系包括健康服务、健康环境、健康社会、健康人群等大类,每一大类下设置若干具体指标。苏州每年都对各级行政主体(区、县级市、街道、镇、社区、村)进行考核,以促进健康城市的持续发展。

在健康城市的考核中,苏州高度重视流动人口的利益。苏州把"外来流动人口子女纳入当地计免规范化管理率(%)"这一指标直接纳入考核指标体系之中,而且很多指标的考核也与流动人口的利益相关。这种考核指标体系激发了各级行政主体投入流动人口健康促进事业的积极性。

2 苏州流动人口健康促进事业任重道远

与健康城市建设一样,流动人口健康促进事业是永远"只有起点、没有终点"的社会工程。尽管苏州已经取得很多成绩,但是也存在诸多不足,需要进一步改进与完善。

2.1 改变卫生部门"孤军奋战"的局面,以部门联动推动苏州流动人口的健康促进

从健康学角度看,影响人的健康因子众多,例如水的供给、卫生设施、营养、防灾、食品安全、卫生医疗服务、住房条件、工作条件、教育、生活方式以及收入

等,涵盖政治、经济、社会、规划以及公共卫生等诸多领域。这就决定了健康促进不单是卫生部门的事情,而是必须高度依赖部门联动,共同推进。但是目前在推动流动人口健康促进方面,苏州主要依赖卫生部门,而且重点在公共卫生领域,其他部门虽然也有参与,但是力度偏小,部门联动效应明显不足。

为此,我们需要整合部门力量,共同推进流动人口健康促进。部门联动的重中之重是加强制度建设,制度是基础保障。应该对苏州流动人口健康促进有一个总体规划,在规划基础上,把相关任务分解,按照职责相关的原则,具体落实到各个部门,形成制度,并依照制度进行考核,这样才能切实调动各个部门投入流动人口健康促进事业的积极性。

2.2 改变只依赖行政推动的局面,整合社会组织以及公众力量参与流动人口健康促进

流动人口健康促进涉及流动人口生产与生活的方方面面,内涵复杂,仅仅依靠政府推动难以奏效。从发达国家的实践来看,流动人口的健康促进都依赖"政府推动"与"社会参与"两条路径,二者缺一不可。苏州虽然积极推动流动人口的健康促进,但是目前过于依赖政府推动,在健康宣传、健康教育、健康诊断、健康监督等环节,政府均起着主导作用。社会力量虽然也参与健康宣传与健康教育等,但是参与力度略显不足。

为此需要从以下方面予以改进。其一,卫生部门多出台一些流动人口健康促进方面的项目。相关社区与单位可以结合本社区与本单位流动人口的特点进行申报。项目推进是调动社会力量参与最有效的手段,不仅能够促进流动人口的健康,而且还能推动居民参与,另外还可以协调流动人口与本地居民之间的关系,夯实社会资本,有着一举三得的功效。其二,以当前的社会建设为切入点,调动社会力量参与流动人口健康促进。目前苏州正在大力推进社会建设,社会组织如火如荼地发展,政府购买、公益创投、微创投等不断深化。借苏州社会建设的"东风",在政府购买、公益创投、微创投等领域适度强化流动人口健康促进,也能调动社会力量参与的积极性。其三,倡导志愿者队伍建设。志愿者队伍是流动人口健康促进的一支潜在力量,当前应当着力挖掘这支力量,协助政府开展工作。借鉴发达国家经验,可以出台志愿服务积分制度。该制度的好处在于:志愿服务的质与量达到什么程度,可以享受什么待遇,一目了然。这样的制度可以鼓励志愿者不断"超越"自我,向更高的目标迈进。

2.3 改变部分环节不尽如人意的状况,推进流动人口健康促进各个环节协同发展

流动人口健康促进是一个系统工程,包含环节众多。在这个系统工程中,苏州在部分环节上的工作状况还不尽如人意。其一,流动人口职业健康环境塑造环节不容乐观。尽管苏州出台了许多职业健康环境方面的规章制度,但由于产业特点所致(加工业量大),监管难度较大。因此流动人口良好职业健康环境的塑造任重道远。2014年8月2日,昆山市开发区中荣金属制品有限公司汽车轮毂抛光车间发生爆炸,造成重大伤亡,一定程度上反映了这方面的不足。其二,流动人口居住环境有待改善。很多流动人口在苏州打工,选择租房形式。一些流动人口租房较为集中的社区(尤其是城郊接合部的社区)目前卫生环境条件不容乐观,污水较多,乱扔乱排现象比较严重。其三,流动人口医疗救济制度缺失。苏州目前部分医院在对流动人口实施紧急救治的过程中,允许先治疗后付费,体现了人文关怀。但总体而言,苏州目前还缺乏成型的流动人口医疗救济制度,难以为流动人口雪中送炭。目前我国部分城市已经酝酿给予流动人口一定的医疗救济,"敢为天下先"的苏州,应当在这方面有所举措。

根据"木桶理论",决定木桶容量的不是最长的一块板,而恰恰是最短的一块板。流动人口健康促进也是如此,其成效也不是取决于较好的环节,而是受制于较差的环节。为此要尽快改变不足环节,推进流动人口健康促进各个环节协同发展——要注重流动人口职业健康环境的塑造,重中之重是加强监管;要注重流动人口居住环境的改善,切实在调查的基础上展开相关区域的环境卫生整治工作;要积极探索流动人口医疗救济的可行方案,并进行试点工作……

2.4 改变"标准化"推进工作的局面,根据年龄层次、健康状况、行为习惯、职业分布等因子确定流动人口健康促进的目标与手段等

流动人口不是一个同质性群体,内部分为许多"亚群体",各个"亚群体"有着不同的需求。因此开展流动人口健康促进,不能局限于"一刀切",而是要适当归类,从而有的放矢地开展工作。我们可以进行前期调研,在调研的基础上根据流动人口的年龄层次、健康状况、行为习惯、职业分布等因子,分别进行需求诊断与问题诊断,找出关键点,从而确定流动人口健康促进的目标与手段等,对症下药,把工作做得更细、更透。

参考文献:

[1] 张月林.现代健康城市发展研究:苏州健康城市建设范例[M].北京:光明日报出版社,2013.

[2] 郭根,郭强.中国健康城市建设报告[M].北京:中国时代经济出版社,2009.

[3] 高翔,等.苏州市社区健康能力调查[J].中国公共卫生管理,2012(6).

[4] 卜秋.提升理念、创新举措、推进爱国卫生与健康城市深入发展[J].江苏卫生保健,2012(4).

[5] 苏州爱国卫生委员会.苏州市流动人口健康促进项目总结[Z].内部材料,2014.

Integrating the Healthy City Concept into Urban Planning and Design

融健康城市理念于城市规划设计之中

邓荣辉① 马思远②
Tang Wenfai *Ma Siyuan*

Abstract In the light of increasing amount of integration between urban and health planning, this paper endeavours to highlight specific urban planning and design parameters that attribute to healthy urban planning through a comprehensive consolidation of relevant literature, guidelines and case studies. This is done through first highlighting the concept of healthy city and its component indicators. The indicators are then being quantified and associated with urban planning instruments. Lastly, these indicators are being incorporated into the urban planning process to bring forward the pro posed approach for healthy urban planning, with detailed implementation requirements discussed. Due to the broad coverage of the healthy city concept, the focus of this research is confined to the association of healthy city in the perspective of builting environment.

Keywords Healthy Urban Planning; Health-centric Planning; Healthy City; Urban Design Parameters

1 Introduction

1.1 Motivation

Health and urban planning share a strong and long lasting interface that could be traced back to the 19th century. Before the institutionalization of the urban planning function, haphazard urban development in early industrial cities created unsanitary housing conditions and contributed to the spread of infectious disease, resulting in the need for control and the subsequent emergence of the planning

---

① 邓荣辉,新加坡邦城规划顾问有限公司,副总经理。
② 马思远,新加坡邦城规划顾问有限公司,战略规划师。

discipline (Spain Public Health Advisory Committee, 2008). Public health improvement initiatives have long served as key drivers behind civic design in Roman settlements and major urban planning reforms in industrialised countries (Rydin, 2012).

With the growth in the scale, density and complexity of city living has increased at an unprecedented rate, so has the corresponding public health management issues become increasingly complex, stretching the capabilities of city healthcare services delivery (Spain Public Health Advisory Committee, 2008). As a response to these challenges, the World Health Organization (WHO) introduced the concept of Healthy City in 1984, to set a foundation for the subsequent launch of the Healthy City movement in 1986.

The Healthy City movement is credited with establishing the link between public health outcomes and the urban planning and design process that have contributed to or directly caused them. This initiative attempts to facilitate a greater awareness and integration of a healthcare agenda into the urban development process. Progress since 1986 has been encouraging; participation for the movement now covers more than 1,200 cities in Europe and over 7,500 cities worldwide (WHO, 2000; Hong Kong Department of Health, 2007).

1.2　Research Purpose

Against the backdrop of unprecedented rate of universal urbanization in the past decades, urban planning is now playing an even greater role in ensuring the well-being of public health through acting as an effective environmental control on a macro scale. Moreover, to achieve balanced and sustainable development, urban planners have to combine the planning process with a keen focus on a robust public health management system and awareness of how urban design impacts public health. As such, the purpose of this paper is to highlight specific urban planning and design parameters that attribute to healthy urban planning. The paper also aims to share insights on how to utilize the above parameters in a more health-centric approach on a more pragmatic basis, serving as reference for field practitioners.

1.3　Methodology & Scope of Study

As this paper endeavours to value add on existing resources through a comprehensive consolidation of relevant literature, guidelines and case studies, it will adopt a holistic coverage of cities around the world that have shown success in their commitment on healthy city planning.

1.4 Definition and Importance of "Healthy City"

Despite its clear merits as a vehicle or theme of analysis, exactly what constitutes a "healthy city" is still open to debate. According to the WHO, a healthy city continuously creates and improves its physical and social environments and expands community resources, enabling people to mutually support each other in performing all the functions of life and developing to their maximum potential (WHO, 2014).

Healthy Cities are arguably the largest and the most popular of the healthy setting approaches initiated by the WHO (WHO, 2014). The initiative encompasses long-term international development that tries to promote comprehensive strategies for health protection and sustainable development through prioritize the health on the agendas of city decision-makers. The projects aim to improve the health of city dwellers through improved living conditions and better health services in association with various urban development activities (WHO, 2000).

The essence of this definition stresses the Healthy City as an ongoing project of making city living better, rather than an ultimate outcome by achieving a specified health status (Hancock, 1997). As such, the definition of a Healthy City hangs not only on its current health infrastructure, but rather upon, a commitment for physical improvements and the willingness of the city to forge the necessary connections in political, economic, and social dimensions to improve it (Hong Kong Department of Health, 2008).

Given the complexity of the determinants affecting the health of cities, control of such determinants is often outside the responsibility and capacity of the health sector alone. To tackle these new urban health issues, it is essential to integrate various sectors, involving the government, the private sector as well as the communities which are the primary stakeholders for the city's overall health. Such coordination precisely reflects the salient features of the Healthy Cities concept, highlighting its importance as the adaptive solution to the core problem we are currently facing.

To add context to the process, the Fudan School of Public Health offered a refined development direction based on the definition by narrowing the scope to the practice of health-centric approach in urban planning, construction and city management. In the planning aspect, a Healthy Cities project includes sustainable physical planning, integration of human activities in land use planning, community participation and empowerment. In the construction aspect, inter-sectorial collaboration between planning authority with construction and healthcare industry is needed.

Lastly, active city management requires high political commitment, and consists of the development of a city health profile and a local action plan; periodic monitoring and evaluation; participatory research and analyses; information sharing; involvement of the media; linkage with community development and human development; and national and international networking (WHO, 2000). With these coordinated efforts, a city will become an organic integration of healthy people, healthy environment and healthy society crucial for social development, thus unlocking its highest potential.

1.5 Differentiation of Concepts

A healthy citiy is one of many city-centric approaches that views the urban landscape as the backdrop against which thematic problems are developed and manifest themselves. The particular way in which this problem is expressed, partly determines the proposed solution to it. In particular, there are many competing visions of the city as a "problem" to be solved with alternative approaches to its solution.

1.5.1 Healthy City vs. Sustainable City

Perhaps the most similar to healthy city is the concept of sustainable or eco city. By definition, the latter is a city designed with consideration of environmental impact, inhabited by people dedicated to minimization of required inputs of energy, water and food, and waste output of heat, air pollution-CO_2, methane, and water pollution (Register, 1987). While the principles behind both concepts are rather similar, the difference lies in the scope of coverage. With a holistic coverage, the definition of health encompasses a wide spectrum of components, including but not limited to environmental factors. Issues such as economic, social and physical dimensions of a city are also included. Unlike a healthy city, a sustainable city pays greater attention to the environmental aspect which essentially makes it a subset within the healthy city framework.

1.5.2 Healthy City vs. Intelligent City

As an emerging phenomenon, the concept of smart city has often been associated with that of healthy city as well (Boulos and Al-Shorbaji, 2014). Despite sharing overlapping goals in materializing the notion of sustainability, a smart city is not equivalent to a healthy city due to their fundamental conceptual differences. As the name suggests, a smart city encompasses developing cities centred on technology, in contrary to the health centric model upheld by the healthy city movement. While achieving healthy environment is still an important outcome in this model, the focus has been shifted from attaining health through various means, into using technology to be a solution enabler, among which health is being relegated as one particular problem to be addressed. As such, attaining health is being replaced by technological permeability as the city's top agenda, which would result in an alternative development direction divergent from the core value proposed by the healthy city. Furthermore, the smart city movement is largely galvanized by profit driven infrastructure providers, such as Cisco and IBM, which will benefit directly through providing more infrastructures and consulting services in the process to materialize the smart city. This may result in conflicting interest between the corporate and the public.

1.5.3 Healthy City vs. Infrastructure Development

On the other hand, the concept of healthy city is not confined to those with world class healthcare infrastructure. According to the WHO, the notion of health encompasses a broad coverage of physical, social and mental well-being. In response, while a comprehensive healthcare infrastructure serves as a safety net for physical and mental well-being of the population, it has limited effectiveness in addressing the social ills within society. Hence, a world class healthcare hub like Singapore is equally susceptible to knotty, yet omnipresent societal phenomenon, such as social segregation, income inequalities and marginalisation if no corresponding policies are set in place. In addition, existing infrastructure may not be an accurate indicator showing how a particular city is prepared against future health threats and challenges. In an era filled with uncertainty and potential epidemics, a comprehensive plan into the future is essential to safeguard the future well-being of a city. As such, although existing healthcare infrastructure is an essential component, it is not the only assessment of how healthy a city can be.

1.5.4 Healthy City vs. Measurement of Health Status

Lastly, a healthy city is not simply a reflection of a city's current health status. While measurement of what qualifies as a "healthy city" means that as long as the defined parameters meet a certain benchmark of healthiness, a healthy city is more than that. Primarily, the concept embraces a long term process embedded in urban planning and design practice instead of a quantitative measure for health. The title is not merely given to a city that once evaluated is considered "healthy" based on health-related indicators. Rather, the title "healthy city" is taken to mean a city that by its very deliberate design promotes health rather than measures the end results of health. Hence, healthy cities recognise the dynamic interaction between health parameters as measured by objective criteria, which reinforce its official definition, stating that any city is eligible to become a healthy city as long as it has plans devoted to the upholding of a healthy living environment (Hong Kong Department of Health, 2007).

2 Healthy Cities in Planning and Design

2.1 Aspects of Urban Planning & Design Impacting Health

Urban planning is a major policy and design tool to facilitate city management due to its versatility to address various urban problems, of which better public health is one outcome. While the connection is apparent, specific contributions by urban planning which result in direct improvements in public health, or factors under the healthy city framework, ave open to further discussion. In addition, what kind of planning instruments can be adopted in a health-centric planning model, as well as how to achieve such vision can be further studied. As such, this paper endeavours to highlight the linkage of specific urban planning elements on various dimensions of public health. Specific elements, such as green ratio and compatible zoning, which serve as the driving force behind a city's built environment, will be evaluated regarding their contribution and how they can be better implemented to create a healthier urban environment.

2.2 Parameters

2.2.1 Variables Measured

To operationalize the notion of a healthy city, the concept needs to be brought into an urban planning context with measurable variables that characterize the city and the planning instruments that will target these variables.

The multidimensional nature of health and its associated measurements result in different interpretations, hence two tables containing the most essential variables are summarized from various sources for comparison. Appendix A reflects the official guideline by the WHO, whereas Appendix B is compiled from existing literatures. In short, the majority of the variables falls under 3 factors, namely, demographic, environmental (built & natural), and socioeconomic.

While the tables cover essentially all crucial factors related to health, they contain a mixture of direct variables and proxies for health, which may not be useful to evaluate inter-variable relationships. To determine the root measurement of health, a further refinement of the above variables is conducted. The result, containing only direct variables grouped under "physical health", "mental health" and "societal health", is presented in Table 9-1 below.

Table 9-1　Direct Measurements of Health

Categories	Direct variables
Physical health	· Birth rate · Average life expectancy · Death rate · Morbidity rate (communicable diseases, non-communicable disease, injuries/accidents) · Causes of death · Under age five mortality per 1,000 live births · Disability · Individual risk factors (nutrition, alcohol and drugs, smoking, exercise) · Number of in-patient hospital beds per 100,000 population · Number of physicians per 100,000 population

续表

Categories	Direct variables
Mental health	· Emotional indicators (perceived happiness, life satisfaction) ·· Psychological indicators (morbidity rate for mental illnesses, suicide rates, stress)
Societal health	· Crime rate · Domestic violence · Homelessness · Unemployment

Source: Author's compilation (2014).

2.2.4 Other Relevant Variables

A review of past literature has reflected that, there is currently a lack of emphasis on mental health indicators, possibly due to the lacking of measuring parameters and difficulty of quantification. Variables such as perceived satisfaction, happiness and stress level, though complex, are nevertheless important dimension of health that should not be overlooked.

Moreover, some cities have also expressed interest in including creative indicators such as medical attendance in hospitals, lifestyle/behavioural factors, immigrants/migration, TB cases and the monitoring of various environmental pollutants.

In addition to outcome indicators, "intermediate indicators" that assess long term progress over time are proposed as well (Webster, 2012). It was thought that "intermediate indicators" might be a useful way for cities to demonstrate that they are moving forward towards long-term aspirations and goals. It could also be used by cities to facilitate public interaction. For instance, while reduction of mortality from lung cancer and chronic obstructive pulmonary disease is a long-term goal, "intermediate indicators" towards this goal could be smoking cessation rates, access and effective use of various smoking cessation interventions, etc.

2.3 Urban Planning Instruments

2.3.1 Implications of Planning Instruments

In specific, elements of urban planning which could affect the above health variables fall under 4 main categories, namely, transport, land use, urban design and green space.

2.3.2 Associations with Healthy City

As the underlying rationale of urban planning involves solving urban problems of all forms through primarily altering the built environment, its inputs could therefore affect the physical variables of a city directly. For instance, through master planning, urban planners could determine the future land use mix, such as increasing the amount of greens or allocate more land to be zoned as residential purposes. Similarly, they could also determine the form of public infrastructure, such as the road network, provision and type of public transportation, etc. In a more human scale, the use of urban design could essentially shape the urban image of a particular district.

At the same time, inputs from urban planning could also have an indirect impact on various demographic, socioeconomic and environmental parameters.

In the economic dimension, integrated planning of land use and transportation serve as the backbone for economic development and productivity. For instance, the implementation of transit oriented developments could reduce general travelling time of the work force and enhance productivity.

In the social dimension, while urban planning cannot directly create a socially cohesive community, it could, however, facilitate the building of an optimal environment for social interaction and networking through effective urban design. Conversely, alienating environments due to poor physical planning could adversely affect the social health status of a city. For instance, inadequate street lighting could result in higher propensity for criminal activities, similarly housing in an inhuman scale or lack natural lighting could result in greater tendency of mental stress and social withdrawal.

In the environmental dimension, planning inputs are critical as well. Undesirable environmental conditions, such as poor air quality that arises due to incompatible land uses such as industrial in close proximity to residential cluster, or poor sanitation of housing could impose detrimental impact on the health status of the residents, resulting in greater tendency of sickness. Similarly, low density planning also fosters strong car dependency, resulting in air pollution.

Table 9-2 Urban Planning Parameters

Urban planning	Planning parameter	Impact on land use	Possible impact on health
Land use	Plot ratio	Building height, built up area	Crowding, risk of disease spread, etc.
	Building setback	Distance from land boundary	Too little could mean less privacy, and increase stress.
	Density	Number of persons per unit land in the city	Facilitate suicidal tendency, and increase stress.
	Zoning & development control	Different land use clusters	Industrial pollution could result in usage disharmony against surrounding residential zoning.
Urban Design	Building facing/ street lighting		Reduce crime
	Inclusive design	Barrier free accessibility	Improve accessibility for handicapped
Transport	Mode share	Car dependency, traffic congestion	Smog, particulates, respiratory problems, etc.
	Traffic segregation/ walkability		Reduce traffic accident
Green space	Amount of green space	Green coverage ratio	Improve air quality. Provide recreational & social interaction space.

Source: Author's compilation (2014).

3 Incorporation to Urban Planning & Design

Urban planning and design are in a particularly strong position to effect built environment interventions that encourage and support physical activity, promote social connectedness, and increase exposure to healthy food, making it easier to access and incorporate into diet (Jennifer Kent, Susan Thompson & Anthony Capon 2012). In particular, the built environment can shape opportunities for healthy and active living in environment through urban planning and urban design, affects health and wellbeing through enabling people's ability to walk, cycle and enjoy outdoors; by encouraging social interactions between neighbours and other local people; by providing good quality housing, and access to jobs, shops, services and public transport.

As previously discussed, there are 4 aspects we are looking in built environment: transport, land use, urban design and green space. In each aspect, related parameters that would affect build environment are determined and assessed by qualitative or quantitative measurement. In this chapter, worldwide healthy cities' practices in urban planning and urban design, particularly in 4 aspects of built environment and its parameters will be further evaluated and discussed. The chapter concludes key practices in creating a more health-centric built environment.

3.1 Case Studies

In order to present an overview of the effective integration of health into planning, this study first show several case studies to highlight in brief how health-centric concepts work in tandem to shape a city's built environment. The case summaries could be found in Box 1.0 and 2.0 below. In essence, specific planning elements related to aspects of built environment, such as walkability, accessibility to public transport and socially inclusive urban design are highlighted in practice.

Box 1.0: New York City's Experience

As a result of the ideas brainstormed at the second Fit City conference, New York City released the Active Design Guidelines in 2010. The Active Design Guidelines is also a fruitful example of inter-sectoral action for health, since it was developed through a partnership of 12 different city departments, leading architectural and planning academics, and the AIANY, to mention a few partners. Since its publication, the Active Design Guidelines has been incorporated into city contracting procedures for construction as well as policies for making stairwells accessible, and over 25,000 copies have been distributed globally. The City Department of Transportation is also promoting pedestrian and age-friendly streets, traffic calming, increasing bicycle lanes and increasing transit access through bus rapid transit, that has resulted in increased commuter cycling and transit ridership while decreasing traffic fatalities and traffic volumes. As part of the Fit Nation mentoring work, the Department of City Planning drew on fieldwork conducted in cities across the U.S. to create Active Design: shaping the sidewalk experience, presenting key considerations, tools and references for designing sidewalks, a key amenity for walkability.

Source: WHO, Best Practices: Healthy Urban Planning in New York City, February 2014.

> **Box 2.0: Municipality of Seixal, Portugal's Experience**
>
> Seixal has had a land-use plan since 1993 stipulating zoning. The main concern of the urban planners in 1993 was to establish regulations for development. These regulations allowed a balance between urban and non-urban land uses and attempted to protect natural resources and improve environmental quality. The Municipality of Seixal has belonged to the WHO European Healthy Cities Network since 1998. The invitation to Seixal to join the WHO City Action Group on Healthy Urban Planning drew attention to another range of problems relating health to the daily practice of urban planning. The Healthy Seixal Project Office already identified transport, mobility and accessibility as being fundamental to people's health and well-being. Seixal's urban growth pattern is closely related to car use. Public transport is inadequate. The existing services are predominantly tailored to people who commute to Lisbon, but public transport between different neighbourhoods of the city is almost nonexistent. In addition, the scattered settlement encourages people to drive almost everywhere—school, work, shopping and leisure activities. Many spatial obstacles make mobility difficult.
>
> Spotting this mobility problem allowed Seixal to establish several regulations that should be kept in mind in designing streets and public spaces. The mobility and accessibility problem is being carefully studied in the process of revising the land-use plan to increase the number of residents within walking distance to the railway stations. To avoid traffic jams, they are also improving the road network system by building new roads. Together with the existing ones, they will strengthen the network. Meanwhile, a new means of transport, a light rail system, is being built. This non-polluting transport will transport many passengers.
>
> The municipal working group for healthy urban planning has been tackling other matters such as establishing new practices in the resolution of problems related to social re-housing, establishing a method for renewing the historical urban centers, identifying green spaces that should be protected and included in the municipal ecological network and revitalizing urban allotment gardens.
>
> Source: *Healthy Urban Planning in Practice: Experience of European Cities (Report of the WHO City Action Group on Healthy Urban Planning)*.

3.2 Applications

In view of the overall impact of health-centric planning as seen in the above case studies, implications of individual aspects of planning will then be discussed in greater detail in this section. The key aspects of planning will be evaluated in a hierarchical manner, with the breakdown of its components into both primary and secondary parameters for more specific assessments.

3.2.1 Transport

In the aspect of transport planning, 2 general areas of health-centric planning initiatives, comprising of 6 specific secondary parameters are discussed in this study. In the area of coverage and provision of transportation facilities, secondary parameters such as pedestrian walkway, covered pedestrian walkway, bicycles lane and the provision of bicycle parking facilities are highlighted, whereas in the area of accessibility, bus stop accessibility coverage ratio and ratio of public access between streets are discussed.

3.2.1.1 Coverage/Provision of Transportation Facilities

In order for a city to enjoy healthy urban mobility, it needs to provide transport options that promote active style of travelling. To be more specific, planning will need to realign its objectives into enhancing the concept of walkability and bikeability within the city, through mainly altering the physical environment.

The impact of walking and cycling on health has been studied extensively. In general, walking helps prevent heart disease, obesity, hypertension, osteoporosis, diabetes, and depression (Siegel et al, 1995), whereas getting children using active transport, is believed to be the single most effective way to improve physical activity rates and reduce obesity in children (Hinde, 2007). In essence, active transport (cycling and walking) is effective way of getting adequate physical exercise, which promote public health.

A brief overview of planning initiatives of global healthy cities revealed consensus efforts in enhancing walkability. In the case of Singapore, various pedestrian walkway projects, such as the Southern Ridges Pedestrian Connection, and Central Area Underground Master Plan (integration of ground level and underground pedestrian walkway) have been actively implemented by the planning authority (URA, 2014). Even the linkage of buildings has been emphasized importantly to enhance walkability of the city. Similar initiative is seen in Seattle, the United States, where a Pedestrian Master Plan is implemented with the intention of raise awareness of the important role of walking in promoting health and preventing disease.

In addition, the provision of covered pedestrian walkway is also extremely important in Asian cities, particularly due to weather concerns. Covered walkway increases comfortable level of pedestrian due to the sheltering effects from excessive heat from the sun in tropical countries, as well as from the rain. Under the Land Transport Authority's "Walk2Ride" program, the planning authority will provide MYM 330 million to build a network of sheltered walkways around public transit, commercial and residential developments. Under such initiative, areas within 400 m radius of all MRT stations and within 200 m radius of all LRT stations and bus interchanges will be covered by sheltered pedestrian paths (LTA, 2014). This provides convenient access to main public facilities, and also promotes active walking.

Meanwhile, the concept of bikeability is also widely adopted in many healthy cities. This is quantified physically in the lengths of cycling tracks and the abundance of bicycle parking facilities. For instance, the most cycling-friendly city of the world, Copenhagen, has 36% of its mode share attributed to bicycles. In addition, the city is accomplished with a network of cycle tracks totaling 340 km and 23 km of cycle lanes, of which 43 km are green cycle routes running through parks and green areas (City of Copenhagen, 2012). Other cities, such as Singapore, Amsterdam and Tokyo, have allocated a significant amount of physical space for bicycle racks. In short, most healthy cities have incorporated cycling in their physical planning.

3.2.1.2 Accessibility to Destination

Another key area to measure the healthiness of a city's urban mobility is through evaluating its accessibility through public transportation. This could be done by referring to the bus stop accessibility coverage ratio and the ratio of public access between streets.

Buses are safer than individual vehicles and help to keep air cleaner, and also promote more active commuters (Mickey, 2013). In addition, the prevalence of public transit would imply a reduction of car-dependency, and promote sustainable mode of urban mobility. As such, a well-established bus transit system would be an essential component of a healthy city.

Research has identified the marginal walking distance to bus stop is a basic parameter to estimate bus service coverage area in certain area (Kim et al, 2005). With a key focus in this parameter in established cities, it is not difficult to find consensus in quantum. The Bus Rapid Transit system in Curitiba generally has a bus stop distance of between 300 to 500 meters, depending on zoning. Whereas in Singapore, SBS Transit and SMRT Buses have to provide a comprehensive network of scheduled bus services to within 400m radius of any development where there is at least a minimum level of daily passenger demand. These services operate daily, throughout the entire day and at an acceptable headway, even if they are unprofitable. Therefore, making public transit accessible by walking is a reflection of a city's endeavour in attaining sustainability in urban mobility.

3.2.2 Land Use

In the aspect of land use planning, 2 primary parameters, namely, mixed use development and urban density, which comprising of 8 secondary parameters are discussed. The aspects touched on the possibility of maximising land use and improving the quality of living space with focus on parameters such as the ratio of public facilities use GFA in residential land, home ownership ratio and so on.

3.2.2.1 Mixed Use

Mixed use concept could contribute to healthy city planning through enabling residents to adopt a more active lifestyle. Segregated land uses are found to implicate in modern health problems associated with less walking, heavier weight, and more automobile pollution (Saelens & Handy, 2008). In contrast, mixed use has been conceptualized as a key ingredient needed to support walking and recent studies suggest mixed use is important in maintaining healthy weight as well. In fact, mixed or diverse land use is one of the "3ds", namely density, pedestrian friendly design, and diversity, which have been found to associate with walking (Cervero and Kockelman 1997).

The convenience derived from mixed-use development has been reflected in many cities that have adopted the concept, of which San Diego uptown district in the United States and New Towns in Singapore are two successful examples. Voted as one of America's 10 great neighborhoods by the American Planning Association in 2007, the San Diego uptown district adopted mixed-use neighborhood, both vertical and horizontal mixed-use throughout, to be located on a vibrant main street. This has in turn proven to increase resident walking trips while reducing trips by automobile. Similarly, each new town in Singapore is designed to be self-sustainable. Following a hierarchical network of commercial developments, ranging from a town centre to precinct-level outlets, there is no need to venture out of town to meet the most common needs of residences. Employment, education, health care, and recreational needs are also taken care of with the provision of industrial and commercial estates, schools, hospitals, parks, sports complexes, and so on. Within a neighborhood, neighborhood center, where all kinds of public facilities and shops are located, can be reached within 800 meters. Residents can also reach food courts, parks and schools within 400 meters of walking distance. In short, mixed use concept promotes a healthy and active lifestyle for residents through making daily needs easy to reach.

3.2.2.2 Quality of Living Space

Quality of living space is reflected through building density and proportion of home ownership, which have direct association with public health. Firstly, research has found high density housing could provide for a substantial amount of health benefits, such as lowered number of cars per household, increased rates of incidental physical activity, increased usage of public transportation, may also improve access to services and coordination for disadvantaged groups, and so on (Haigh et al, 2011). At the same time, studies pertaining to homeownership have also shown that homeowners generally achieve better physical and mental health outcomes than renters, with some 73% of homeless people reported physical health problems, 41% said this was a long term problem in the United Kingdom (Homeless Link, 2014).

Singapore serves as a vivid illustration of successful implementation of both high density and high homeownership to achieve healthy urban planning. In stark contrast to its large area of slums some 50 years ago, the country currently has 80% of its population living in public housing (HDB), with highest plot ratio 8.4 and norm plot ratio around 2.8, generally comprises high-density built environment with strong foundation in terms of hygiene condition, utility supply and amenities for daily living. Besides building better quality flats in new housing estates, old HDB estates are also being renewed to ensure housing quality. Meanwhile, the city's high ownership rate could be attributed to the successful public housing project, HDB, with about 90% of these resident households owning their HDB flat. Today, 82% of Singaporeans live in flats organized by the HDB and satisfaction rate reaches 95% (HDB, 2014), contributing to a physically and mentally healthy population with strong sense of belonging.

3.2.3 Urban Design

The aspect of urban design touched on 3 primary parameters, namely, safety of living environment, provision of public space and socially inclusive design. A total of 6 secondary parameters are discussed, which cover details ranging from street lighting to barrier free facilities coverage.

3.2.3.1 Safety of Living Environment

Design of built environment could enhance public safety through the provision of proper street lighting and building control. Major advantages of street lighting include prevention of accidents and increase in safety, of which street lighting has been found to reduce pedestrian crashes by approximately 50% (Shwab et al, 1982 & Elvik, 1995). Los Angeles and Hong Kong illustrates the importance of street lighting. Named as "the City of Lights" due to its night scene and the "bright lights of Hollywood", Los Angeles provides efficient lighting around the city, which facilitates the city's endeavour to promote community safety by providing comfortable visibility for vehicular and pedestrian traffic. Similarly, behind Hong Kong's most impressive skylines in the world, lies its comprehensive provision of street lighting, which serves the function of providing suitable illumination on road for safety and security, at the same time enhancing the urban aesthetics through incorporating aesthetically pleasing design that complement with the surrounding environment.

On the other hand, sufficient building distance could reduce, in case of an outbreak of a fire, the falling of facade pieces (fragments of glass or other broken or burnt facades components) that may affect the safe exodus of the building occupants and the rescue and fighting operations of rescue teams. This explains the rationale for Singapore's building control, which sets a notional boundary for buildings with minimal distance of 24 meters in between in order to comply with the safe distance requirements (SCDF, 2002).

3.2.3.2 Provision of Public Space

Public space mainly refers to open space and secondary territories conducive for social interaction, which comprise both land and waterfront spaces.

Leisure, relaxation and outdoor activities, are essential to achieve health goals. Studies have shown that people living in areas with few outdoor recreation facilities were more likely to be overweight (Catlin, 2003). Hence, open space, which can provide opportunities for active recreation and transport, should be given high planning priority due to its intangible benefits towards a healthier city. Likewise, based on its excellent qualities, urban waterfront areas also have similar effect in terms of promoting physical activities, as well as societal health through offering space to relax and interact.

New York has been the exemplar in terms of generous provision of public spaces. Paley Park and Central Park are on PPS's (Project for Public Spaces) list of the best parks in the world. With almost 27% of its acreage set aside as parks, open spaces or greenways, New York City qualifies as the greenest mega city in the United States (Harnik, 2000). On similar basis, Sydney and Singapore have attained a high degree of success through integrating public spaces and blue spaces. As the "heart of Sydney", Circular Quay played a crucial role in the city's daily life. Its commercial success can be largely attributed to its integrated design of waterfronts with continuous public access, which has proven to be much more popular than those where the public space is interrupted. Likewise, within the CBD of the city, the Marina Bay of Singapore has also proved to be a popular space for healthy activities. With a 4-kilometer waterfront trail made for walking includes variety points of interest, served by a comprehensive pedestrian network including shady sidewalks and sheltered walkways, moving around Marina Bay on foot is a breeze for all visitors.

3.2.3.3 Socially Inclusive Design

A healthy city is a city that caters to the needs of all segments. Socially inclusive design such as barrier-free accessibilities for the elderly and disabled group could effectively make the city more inclusive.

Accessibility is a key enabler for people to have more opportunities, be it with regard to social, cultural or economic participation. An accessible environment allows our disable groups to maintain essential links to friends, family and the wider community. To enhance accessibility, the concept of barrier-free design has already extended to creating a safe and convenient social environment to meet the requirement of all kind of groups (Severtsen, 2006). In Tokyo, the construction of barrier-free facilities is thoughtful and integrated which covers the residence, road facilities and public facilities. All the subway trains have particular doors for old people, making their travel much more convenient (Sung et al, 2013). In Singapore, the permeability of barrier-free facilities has already reached the neighbourhood level. As far as possible, a network of barrier-free and vehicular-free walkways is provided to connect each precinct to the amenities within its neighbourhood. This allows all community to have a safe and easy access to the commercial and recreational facilities within the neighbourhood (HDB, 2008). Lastly in New York, nearly all public buildings have special facilities for the disabled. Stores, buses, subway stations and others are especially wheelchair friendly. From the above examples, it is evident that socially inclusive design is an integral part of healthy urban planning in terms of maintaining societal health.

3.2.4 Green Space

Last but not least, the aspect of green space covers 2 general areas of health centric planning, namely, the provision of urban greenery and the accessibility to park and nature environment. A total of 6 secondary parameters such as the green coverage ratio, shade coverage ratio of street, vertical greening surface area to total green coverage ratio as well as green space accessibility ratio will be covered.

3.2.4.1 Provision of Urban Greenery

Urban greenery is an essential feature associated with healthy city due to its immense health benefits. Due to the sophistication of building technology, new concepts of urban greenery have been introduced in a regular basis over the years. As such, the coverage of this term mainly comprises green coverage and shading, as well as vertical greening.

As the most common feature of urban greenery, green spaces not only reduce blood pressure and stress levels, preventing heart diseases and stroke, but also bridge the gap between the health condition of the poor and the rich. In addition, the amount of agricultural and natural green in the living environment was positively related to perceived general health (Green Community, 2008). On the other hand, vertical greenery is increasingly used in cities to raise quality of life and improve urban environments and eco-systems, as well as improve peoples' physiology and mental health (Jones, 2012). Due to its versatility, vertical greenery could be integrated into any form, buildings' walls, facades, rooftops, atriums, balconies or sky gardens. Hence, promoting sky rise greenery has become an essential planning tool to increase green coverage in urban areas and to create a conducive and aesthetically pleasing environment for people to live, work and play in.

Due to its global recognized reputation as "the City in a Garden", Singapore's provision of urban greenery sets a clear example of effective integrating greens in physical planning. Statistically, the city state has achieved tremendous success in preserving greens, with vegetation covering 56% of its total land area and 27% as actively managed parks, gardens, lawns, etc. In addition, the city has 66 square meters of green space per person (Green Index, average 39 square meters), with parks being planned based on 0.8 ha of parks per 1,000 residents (Yee et al, 2011). Besides solid statistics, the city has also been creative in green integration. More than 10 ha of sky rise greenery has been installed in Orchard and downtown core areas and public housing estates. Moreover, the Supertrees from Gardens by the Bay is another project that adopts vertical greenery concept. The iconic vertical garden structure not only increases bio-diversity, but also sets out as the latest tourism landmark of Singapore(Npark, 2010).

3.2.4.2 Accessibility to Parks and Nature Environment

Lastly, studies have shown that people with a greener environment within a 1 km or 3 km radius around their homes have better self-perceived health than people living in a less green environment (Maas et al, 2006). As such, in order for parks to achieve better impacts on public health, accessibility is essential, which is where physical planning comes in handy.

Continuing the case study of Singapore, planning does not stop at mere provision of parks, but enhancing its accessibility in a sustained manner. By 2020, Singapore will have 360 km of park connectors compared to 200 km today, so that people can access park from their home and seamlessly move from one park to another via park connector network. With its planned hierarchical park structure, which divided the green space into well-distributed parcels, at least 85% of residents can live within 400 m of a park by 2030. In addition, the city has also paid significant attention to accessibility to both the blue and green environment. Since 2006, Singapore started to transform network of utilitarian drains, canals and reservoirs into vibrant and beautiful streams, rivers and lakes in order to encourage and create opportunities for people to close to nature. Based on current plan, about 900 ha of reservoir and 100 km of waterways will be opened up for public access in 2030 (MND, 2013), which further enhances the already accessible natural environment.

3.3 Interrelation of Planning Aspects

In retrospect, Table 9-3 summarizes the essence of the discussed planning aspects and the corresponding primary and secondary parameters.

While this paper discusses the impacts of the above aspects separately, it is worth mentioning that the aspects tie in closely with one another in terms of contribution to healthy urban planning. Firstly, mixed land use and walkability are closely knitted concepts; variations in land use would affect the activeness of the residents, reflected through with the proportion of individuals with overweight and obesity issues. As higher density of shops and schools is linked to more active travel, planners have considerable potential to improve active travel and walkability of neighbourhoods through not only transport planning, but also from land use approach as well (Lee & Moudon 2008). In another instant, the effectiveness of provision of green and public spaces are also closely related to its accessibility, which can be addressed from both the land use mix and transport planning perspective. In short, the consolidated planning aspects should be well coordinated by planners in order to achieve maximum effect in creating a healthier environment.

Table 9-3 Summary of Health Centric Planning Aspects and Parameters

Aspect	1st Level Parameter	2nd Level Parameter
Transport	Coverage of transportation facilities	· Pedestrian walkway coverage ratio · Covered pedestrian walkway ratio · Bicycles lane ratio · Provision ratio of bicycle parking facilities in BRT stops
	Accessibility to destination	· Bus stop accessibility coverage ratio (500 m radius access to office and residential zone) · Ratio of public access between 2 streets are not exceeding 180 m
Land use	Mixed use & compactness of development	· Ratio of ancillary uses GFA in industry land · Ratio of public facilities use GFA in residential land · Ratio of underground utilized ratio for new development project
	Quality of living space	· Density of development · Ratio of residential land area per person · Ratio of buildable land per person · House ownership ratio · Provision ratio of sport and recreation facilities per person

续表

Aspect	1st Level Parameter	2nd Level Parameter
Urban design	Concern of safety	• Street lighting coverage of public area • Buildings distance
	Coverage of people interaction space	• Provision ratio of public open space • Public used waterfront coverage ratio
	User friendly to all community	• Barrier-free facilities coverage • Provision ratio of special design facilities for disabled group
Green space	Coverage of greenery in urban area	• Ratio of green space per person (open for public) • Green coverage ratio • Vertical greening surface area to total green coverage ratio • Shade coverage ratio of street section • Shade coverage ratio of road section
	Accessibility to green space	• Ratio of residential areas with access to green space (park and water front) within 500 m radius

4 Conclusion

4.1 Summary of Key Findings

In retrospect, this paper discusses possible directions of integrating urban planning instruments to support health centric urban development. This is done through first highlighting the concept of healthy city and its component indicators. The indicators are then being quantified and associated with urban planning instruments. Lastly, these indicators are being incorporated into the urban planning process to bring forward the proposed approach for healthy urban planning, with detailed implementation requirements discussed.

While there is no one size fits all parameter framework for healthy city due to its immense scope, this research has, nevertheless, attempted to consolidate planning parameters relevant to healthy built environment, and presented its value-added perspective to the implementation aspect of healthy urban planning. The result of discussion would preferably provide a general direction for planners in terms of health centric planning considerations.

4.2 Limitations

This research is not without its limitations. Due to the broad coverage of the healthy city concept, the focus of this research is confined to the association of healthy city in the perspective of built environment. While health centric concept could be integrated into planning for other broad dimensions, such as the social, economic and environmental planning, they are out of the scope for this discussion.

References:

Barton, H., et al. (2009). Healthy urban planning in European cities. *Health Promotion International*, 24(1), 91-99.

Barton, H. & Grant, M. (2011). Urban planning for healthy cities: A review of the progress of the European Healthy Cities Programme. *Journal of Urban Health: Bulletin of the New York Academy of Medicine*, 90(1), 129-141.

Barton, H., Mitcham, C. & Tsourou, C. (2003). *Healthy Urban Planning in Practice: Experience of European Cities*. Retrieved from: http://www.euro.who.int/__data/assets/pdf_file/0003/98400/E82657.pdf?ua=1.

Buolos, M. & Al-Shorbaji, N. (2014). On the internet of things, smart cities and the WHO Healthy Cities. *International Journal of Health Geographics*, 13(10).

Cappon, D. (1991). Criteria for healthy urban environment. *Canadian Journal of Public Health*, 82(4), 249–258.

Cervero, R. & Kockelman, K. (1995). Travel demand and the 3ds: density, diversity, and design. *Transportation Research Part D: Transport and Environment*, 2(3), 199–219.

Chew, V. (2011). *Publichousing in Singapore*. Retrieved from: http://eresources.nlb.gov.sg/infopedia/articles/SIP_1585_2009-10-26.html.

City of Berkeley Public Health Division. (2013). *City of Berkeley Health Status Summary Report 2013*. Retrieved from: http://www.ci.berkeley.ca.us/uploadedFiles/Health_Human_Services/Level_3_-_Public_Health/BerkeleyHealthSummary_online_FINAL.pdf.

City of Copenhagen. (2013). *Cycle Tracks and Cycle Lanes*. Retrieved from http://subsite.kk.dk/sitecore/content/Subsites/CityOfCopenhagen/SubsiteFrontpage/LivingInCopenhagen/CityAndTraffic/CityOfCyclists/CycleTracksAndCycleLanes.aspx.

DeLeeuw, E. (2011). Do healthy cities work? A logic of method for assessing impact and outcome of healthy cities. *Journal of Urban Health: Bulletin of the New York Academy of Medicine*, 89(2), 217–231.

DeLeeuw, E. (2012). Evaluating WHO healthy cities in Europe: Issues and perspectives.

Journal of Urban Health: *Bulletin of the New York Academy of Medicine*, 90(1), 14-22.

Dixon, S. & Sharfstein, J. (2009). *Baltimore city health status report 2008*. Retrieved from: http://www.baltimorehealth.org/info/HSR/2008_BaltCityHSR_final.pdf.

Duhl, L. J. & Sanchez, A. K. (1999). *Healthy Cities and the City Planning Process*. Retrieved from: http://www.euro.who.int/__data/assets/pdf_file/0009/101610/E67843.pdf.

Edwards, P. & Tsouros, A. D. (2008). *A Healthy City is an Active City: A Physical Activity Planning Guide*. Retrieved from: http://www.euro.who.int/_data/assets/pdf_file/0012/99975/E91883.pdf.

Elvik, R. (1995). Meta-analysis of evaluations of public lighting as accident countermeasure. *Transportation Research Record* 1485, TRB, National Research Council, Washington, D.C., 112-123.

GIZ China. (2012). *Reducing Carbon Emissions through Transport Demand Management Strategies*. Retrieved from: http://tdm-beijing.org/files/International_Review.pdf.

Green Communities. (2008). *Greenery Bridges the Health Gap Between the Rich and the Poor*. Retrieved from: http://ecogreenprojects.com/tag/greenery-and-health/index.html.

Haigh, F., Ng Chok, H. & Harris, P. (2011). *Housing density and health: A review of the literature and health impact assessments*. Centre for Health Equity Training, Research and Evaluation (CHETRE), University of New South Wales: Sydney.

Harnik, P. (2000). *Inside City Parks*. The Urban Land Institute and Trust for Public Land, Washington, D.C.

Hinde, S. (2007). *Health Benefits of Cycling, Cycling Fact Sheet*. Retrieved from https://www.deakin.edu.au/travelsmart/docs/health-benefits-cycling-fact-sheet.pdf.

Hitachi Ltd. (2013). *Hitachi's Vision for Smart Cities*. Retrieved from http://www.hitachi.com/products/smartcity.

Homeless Link. (2014). The *Unhealthy State of Homelessness*. Retrieved from: http://www.homeless.org.uk/sites/default/files/site-attachments/The%20unhealthy%20state%20of%20homelessness%20FINAL.pdf.

Housing Development Board, Singapore. (2008). *Towards a Barrier-free Environment in Public Housing*. Retrieved from: http://www.bca.gov.sg/BarrierFree/others/HDB.pdf.

Jones, J. (2012). *Do Cities Need Vertical Greenery?* Retrieved from: http://www.leekuanyewworldcityprize.com.sg/features_vertical_greenery.htm.

Kim, J., et al. (2005). Determination of a bus service coverage area reflecting passenger attributes. *Journal of the Eastern Asia Society for Transportation Studies*, 6, 529-543.

Lee, C. & Moudon, A. (2006). The 3ds + R: Quantifying land use and urban form correlates of walking. *Transportation Research Part D: Transport and Environment*, 1(3): 204-215.

Maas, J. , et al. (2006). *Green space, urbanity, and health: how strong is the relation*? BMJ Publishing Group Ltd.

Mckinsey Global Institute. (2012). *Big Data—the Next frontier for Innovation*. Retrieved from http://www. mckinsey. com/insights/business_technology/big_data_the_next_frontier_for_innovation.

Mickey, J. (2013). *Health Benefits of Public Transportation*. Retrieved from http://transloc. com/6-health-benefits-of-public-transportation.

Ministry of National Development, Singapore. (2013). *A City in a Garden-Greater Access to Our Blue Spaces*. Retrieved from: http://www. mnd. gov. sg/LandUsePlan/garden_greater_access_to_our_blue_spaces. htm.

Ministry of National Development, Singapore. (2013). *A City in a Garden-More Parks and Park Connectors*. Retrieved from: http://www. mnd. gov. sg/LandUsePlan/city_in_a_garden. htm.

Ministry of Social and Family Development, Singapore. (n. d). *Accessibility for Seniors: Barrier-free Society*. Retrieved from: http://app. msf. gov. sg/Portals/0/Summary/research/Chapter%204%20-%20Accessibility%20for%20Seniors. pdf.

Public Transport Council, Singapore. (2014). *Industry and Regulatory Framework*. Retrieved from http://www. ptc. gov. sg/regulation/industryAndRegulatoryFramework. htm.

Register, R. (1987). *Ecocity Berkeley: Building Cities for a Healthy Future*. North Atlantic Books.

Rydin, Y. (2012). Healthy cities and planning. *Town Planning Review*, 83(4), xiv–xviii.

Saelens, B. E. , & Handy, S. L. (2008). Built environment correlates of walking: A review. *Medicine and Science in Sports and Exercise*, 40(7), 550–566.

Schwab, R. N. , et al. (1982). Synthesis of Safety Research Related to Traffic Control and Roadway Elements-Volume 2, Chapter 12: Highway Lighting. Report No. FHWA-TS-82-233. Federal Highway Administration.

Seattle City Council. (2009). *Seattle Pedestrian Master Plan Summary*. Retrived from: http://www. seattle. gov/transportation/pedestrian_masterplan/docs/PMP%20Summary_Low%20Res. pdf.

Severtsen, B. (2006). *Public Health and Open Space*. Retrieved from: http://depts. washington. edu/open2100/Resources/5_New%20Research/public_health. pdf.

Singapore Civil Defence Force. (2002). *Fire Code Handbook*. Retrieved from: http://www. scdf. gov. sg/content/scdf_internet/en/building-professionals/publications_and_circulars/fire_code_2002handbooks/_jcr_content/par/download/file. res/hb_vol1. pdf.

Spain Public Health Advisory Committee. (2008). *Review on Healthy Urban Planning*. Retrieved from: www. upv. es/contenidos/CAMUNISO/info/U0559151. pdf.

The Government of Hong Kong Department of Health. (2007). *Building Healthy Cities:*

Guidelines for Implementing a Healthy City Project in Hong Kong. Retrieved from: http://www. chp. gov. hk/files/pdf/building_healthy_cities_guidelines. pdf.

Webster, P. & Sanderson, D. (2012). Healthy Cities Indicators—a Suitable Instrument to Measure Health? *Journal of Urban Health: Bulletin of the New York Academy of Medicine*, 90(1), 52–61.

World Health Organization. (1998). *Health Promotion Glossary.* Retrieved from: http://www. who. int/healthpromotion/about/HPR%20Glossary%201998. pdf? ua = 1.

World Health Organization. (2000). *Regional Guidelines for Developing a Healthy Cities Project.* Retrieved from: http://www. alliance-healthycities. com/docs/HCguidelines _ WHOWPRO. doc.

World Health Organization. (2009). *Phase V (2009–2013) of the WHO European Healthy Cities Network: Goals and Requirements.* Retrieved from: http://www. euro. who. int/__data/assets/pdf_file/0009/100989/E92260. pdf? ua = 1.

World Health Organization. (2014). *Types of Health Settings.* Retrieved from: http://www. who. int/healthy_settings/types/cities/en/.

United Nations. (2012). *World Urbanization Prospects: The 2011 Revision.* Retrieved from: http://esa. un. org/unpd/wup/pdf/WUP2011_Highlights. pdf.

Urban Redevelopment Authority. (2014). *Maps of Singapore.* Retrieved from: https://www. ura. gov. sg/uramaps/.

Appendix A Suggested Items for a City Health Profile for Developing a Healthy Cities Project

Topic	Items

Demography and epidemiology	Total population
	Age and sex breakdown
	Ethnic distribution
	Birth rate
	Fertility rate
	Death rate
	Morbidity rate
	    Communicable diseases
	    Non-communicable disease
	    Injuries/accidents
	    Crime
	    Disabilities
	    Suicide rates/occupational injury
	Perceptions of health and well-being
	Individual risk factors
	    Immunization rate
	    Nutrition
	    Alcohol and drugs
	    Smoking
	    Exercise
	    Screening rates (cancer)
	    Domestic violence

City background	History Culture Climate Topography

Physical environment	Environmental quality
	    Air
	    Water
	    Noise
	    Soil
	Scenery
	Percentage green space/parks

Living environment	Access to safe drinking water Adequacy of housing facility Amount of living space Rates of homelessness Food hygiene Insects and rodent control Sewage treatment Waste treatment Coverage of solid waste collection Recycling

续表

Topic	Items
Urban infrastructure	Description of urban planning/zoning system Main mode of transport Availability of public transport Availability of communication and information technology Use of public media

Organizations and services	Description of administrative structure of departments, districts and
	    communities and local government.
	Description and assessment of the effectiveness of existing intersectoral coordinating mechanisms.
	Description of availability of:
	    Hospitals
	        Community health facilities (maternal/child, disability, aged care)
	    Schools
	    Community centres
	    Sporting facilities
	    Environmental health services
	     – food inspector
	     – standard of monitoring/enforcement

Economic	Assessment of impact of economy on health
	    – main industries/business
	    – health of economy
	    – level of development

Social	Sources of social stress
	Description of social support mechanisms/networks
	    – family/household
	    – community
	    – cultural
	    – gender relations

Legislation and regulations	Disease prevention and control Hospitals, schools, workplaces, markets, etc. Food hygiene, building, housing Drinking water, waste management Air, water, noise, soil, etc.

Source: WHO, 2000

Appendix B Compiled List of Components for a Healthy City

Category/Components	Quantitative indicator
Demographics	
Population	Population trends, age & gender distribution, race & ethnicity
Physical health	Medium age, main causes of death, infant mortality, disability, infectious diseases (tuberculosis, HIV/AIDS)
Socioeconomics	
Income disparity	GINI coefficient
Poverty	GDP per capita
Unemployment	Unemployment rate
Abortion rate	Abortion rate
Neighbourhood security	Crime rate
Home security	Homeownership rate
Vehicle dependency	Vehicle ownership/usage rate
Environmental (Built)	
Sanitation & sewage treatment	
Pedestrian/cycling friendliness	Pedestrian walkway cover ratio, cycling track coverage
Housing	Land use proportion (residential zoning)
Public transport access	
Sports and leisure facilities	Land use proportion (recreational zoning)
Healthcare facilities	Land use proportion (healthcare zoning)
Environmental (Natural)	
Air pollution	PSI index
Water quality	Supply of portable water
Amount of green/blue space/parks	Green/blue cover ratio

Compiled sources: Rydin, 2012; Webster, 2012; Edwards & Tsouros, 2008; Dixon & Sharfstein, 2010.

On Sustainable Healthy Cities—a Case Study on Kyoto

可持续健康城市案例研究——以日本京都为例

木濑洋 ①
Hiroshi Kise

Abstract The sustainability is essential for healthy cities. There are many researches and practical initiatives proposed for sustainability of healthy cities. However, few ones may be validated and/or executed for such long time as more than 100 years which is desirable as the sustainable health of cities. This paper proposes study from history (i. e., Wen Gu Zhi Xin; an old Chinese proverb) of some cities, especially the city of Kyoto which was the capital till 100 years ago and is recognized as the spiritual home of Japan. This paper discus-ses some factors which are closely related to the sustainability of the healthy city by comparing it with London, Paris and Suzhou which have also histories of more than 1,000 years. This paper also discusses some essential factors to sustainable health cities, i. e., water and food resources from historical points of Kyoto.

Key Words Sustainable healthy city, Lesson from history, Kyoto, London, Paris, Suzhou, Water, Food

1 Introduction

The WHO (World Health Organization) defines healthy cities as follows: "Healthy cities continually create and improve those physical and social environment and expand those community resources which enable people to mutually support each other in performing all functions of life and in developing their maximum potential." (Health Promotion Glossary, WHO, 1998)

This definition is very qualitative and suggests that there exist many aspects to consider as the healthy city. This paper is mainly interested in the sustainability of

---

① 木濑洋,京都工艺纤维大学名誉教授。

healthy cities. Needless to say the sustainablity is vital for the health of citizens and cities. There are many research papers and practical initiatives proposed for sustainable healthy cities. However, few research papers and few practical initiatives for sustainable health cities are validated and/or executed for such as more than 100 years. Study from histories of old cities which have maintained capitals and/or prosperities for such as more than 1,000 years may be effective for knowing how to sustain healthy cities. That is, "Wen Gu Zhi Xin" which is an old Chinese proverb, meaning "Visiting old, knowing new." This study takes up the city of Kyoto as a case study. It has always flourished and acted as the capital of Japan for a period of more than 1,000 years since Heiankyo (the old name of Kyoto) in 794 till the relocation of the capital to Tokyo in 1868, although many transformations have taken place over the years.

"People in Kyoto have kept alive the traditional wisdom of living in harmony with the natural environment as well as natural extremes."

"Kyoto has always adopted the most advanced standards of the times. It has greatly contributed to the nation's industrial, economic and cultural development and strength. The dauntless and leading spirit of Kyoto's past as a capital city, is still felt here today."

Furthermore the next message by Randy Channell Soei (Canadian resident of Kyoto, Urasenke Professor Tea Master) who knows well about Kyoto may suggest Kyoto to be healthy.

"Though Kyoto is a very international city which is a small town familiarity and is always close to nature with rivers and greenery prominent. I actually feel a well balanced city. Of course when looking at Kyoto from abroad most people call it a cultural city. Though the rich culture and history of Japan are deeply rooted in Kyoto, the city is always open to new culture. There is even a manga (comic) museum here! It is a city that is very traditional but at the same time a place that looks forward to future change."

The following chapters intend to demonstrate these assertions and messages by comparing Kyoto with London, Paris and Suzhou (Chinese people say "Suzhou and Hangzhou are comparable with Heaven") through their present statistics, and also through essential factors for sustainable healthy cities such as water and food resources from standing points of their histories.

2 The Present of Kyoto, London, Paris and Suzhou

This chapter shows present statistics of Kyoto and other cities for comparison which are London in England, Paris in France and Suzhou in China. London and Paris are more than 1,000 years long capital cities and have similar statistics with Kyoto. Suzhou also has a history of 2,500 years long and was capital of local state in ancient China. However, it should be noted in advance that figures shown are just round numbers. Nevertheless, the comparison may be effective for roughly understanding some aspects of Kyoto.

2.1 Location and Land Form

Table 10-1 shows locations and land forms in each city. It is obvious that Kyoto has larger percentage of wood covering, thus more greenery than the other three cities. One of the main reasons is that Kyoto is a basin surrounded by low mountains and there exist satoyamas (in Japanese) in their roots which include foresters, (rice and vegetable) farms and residences. They look like countrysides, but many satoyamas in Kyoto are close to urban districts (see Fig. 10-1).

Fig. 10-1　A view of Kyoto city from East Mountain

Table 10-1　Locations and Land Forms

	Kyoto	London	Paris	Suzhou
Location	35.0 N, 135.4 E	51.3 N, 0.7 W	48.5N, 2.2E	31.2 N, 120.3 E
Space(km^2)	828	1,572	1,054	8,488
Farmland (%)	3.4	9	3	30.3
Wood Covering (%)	74	40	47	43

2.2 Population and Visitors

Table 10-2 shows the population and tourists who visited each city in 2013. It shows that Kyoto has the 2nd largest number of visitors, though it has the smallest space (about one tenth of Suzhou) and the smallest number of citizens (about one tenth of Suzhou) among the four cities.

Table 10-2   Population and Annual Tourists Visited (2013)

	Kyoto	London	Paris	Suzhou
Citizens (thousand)	1,474	8,417	2,257	11,769
Tourists (thousand)	51,620	27,600	28,900	94,163
Foreign Tourists (thousand)	1,130	1,600	1,550	1,890

Fig. 10-2   The thousand toriis (gates) of Fushimi Inari Shrine in Kyoto

In fact Kyoto was voted as No. 1 city to visit in the world by *Travel + Leisure* magazine published in USA in 2014. Fig. 10-2 shows Fushimi Inari Shrine in Kyoto, the most popular spot in Japan for foreign tourists (by "TripAdvisor" blog, 2014).

"The red toriis all the way to the top were a fantastic sight. We took so many pictures. The walk was fairly easy at first, and got a little more rigorous. I'm not in great shape but was able to do this one! Very worth the effort." (Kim B. Anchorage, Alaska, United State, 2014).

2.3   Culture

UNESCO (United Nations Educational, Scientific, and Cultural Organization) asserts that culture shapes the way we see the world. It therefore has the capacity to bring about change of attitudes needed to ensure peace and sustainable development which, we know, form the only possible way forward for life on planet Earth. Then, the world cultural heritages are representative for ensuring sustainable healthy of cities. UNESCO also insists that the heritage is our legacy from the past, what we live with today, and what we pass on to future generations. Our cultural and natural heritages are both irreplaceable sources of life and inspiration. Table 10-3 shows numbers of sites as WCH (the World Cultural Heritage) and numbers of items as ICH (the Intangible Cultural Heritage) designated to UNESCO in each cities. People should recognize the difference between them and understand their concepts through a brief process to their establishment for understanding sustainable healthy cities. The World Heritage Convention is established in 1972 after the convention for the protection of cultural heritages in the event of armed conflict in 1954 and then the Convention on the Means of Prohibiting and Preventing the illicit export, import and transfer of ownership of cultural property in 1970. The WCH is defined as cultural heritages including primarily monuments, groups of buildings and sites, as well as natural sites as demonstrative of natural heritage. On the other hand, the ICH includes song, music, drama, skills, cuisine, annual festivals, crafts, and the other parts of culture that can be recorded but cannot be touched. It has been conceptualized in Japanese, Korean and UNESCO legislation primarily as an aspect of cultural heritage that, due to its "living" and "evanescent" nature, is in need of safeguarding from modernization and globalization. Two intangible cultural heritages in Kyoto are Hoko which is the float ceremony of the Kyoto Gion Festival (2009) and "Washoku" which is traditional dietary culture of the Japanese (2013). These are discussed in the following chapter.

It can be concluded that to keep and maintain cultural heritages is definitely vital for the sustainable healthy cities. Then it is interesting that Kyoto has more WCHs and ICHs than cities compared, although it has the smallest space and the smallest number of citizens (see Table 10-1 and Table 10-2).

Table 10-3 World Heritages Designated to UNESCO (as of 2014)

	Kyoto	London	Paris	Suzhou
World Culture Heritage (sites)	14	4	9	9
Intangible Cultural Heritage (items)	2	0	1	1

2.4 Education

The education is one of the most important factors for sustainable healthy cities. Table 10-4 shows numbers of universities and students (percentage to population) in each city. Unfortunately some data on Paris and Suzhou are not available or not guaranteed as official ones, because they are gathered here and there including

Wikipedia and hence they are just estimated ones. Nevertheless they are not senseless, unless the corresponding exact data can be found easily. The city of Kyoto has the second most number of universities (following the capital Tokyo in Japan), and the largest percentage of students to the population in Japan. So it is called the town of students.

Table 10-4   Number of Universities and the percentage of students to the population

	Kyoto	London	Paris	Suzhou
Number of universities	26	43	34	21
Percentage of university students to the population	9.7	2.4	2.1	1.9
Percentage of children in high schools & lower	12	24.5	NA*	NA*

* Not Available

2.5 Medical and Welfare Services

Medical and welfare services are very important for sustainability of the health of residents. They are especially important for cities where population of elder people and their life expectancy increase (see Table 10-5). Some data are also estimated values (except Kyoto). The elder people in Kyoto are the largest in population and have the longest life expectancy.

Table 10-5   Percentage of Elder Peoples and Numbers of Medical and Welfare Services

	Kyoto	London	Paris	Suzhou
Percentage of 65 years or elder people	25	17.5	16.8	17*
Life expectancy (years)	82.7	81.5	81	80.5
Number of hospitals and clinics	1,628	NA*	NA*	232
Number of nursing homes	250	156	NA*	213

* 60 years old and more

In this connection Japan ranks the first in the population of elder people (22.7% on average) and the life expectancy (82.7 years old on average) among the four cities. Kyoto is one of the first physical disability welfare model cities registered by the Ministry of Health and Welfare in Japan in 1971. Kyoto is a city where the weak relatively live in peace, though the above data can not be compared exactly, because medical and welfare services among the four cities (and countries) look different in their formations and definitions.

2.6 Ecology

Kyoto is blessed with beautiful natural and built environments. In order to pass on this same beauty to future generations, Kyoto, the home of the Kyoto Protocol in 1997 and the World Water Form, seeks with the cooperation and participation of citizens, industry, and administration, to promote city development which utilizes recycling in order to impact as little as possible on the environment. It also takes a broader perspective, encouraging international efforts which are made towards the preservation of the Earth's environment.

Table 10-6 shows ecological aspects of households. Kyoto is worse in the recycled household waste and the water consumption than other cities compared. However, the amount of household waste in Kyoto (449g/person/day) is the smallest among the 20 largest cities in Japan (598g on average in Japan). This means Kyoto considers that the reduce of the waste is more important than the recycle in the frame work of 3R (Reduce, Reuse and Recycle).

The Kyoto Protocol In December 1997, Kyoto hosted the Kyoto Conference on the Prevention of Global Warming (COP3). Now Kyoto has become known internationally not only as a World Heritage City but also as the host to COP3 and the Kyoto Protocol which is an international treaty to reduce greenhouse gases emission.

Fig. 10-3   Kyoto Municipal Center for Promotion of Environment Protection

Kyoto Municipal Center for Promotion of Environment Protection (called Miyako Ecology Center for short) was set up in 2001 as COP3 Memorial Hall for the purpose to utilize as an environmental center and a place from which to initiate activities to protect the environment.

The Third World Water Forum took place in Kyoto, Shiga and Osaka, Japan. Following up on its commitments from the 2nd Forum, the WWC (World Water Council) launched the World Water Actions report, an inventory of over 3,000 local water actions.

Table 10-6　Ecological Aspects of Households

	Kyoto	London	Paris	Suzhou
Recycled Household Waste (%)	23.5 ('10)*	34	35('12)*	36 ('12)*
CO_2 Emission (tons)/year/person	5.2 ('12)*	5.9	NA	5.6
Water consumption (liters)/person/day	235	149	NA	122 ('13)*
Warming (%) since 1960 (°C/century)	1.67	2.66	2.84	1.89

*(Year of data issued)

2.7　A Remark

This chapter does not assert Kyoto to be the best healthy city among the cities compared, but emphasizes good points as a healthy city. Needless to say, there are many better aspects which each city has than Kyoto.

3　Sustainable Aspects of Kyoto

This chapter discusses two sustainable aspects of Kyoto through their brief histories. They are water and food resources.

3.1　Water Resources

The water resource is one of the most important factors for the sustainability of healthy cities. This section asserts that water resources have sustained Kyoto as the capital for more than 1,000 years though the city was not always the focus of Japanese political power and there were not a little crisis in its history which are briefly described below.

The Birth of Heian-Kyo　The ancient capital of Kyoto called Heian-Kyo was established and modeled on the capital of Chinese Tang Dynasty, Chang'an (contemporary Xi'an) and its sub-center, Luoyang in 794 AD. The location of the palace was decided according to the thought of *Feng Shui* which is an art and science in ancient China to associate good health with good "wind" and good "water". In fact Kyoto which is basin (as mentioned above) has the highest mountain "Hiei" (altitude 848m) in the north east from which good wind flows and on which the biggest temple, "Enryakuji" (a site of WCH) was constructed for religious safeguarding of the capital. There are three main rivers, Katsuragawa, Kamogawa and Ujigawa which are integrated to the only one river, Yodogawa in the west south side where the flow to the outside of Kyoto is restricted. This means that the water of the three rivers is kept in appropriate level in its inside. Recently it is confirmed scientifically that Kyoto has also big groundwater being comparable with the Japanese largest lake, "Biwako" which is mentioned later. This landform is believed to be a good place to live safely and healthily according to *Feng Shui*.

Aoi (Hollyhock) Festival This festival is considered to be one of the oldest festivals in the world. Its origin goes back to the six century when a series of severe storms destroyed all autumn harvest. A diviner determined that the deities of Kamigamo and Shimogamo Shrines (registered to WHC in 2009) were angry at disrespect of the people. Then, the Emperor had special rites performed at these shrines. Magically the storms came to an end, and from that time imperial officials have paid regular visits to the two shrines. For this purpose the shrines annually held a grace festival called Aoi Festival which has sustained for more than 1,200 years long since then, and is one of the biggest three festivals in Kyoto.

Arashiyama and Takasegawa Waterways Kyoto went down hill in the early 17th century after the "Sengoku" period of more than 100 years (Warring State Period in Japanese history) and then the political power moved to Edo (present Tokyo), though the Imperial Palace was barely kept in Kyoto. Then a great merchant, Suminokura in Kyoto, boldly developed two waterways for the revival of the city by himself. One of them was to expand the river beside Arashiyama hill which was a part of one of the three main rivers called Katsura river (as mentioned the above). Another development was to excavate a new river through the center of the city. It was connected to Katsuragawa river and led to the Yodogawa river which flowed out to Oska. By these developments plentiful products such as timber and rice were transported to Kyoto and Osaka from the countyside. Then Kyoto was remained as a centre of business as well as culture. At present, this area (Arashiyama Park) is one of the most popular scenic spots for the tourists. In 1919 Former Prime Minister of China, Zhou Enlai visited and remained his Chinese poem there when he was young [13] (see Fig. 10-4).

Fig. 10-4 Monument of Chinese Poem by Former Prime Minister of China, Zhou Enlai (Kyoto-ryokan blog. com)

Gion Matsuri Festival (registered to ICH in 2009) Kyoto had suffered on many occasions from all kind of disasters, including epidemics, flood, fires, and earth quakes since ancient times. So Gion Maturi Festival was held by Yasaka Shrine (a national important treasure) and town people in Kyoto to keep the spirits from being angry. In the 10th century it had also become a way for craft guilds including large floats, Hoko.

Lake Biwa Canal Kyoto had burn down 2/3 of the urban district by the civil war of the Meiji Restoration and its population was reduced almost half after relocating the capital to Tokyo. Then, the governor decided to construct the lake Biwa Canal to

Fig. 10-5 Statue of Tanabe in Keage (www.geocities.org)

revive Kyoto and employed a 22 years old Tanabe who graduated with graduation theses "Construction of Biwako Canal" from Koubu school (present Tokyo University) as it chief in 1985 (see Fig. 10-5). It completed in 1890 with expenditure of three times of the annual budget of Kyoto city. The canal channels water from Lake Biwa (the largest lake in Japan). It had multi-purpose: transporting products by boats, supplying drinking water and the irrigation. At the same time the world-second hydraulic power plant was constructed which supplied light and run electric street cars first in Japan and even now has supplied 97% of water for waterworks in the city.

3.2 Traditional Japanese Cuisine, Washoku

This section discusses Japanese traditional food called "Washoku" through its brief history.

A Brief History of Washoku In ancient time in Kyoto (that is, Heiankyo) there existed the taboo against the consumption of animal's fleshes according to Buddhism and the Japanese aboriginal religion "Shinto" which have been believed by emperors and noblemen. In addition, the center of Kyoto where they lived was far from the sea, thus they had difficult in eating fresh sea food. Then they focused on using only available ingredients to make dishes as delicious as possible by adopting and creating new techniques.

Tea and Tofu & Yuba Made with Bean Bases of Washoku, that is the most healthy foods of which recipes were taken back from China by priests

Fig. 10-6 Tea Ceremony and Chakaiseki Cuisine

who studied Buddhism from the 8th to the 12th centuries and uniquely developed since then and till nowadays.

Cha-kaiseki cuisine The Washoku is based on Kaiseki cuisine which was born for tea ceremony in ancient Kyoto.

It is now recognized in the world that the Umami is one of the five tastes in Washoku and is said to be the fifth taste after sweetness, sourness, saltiness and bitterness. It is imparted by glutamate included in "Shiitake Mashroom, Katsuo bushi", dried and fermented bonito flake, "Miso", fermented paste made from soybeans, "Konbu", seaweed and so on.

Fig. 10-7 Kaiseki Cuisine

Intangible world heritage in 2013 Washoku is a social practice based on a set of skills, knowledge, practice and traditions related to production, processing, preparation and consumption of food. It is associated with an essential spirit of respect for nature that is closely related with the sustainable use of natural resources.

In this connection the World Washoku Symposium and the Washoku World Challenge were held in Kyoto in the year of 2015.

4 Conclusion

This paper discussed sustainable healthy cities through a case study on Kyoto. This paper compared it with world-representative old cities such as London, Paris and Suzhou through recent statistics. The paper takes water resources in Kyoto and Japanese traditional food, especially Washoku as most important factors for the sustainable health and mentions how they are carried out for the sustainability of Kyoto as the capital for more than 1,000 years through their brief histories. It is very difficult to get definite conclusion. So this paper should be the first step toward further elaborate results. However, this study suggests that how sustainable healthy cities should be, that is, they should keep and respect nature with plenty of green spots and clean rivers where people can get foods and contentment, and should be well balanced between old and new for culture and technology, and be open to the outside, and hold attractive education not only for domestic but also for abroad young.

Acknowledgment

The author thanks Dr. Zhao Dasheng for his help to obtain data on Suzhou and advice and encouragement to execute this study.

References

[1] http://www.city.kyoto.jp/koho.

[2] MIYAKO Ecology center, "Fostering a Kyoto that exists in harmony with environment," Kyoto Municipal Center for Promotion of Environment Protection (2014).

[3] R. Channell, "Kyoto souvenirs recommended by tea master, Randy Channell", *Leaflet of*

Gifts by JR KYOTO ISETAN (2014 October).

[4] London councils, "London Key Facts and Statistics", www.londoncouncils.gov.UK (2012).

[5] Colleen's Paris, "Statistics About Paris, Parisians and Tourist", www.colleensparis.com (2012).

[6] "Suzhou: Economic News and Statistics for Suzhou Economy", www.thechinaperspective.com.

[7] "Final Report of the 3rd World Water Forum", *Secretariate of the 3rd Water Forum* (2003).

[8] http://www.whc.unesco.org.

[9] M. Alivizatou, "University contextualizing intangible cultural heritage in heritage studies and museography", *International Journal of Intangible Heritage*, Vol.3, 2008.

[10] C. Rowthory, et al, "Japan", *Lonely Planet Publication 7th edition* (2000).

[11] R. Tchi, "What is *Feng Shui*?", *Feng Shui Glossary of Terms* (2000).

[12] H. Hasumi, et al, "3D basic rock mass structure and underground water condition of Kyoto basin", *Environmental Rock Engineering*, 2003 Switis and Zeitlinger, pp.361–364.

[13] Wikipedia, "Zhou Enlai", 8en.wikipedia.org/wiki/Zhou-Enlai.

[14] http://www.kyotoguidecom/ver2/thismonth/gion matsuri/html.

[15] Kyoto City Web, "Completion of hydraulic power station included in canal plan", City of Kyoto (2004).

[16] "World Heritage—The world of Washoku", *Japan Monthly Web Mgazine*, 2014.01.

[17] T. Kumakura, "History of Japanese Foods", *YoshikawaKoubunnsya* (2008) in Japanese, (www.kurakonuka.com/useful/washoku).

[18] M. Anthony, et al. "Umami. The Fifth Taste", *Virgilio Martinez* (2014).

综合型养老社区功能空间模式及指标体系研究

Research on Function Spatial Model and Index System of Retirement Community

唐 洁①　　陈 睿②
Tang Jie　　Chen Rui

摘　要　中国社会老龄化日趋明显,综合型养老社区将成为重要的养老载体和未来新型的人居模式,也是中国健康城市的重要组成部分。目前中国综合型养老社区的规划研究处于起步阶段,体系尚未成熟,尤其是关于指标体系的研究还是空白,值得研究探讨。

Abstract　It tend to be aging of population in China. Comprehensive aging community would be important carrier and Living Model in the future, as well as critical part of healthy city in China. Planning on comprehensive aging community which does not have mature system, just get started currently in China. This paper focus on indicator system of comprehensive aging community.

关键字　健康城市　综合型养老社区　选址　规模　功能构成　指标体系　功能空间模式

Keywords　Healthy City　Comprehensive Aging Community　Site Selection　Scale　Function　Indictor System　Spatial Model

1　中国老龄化现状及主要养老模式

1.1　中国老龄化现状

世界卫生组织定义的老龄化社会标准是:65岁及以上的老年人口大于7%或60岁及以上人口大于10%即步入老龄化社会;65岁及以上人口大于14%,即完成老龄化进程,步入老龄社会。中国目前老龄化社会现象日趋严重,呈现四大特征。

(1) 老龄比重大。

---

① 唐洁,邦城规划顾问(苏州工业园区)有限公司,中国区副总规划师,上海分公司事业二部总经理。
② 陈睿,邦城规划顾问(苏州工业园区)有限公司,上海分公司事业二部高级规划师。

2013年中国60岁及以上人口超过2亿,老龄化率达14.9%。大城市尤为严重,目前北京、上海等城市老龄化率已经超过20%,上海更是高达27%。

（2）老龄化速度快。

中国2001年步入老龄化社会,预计2025年完成老龄化进程,步入老龄社会。此过程仅27年,远远快于欧美发达国家近百年的老龄化过程。

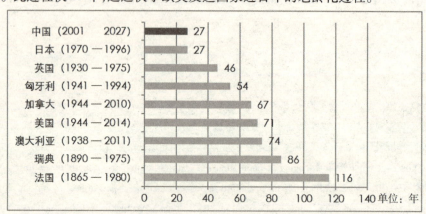

图11-1　不同国家从老龄化社会跨入老龄社会时间比较图

数据来源:新华社发布数据。

（3）老龄人口世界最多。

预计2050年中国60岁及以上老人数量将达到顶峰,约4.3亿~4.5亿,占总人口的1/3,数量将超过世界发达国家老年人口总和。

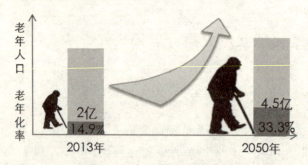

图11-2　中国老龄化示意图

数据来源:《国家应对人口老龄化战略研究》课题组预测。

（4）未富先老,养老负担重。

中国目前尚属发展中国家,老龄化超前于工业化、城市化发展,社会保障不完善。社会保障支出仅占国家财政支出的12%,而西方国家高达30%~50%,即使是其他一些发展中国家如巴西、南非等,其比例也在20%以上。

1.2 中国养老人群类型比例

1.2.1 养老目标人群类型

伴随人口老龄化的加剧,老年人照护问题逐渐成为社会关注的热点。目前,国内外按照老年人照顾需求的不同,一般将养老人群分为三种类型。

(1) 自理型老人。

指生活行为基本可以独立进行,自己可以照料自己的老年人。

(2) 介助型老人。

指生活行为需依赖他人和辅助设施帮助的老年人,主要指部分失能老年人。

按照国际标准,老年人生活自理能力的指标包括吃饭、穿衣、上厕所、上下床、洗澡、室内走动共 6 项。任何一项都能做,但是有困难,需要他人帮助的为部分失能老人。

(3) 介护型老人。

指生活行为需依赖他人护理的老年人,主要是指完全失能和失智老年人。

其中,完全失能老人是上述老年人生活自理能力 6 项指标中,其中任何一项均完成不了的老人。

失智老人是患有失智症,具有认知障碍的老人。失智症是一种因脑部伤害或疾病所导致的渐进性认知功能退化,且此退化的幅度远高于正常老化的进展。最常见的失智症是老年性痴呆。失智往往与失能会有一定程度的重合,即失智往往导致生活无法自理。但一些需要长期照护的痴呆症患者,却能进行某些生活活动,因而单独将失智老人作为长期照护需求人群考虑,是很有意义的。目前一般养老机构大多不接收失智老人,即使接收,失智老人群体在养老机构里比普通老人境况要糟,往往受其他同伴歧视。失智老人的养老问题亟待引起社会重视。

1.2.2 中国养老人群类型比例

中国老龄办和中国老龄科学研究中心调查数据显示,2010 年末中国城乡部分失能和完全失能老年人约 3 300 万,占总体老年人口的 19.0%。其中部分失能老人和完全失能老人分别为 2 220 万和 1 080 万。到 2015 年,即"十二五"期末,中国城乡部分失能和完全失能老年人将达 4 000 万人,比 2010 年增加 700 万人,占总体老年人口的 19.5%。其中部分失能老人和完全失能老人分别增加至 2 760 万和 1 240 万。

此外,根据调查,中国60岁以上老人痴呆患病率为4.2%。考虑到失能与失智老人在统计上有一定的重合性,本文取2%的失智率进行计算。

根据上述统计数据归纳计算,目前中国自理老人、介助老人、介护老人三者比例约为20:3:2。未来,伴随着人口老龄化、高龄化的不断深入发展,需护理老年人的规模将不断扩大。

表11-1 中国养老人群类型比例表

		2010年		2015年	
		人口(万人)	比例(%)	人口(万人)	比例(%)
自理型老人		13 740	79.0	16 320	79.5
介助型老人(部分失能)		2 220	12.77	2 760	13.45
介护型老人	完全失能老人	1 080	6.23	1 240	6.05
	失智老人	340	2.0	400	2.0
	合计	3 300	8.23	4 000	8.05

*以2%的失智率计算。

数据来源:中国老龄科学研究中心课题组. 全国城乡失能老年人状况研究[J]. 残疾人研究,2011(2).

1.3 中国主要养老模式

根据快速老龄化、老龄人口比重大、未富先老、社会保障制度不完善的基本国情,中国政府确立了以居家养老为基础,社区养老为依托,机构养老为支撑的基本养老模式,形成所谓的"9073"养老格局,即90%的老人在社会协助下通过家庭照顾养老,7%的老人通过购买社区照顾服务养老,3%的老人入住养老服务机构集中养老。不同类型的养老方式各有特征,老人可根据需求进行选择。

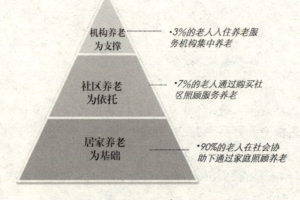

图11-3 中国"9073"养老格局示意图

1.3.1 机构养老一床难求

机构养老包括养老院、养护院,主要为高龄老人、失能老人提供全托生活护理服务。

中国机构养老形成以公办养老机构为主导,鼓励民办非营利养老机构发展,少量市场化养老机构为补充的格局。

公办及部分民办非营利养老机构被纳入政府养老基本公共服务体系,获得较大的建设和运营补助,由政府直接定价或实行政府指导价,收费低。大多数的民办非营利养老机构虽未被纳入养老基本公共服务体系,但由于其非营利性质,政府给予适度建设和运营补助,实行政府指导价,其收费老年人及其家属基本可以承受。以上海为例,一半以上的养老机构为公立机构,月收费在750~1 500元。民办非营利性养老机构月收费在1 500~2 500元,老人基本能够负担。少量市场化养老机构是公益性养老的重要补充,实行自主定价,费用相对较高。

总体来说,机构养老属政府托底型,是政府提供的养老基本公共服务,以满足最基本的养护需求为主,资源相对紧缺。

1.3.2 社区养老设施标准相对偏低

社区养老即由社区为虽然住家、但需要社会服务的老人提供日托、助餐、上门服务等社区居家养老服务,是居家养老的重要支撑。社区养老主要是通过在社区中插建或改建社区老年人日间照料中心进行的,民政部《社区老年人日间照料中心建设标准》(2010年版)对于社区老年人日间照料中心的设置标准进行了详细规定,社区老年人日间照料中心应配备医疗卫生、生活服务及文化服务三大类设施,详见社区老年人日间照料中心建设标准表。

表11-2 社区老年人日间照料中心建设标准表

必要设施	设施配置	使用面积所占比例	总建筑面积
医疗卫生	医疗卫生 康复训练 心理疏导	20.3%(1~1.5万人) 16.2%(1.5~3万人) 11.9%(3~5万人)	750平方米(1~1.5万人) 1085平方米(1.5~3万人) 1600平方米(3~5万人)
生活服务	老年人休息室 餐厅	35.7%(1~1.5万人) 39.3%(1.5~3万人) 43.0%(3~5万人)	
文化休闲	阅览室 网络室 多功能活动室	15.5%(1~1.5万人) 16.2%(1.5~3万人) 18.3%(3~5万人)	

社区养老以政府公益性为主,老年人专用设施配套标准低。以文化休闲为

例,推算老年人人均文化休闲设施建筑面积仅为 0.04～0.08 平方米,与《老年人居住建筑设计标准》(2003 年版)人均文化休闲设施建筑面积不应低于 1 平方米相距甚远。因此插建或改建社区老年人日间照料中心的方式对于已建成普通社区的适老化改造具有指导意义,但对于新建综合性养老社区来说标准偏低。

1.3.3 新建综合型养老社区,实现居家养老

近来,在北京、上海、成都等大城市,专门建设的综合型养老社区逐渐兴起。综合型养老社区以实现老年人健康养老、安享晚年为目标,是实现居家养老的重要载体,也将成为未来解决中国养老问题的重要途径之一。主要原因有以下四点:

(1) 鉴于中国老龄人口多,4—2—1 家庭结构中间代承受工作与生活的双重压力,无力无暇顾及家中老人。

(2) 普通居住区中,传统家庭养老方式已不能满足老年人的生理及精神方面的需求,老年人寻求更优质的生活环境,如医疗护理、休闲娱乐、文化交流等。

(3) 中国政府高度重视养老问题,为综合型养老社区建设提供前所未有的政策扶持,先后出台了多项养老规划。

(4) 当前城市老年人中 42.8% 拥有储蓄存款,预计 2020 年中国老年退休金总额达 28 145 亿元。老人财富的增多以及未来养老保障体系的完善,客观上为养老住宅提供了强大的消费支撑。

表 11-3 近年来中国出台相关养老规划及意见表

时间	部门	文件
2010 年	老龄委及民政部等十部委	《关于全面推进居家养老服务工作的意见》
2011 年	老龄委	《中国老龄事业发展"十二五"规划》
2011 年	民政部	《社会养老服务体系建设"十二五"规划》
2013 年	国务院	《关于加快发展养老服务业的若干意见》

目前新建的综合型养老社区可以分为混合式养老社区与集中式养老社区两种类型。

(1) 混合式养老社区。

混合式养老社区是指在普通居住区中加入老年人居住楼栋或套型,以及一些适老化的配套设施,实现老年人与其他年龄人群混居。主要的老年住宅类型包括老少居、老年专用住宅套型及老年专用住宅楼栋,适老化的配套设施包括医疗卫生、生活服务、休闲文化等设施,一般布置于老年日间照料中心内,或分散布置于老年住宅周边。

目前日本此类养老社区发展相对成熟，相比仅有老人居住的社区而言，混合式养老社区有利于老人接触到其他年龄段的人群，保持与外界社会的接触，还可以与子女、亲友等邻近居住，便于互相照顾。

（2）集中式养老社区。

集中式养老社区以老年人集中居住为主，配备齐全的养老住宅与服务设施，为自理、介助、介护等各种类型的老人提供持续的生活照护，实现一定适宜规模内老年人的小集居，大范围内各年龄阶层的大混居。

以美国CCRC持续照顾型退休社区为代表，集中式养老社区已经发展成一种较为成熟的养老社区。1999年美国一项学术调查显示，居住于CCRC社区的老人的余命年龄是非居住于CCRC老人的1.5倍。人性化的养老理念关注全龄老年人的物质与精神上的各类需求，受到老年人的欢迎与认可。根据土地性质的不同，老人可通过购买房屋产权或者以会员制方式（租用）入住。而目前市场上集中式养老社区，大多以会员制方式进行运营，保障各项养老服务的高标准运营。

1.3.4 养生度假型高档养老社区

养生度假型养老社区主要针对有休闲度假、养生保健需求的健康活跃老人，依托旅游、养生、医疗、保健等特色资源开发建设。以美国太阳城与中国海南、云南的养老社区为代表，养生度假型社区通常可根据当地资源特色，因地制宜相应建设养老、养生、康疗、度假等业态，具有一定的高端性与特殊性。老人可以在一年当中的某个季节或时段来此居住，也可以与家人一起前来度假，也是一种具有时令性特征的养老形式。

1.3.5 小结

未来中国养老模式可以归纳为四种主要类型：机构养老、社区养老、居家养老及度假养老，每种类型都有其鲜明的特点与适用情况。

根据未富先老、快速老龄化、公共医疗及护理资源相对紧缺的基本国情，以及考虑我国传统居住文化的特点，影响老人和子女选择养老模式的最关键的因素是能否提供及时、持续的医疗、护理与陪伴。居家养老具有其他集中养老模式无法比拟的巨大优势，老人在家里可以亲近家人和朋友，可以利用各类熟悉的社区设施，可以继续在熟悉的社会关系中交往和参加各类活动。这有助于保持老年人的身心健康，给予其长期的精神支持，以提高养老生活的质量。而综合型养老社区的建设正是实现居家养老和社区养老的重要环节，也将是本次研究的重点。

2 综合型养老社区发展现状及未来目标

2.1 中国综合型养老社区发展现状及问题

目前中国国内综合型养老社区开发建设方式包括两种类型：一是集中式养老社区，即独立新建的综合型养老社区；二是混合式养老社区，即新建大型社区的同时加入老年人居住楼栋或套型，以及一些适老化的配套设施。在开发模式上，以市场为主、政府为辅进行开发，市场开发主体包括地产开发商、保险公司、医疗机构、投资公司等。根据土地性质的不同，老人可通过购买房屋产权或者以会员制的方式（租用）入住。

总体来说，中国综合型养老社区还处于起步发展阶段，有一些较为成功的案例，如上海亲和源等，但大多数均存在着一定的问题。

（1）大多数仅针对自理型老人，考虑到运营成本与护理难度，对介助、介护老人拒之门外。

（2）配套设施不完善、不合理。仅设置医疗设施，其他生活设施、文化配给不足。

（3）规划上直接套用国外方式，未考虑到国情差异，比如低密度建设、建设规模过大，适用性不强，盲目高端化。

（4）更有甚者，借养老名义开发房地产，实际养老人群入住率极低。

2.2 中国综合型养老社区未来目标

通过借鉴国内外先进综合型养老社区的建设模式，并充分考虑中国特定的养老模式、人居方式及基本国情，打造面向大众养老群体，实现年龄友好，提供全方位、一站式健康养老服务的中国大众健康养老理想家园。

（1）普通大众健康养老。

打造一个面向普通大众老年人群，尺度宜人、舒适便捷、健康快乐、能够享受自由尊严的大众健康养老社区。

（2）年龄友好。

与普通住区混合布置，促进老年人与其他年龄阶层的融合交往。

（3）全方位养老服务。

实现老有所住、老有所养、老有所医、老有所乐、老有所为、老有所学，建成功能齐全、能满足老年人各类需求的全方位养老社区。

(4) 一站式养老服务。

为自理型、介助型、介护型各类型养老人群提供终身养老服务。

图 11-4　中国综合型养老社区未来目标示意图

3　综合型养老社区选址与规模——以集中式养老社区为例

由于综合型养老社区所容纳养老人口具有不确定性,因此其规模、配建设施及功能空间模式也具有很大的不确定性。本文将以集中式养老社区为主要研究对象,对其选址、规模、配建设施及功能空间模式等进行系统研究,并指导不同老年人口比重的混合式养老社区建设。

3.1　选址研究

通过对美国圣公会教派鹿苑社区、日本横滨太阳城、我国上海亲和源老年公寓等先进养老社区的研究发现,集中式养老社区的选址主要考虑交通、配套、环境和区位四大因素。

(1) 交通便利。

集中式养老社区需要便利的交通条件,有城市快速路或轨道交通能够方便地到达。一些养老社区为方便老人出行和子女探望,专门设置班车往返于社区与重要轨道交通站点或公交站点。

(2) 环境资源良好。

良好的自然环境对老年人缓解一些慢性疾病、对于身心健康都有一定的积极作用,因此养老社区一般布局于空气清新、自然环境宜人、人文环境良好的地段。在优质的景观资源周边通常有着大量的养老社区分布。

（3）周边配套齐全。

集中式养老社区一般尽可能临近或利用现有的医疗、公共服务等配套资源。其中，医疗设施对于老人来说最为重要。社区附近10分钟车程内应配有医院或者其他医疗设施，以解决老人的就近医疗和突发疾病等问题。养老社区还可以与周边医院建立绿色就医通道，方便老人有突发性疾病或者严重疾病的时候，能便利、迅速就医。

（4）区位优势。

大多数集中式养老社区一般布局在中心城市边缘、近郊区域，既能享受相对低廉的土地价格，又能利用城市便利的公共服务设施。

表11-4　国内外集中式养老社区案例表

养老社区	规模	区位	交通	外部环境	周边配套
美国圣公会教派鹿苑社区	32.17公顷	美国北卡罗来纳州阿什维尔市远郊	距离阿什维尔市10分钟车程	自然环境优美	沃尔玛超市、餐饮店
日本横滨太阳城	8公顷	横滨市近郊	距离地铁横滨站20～25分钟车程	地处高地，视野开阔，景观良好	依托周边成熟居住区配套
德国慕尼黑奥古斯提诺姆老年公寓	3公顷	位于慕尼黑近郊	交通便利，距慕尼黑市中心10分钟车程	环境优雅，闹中取静	老年医院、餐饮店、电影院、教堂
北京太阳城	42公顷	京城北郊昌平区小汤山镇，五六环之间，南距市中心26千米	与市区20分钟车程	温泉疗养区、绿色长廊、百里长河、果园	学校、医院、银行、商场
上海亲和源老年公寓	8.3公顷	上海浦东新区康桥镇，距市中心17千米	至市中心1小时车程	环境优美、高端别墅区、迪士尼	学校、银行、医院、休闲

3.2 规模研究

根据案例研究，国内外集中式养老社区用地面积从3公顷到近50公顷都有，推断居住人数从几百人到几万人不等。本文将从中国老年人出行特征、医疗设施的最小经济规模所服务老年人口规模等方面，对集中式养老社区占地及人口规模进行研究，探讨符合中国国情、尺度宜人、舒适便捷的养老社区的规模。

3.2.1 占地规模研究

养老社区的占地规模，取决于老年人出行特征，其活动范围直接决定养老社区占地规模的合理性。

（1）老年人出行特征分析。

老年人活动范围受其生理、心理及环境的影响，通常以室内活动为主、室外活动为辅。室外活动又根据其生活规律、交往方式及特殊需求，可分为基本生活活动圈、扩大邻里活动圈。

基本生活活动圈，即老年人每天所至之地，是日常生活中使用频率最高和停留时间最长的主要场所。活动范围包括宅间绿地、社区绿地、老年活动站等场所，老人在此活动容易产生信赖感、安全感和亲切感。此圈层活动半径小，以步行不超过 5 分钟为宜，圈径180～220 米。扩大邻里活动圈，即老年人长期生活和活动的空间，可达性包括居住区的范围，具有很强的依恋性和怀旧感。此圈层范围不大于老年人步行 10 分钟的疲劳极限距离，圈径约 450 米。

（2）养老社区适宜及极限占地规模推算。

根据老年人基本生活活动圈适宜距离 180～220 米推算，养老社区适宜的占地规模为 6.48～9.68 公顷；根据老年人扩大邻里活动圈极限距离 450 米推算，养老社区极限占地规模为 40.5 公顷。综上，集中式养老社区的占地规模以 6.5～10 公顷为宜，且不宜大于 40 公顷。

图 11-5　养老社区适宜的占地规模示意图

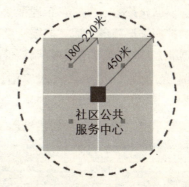
图 11-6　养老社区极限占地规模示意图

3.2.2　人口规模研究

（1）最大人口规模。

通过对老人人均用地面积推算，结合养老社区极限规模的研究，推算养老社区的最大人口规模。

老年人养老住宅户型基本上以一室一厅或两室一厅为主，人均居住建筑面积基本约为 40 平方米（参考 2013 年版《养老设施建筑设计规范》）。根据经验值，取养老社区容积率为 1～1.5，按照公式 $FAR = \dfrac{S_{建筑}}{S_{用地}} = \dfrac{N \times S_{人均建筑}}{N \times S_{人均用地}} =$

$\dfrac{S_{人均居住建筑}}{K \times S_{人均用地}}$（$K$：居住建筑面积占总建筑面积的比例，通过案例得 $K=0.7$；$S_{人均居住建筑}$：人均居住建筑面积；$S_{人均用地}$：人均用地面积；FAR：容积率；N：人数），最终确定集中式养老社区人均用地面积为 40～60 平方米。

集中式养老社区适宜用地规模为 6.5～10 公顷，对应适宜的人口规模为 1 100～2 500 人。

集中式养老社区极限规模为 40 公顷，则养老社区的最大人口规模不超过 10 000 人。

（2）最小人口规模。

集中式养老社区即使达不到配置基层医疗设施的规模，也均应设置带有介护床位的护理设施，即护理院，满足介助、介护型老人的生活需求。养老社区最小人口规模，取决于护理院的最小规模；即在最低限度护理设施的基础上，推算社区内可服务老人的数量，以此推算出集中式养老社区的最小规模。

根据《医疗机构基本标准（试行）》：护理院最小规模为 20 床，每床建筑面积不低于 30 平方米；达到 50 床，规模经济效益较好。则护理院最小适宜规模为 20～50 床。

根据介护型、介助型、自理型老人的人数比例为 2∶3∶20，假设为养老社区配套的护理院按照最小适宜规模建设，即配有 20～50 张床位，并且全部服务于介护型老人，则可推算出该规模养老社区内可容纳 20～50 位介护型老人；根据介护型、介助型、自理型老人的比例可推算出该养老社区内老人总数为 250～600 人。

综上，集中式养老社区的最小人口规模为 250～10 000 人，适宜人口规模为 600～2 500 人。

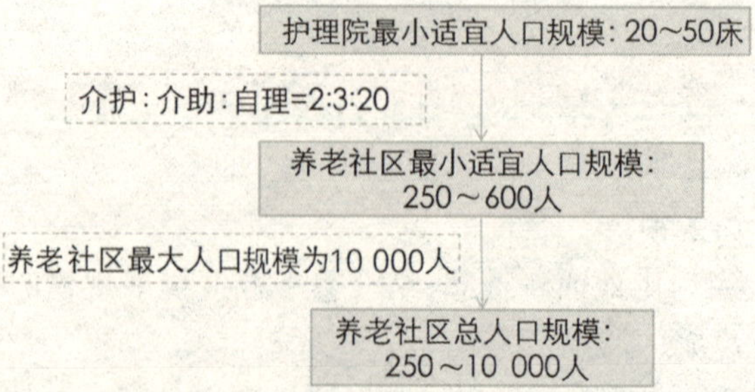

图 11-7　养老社区人口规模推测示意图

4 综合型养老社区功能构成及指标体系——以集中式养老社区为例

4.1 功能构成及配建设施

综合型养老社区应满足老年人的需求,为其量身定做功能体系和设施,从而满足自理型、介护型及介助型养老人群心理及生理的多样化需求。总体来说,包括六大核心功能,即老有所医、老有所住、老有所养、老有所乐、老有所学、老有所为。

(1) 老有所医——医疗护理。

医疗护理是养老社区最为核心、关键的功能,应保障24小时为社区内老年人提供多种方式的理疗、护理、保健等服务,以及紧急情况下的应急处理等。根据《城市居住区规划设计规范》(2012年版),居住社区内设置的基层医疗设置主要包括社区卫生服务中心(门诊部)以及卫生站,这两类设施在养老社区中也应配置,同时增设老年人特色专科门诊、24小时监控室,并与邻近的三甲医院建立绿色通道。除此之外,养老社区还应设置护理院,满足介助型、介护型老人的生活需求。

表 11-5 医疗护理设施功能表

设施类型	功　　能
社区卫生服务中心(门诊部)	担负社区老年人急诊医疗、急性后期康复、慢性病管理和健康体检等任务;开设包括老年病科(睡眠障碍、疼痛、咳嗽、记忆减退、跌倒、尿失禁和妇女更年期保健)、老年康复科、针灸理疗科等老年特色门诊,设有24小时监控室,并与邻近的三甲医院建立绿色通道。
卫生站	为老人提供常见病和多发病诊疗服务。
护理院	为介助型、介护型老人提供各类护理服务,包括日常生活照护、长期医疗护理、康复促进、临终关怀等。

(2) 老有所住——养老居住。

养老居住是养老社区最基本的功能,主要为自理型老人、介助型老人提供养老居住服务,注重空间的无障碍设计,满足入住老人基本的生活居住需要。包括自理型老年住宅和介助型老年住宅。

表 11-6　养老居住设施功能表

设施类型	功能
自理型老年住宅	面向身体健康、具有活力的自理型老人，设计建造高标准、专业的老年住宅，并提供适合老年人的便捷、无障碍设施。
介助型老年住宅	在为介助型老人提供高标准的居住生活环境的同时，具有比自理型老年住宅更加完善的配套服务设施，提供包括服药、起居、就餐和家政服务在内的护理服务。

（3）老有所养——生活服务。

保障老人享受到周到细致的服务，满足其基本购物及日用品采购、到外地度假、陪伴家人的需求。生活服务功能在老年人力所能及的条件下给予帮助，既可以减轻老年人的生活负担，又能保持老年人生活的相对自理能力。

主要设施包括基本生活服务设施、商业服务设施、市政公用设施。

表 11-7　生活服务设施功能表

设施类型		功能
基本生活服务设施	社区服务中心	为整个社区的老年人提供综合性生活服务，主要包括洗衣、清洁、做饭等家政服务，接送老年人出行，电话服务，问题咨询等。
	公共餐厅	为老年人集中提供营养餐饮，配备专业的营养师，另外可考虑送餐上门服务。在解决老人就餐需求的同时，也为老年人提供交流的场所。
商业服务设施	社区商业中心	为整个社区提供购物设施、餐饮设施、理发、访客住宿等综合性商业服务，满足老年人日常生活中购物的需求和探访家人的需求。
	便利店	主要为组团内的老人提供百货、日杂用品的便利服务。
市政公用设施		为养老社区提供市政配套服务，包括变电设施用房、垃圾专用站等。

（4）老有所乐——休闲娱乐。

为老年人提供锻炼、散步、陶冶身心的公共空间，提供老人增进友谊、交流的空间，有利于老年人身心健康，丰富老年人的精神生活，使老年群体保持积极、健康向上的精神状态。主要设施包括公共绿地、室外活动场地、室内活动场馆等。

表 11-8　休闲娱乐设施功能表

设施类型	功能
公共绿地	在提升社区环境品质的同时，提供老年人户外活动的场地与开放空间。
室外活动场地	为老人提供接近自然的自由活动空间，包括阳光房、健身设施等。
室内活动场馆	满足老年健身运动、兴趣活动等需求，包括健身中心、舞蹈房、微机房、社区影院、会议室等。

（5）老有所学——文化交流。

提供老年人追求进步、提升自我的空间，满足老年人的求知欲望，充实老年人的养老生活，提升老年人的生活质量。主要设施包括图书室与老年学校。

表 11-9 文化交流设施功能表

设施类型	功能
图书室	提供适合老年人的各类藏书，满足老年人的学习、阅读需求。
老年学校	根据老年人的学习需求，举办各类学习课程与相关课程讲座

（6）老有所为——发挥余热。

提供机会，让身体健康、具有活力、愿意继续为社会做贡献的老年人在发挥余热的过程体味年轻、回味童真。主要设施包括老年志愿服务中心、老年再就业服务中心等。

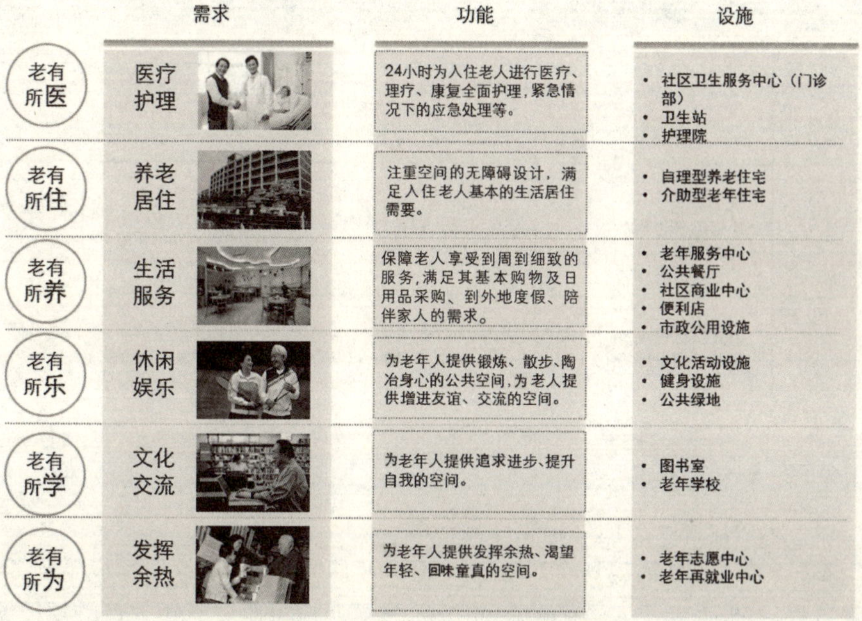

需求		功能	设施
老有所医	医疗护理	24小时为入住老人进行医疗、理疗、康复全面护理，紧急情况下的应急处理等。	• 社区卫生服务中心（门诊部） • 卫生站 • 护理院
老有所住	养老居住	注重空间的无障碍设计，满足入住老人基本的生活居住需要。	• 自理型养老住宅 • 介助型老年住宅
老有所养	生活服务	保障老人享受到周到细致的服务，满足其基本购物及日用品采购、到外地度假、陪伴家人的需求。	• 老年服务中心 • 公共餐厅 • 社区商业中心 • 便利店 • 市政公用设施
老有所乐	休闲娱乐	为老年人提供锻炼、散步、陶冶身心的公共空间，为老人提供增进友谊、交流的空间。	• 文化活动设施 • 健身设施 • 公共绿地
老有所学	文化交流	为老年人提供追求进步、提升自我的空间。	• 图书室 • 老年学校
老有所为	发挥余热	为老年人提供发挥余热、渴望年轻、回味童真的空间。	• 老年志愿中心 • 老年再就业中心

图 11-8 养老社区功能构成示意图

4.2 指标体系研究

4.2.1 设施配置参考标准原则

养老社区与普通社区在设施配建指标上具有一定的相似性，但在医疗设施、养老住宅、生活服务、休闲娱乐、文化交流等设施方面也存在着一定的特殊性，有着更高的设施需求。

(1) 关键设施——医疗设施。

本文按照《城市居住区规划设计规范》(2002年版)中规定的居住区不同等级医疗设施配建标准,以及《医疗机构基本标准(试行)》,按照老年人医疗设施利用率,折合计算出老年社区配建指标。

(2) 其他设施。

对于老人有着更高要求的设施,包括养老住宅、生活服务、休闲娱乐、文化交流四大类设施,参考《老年人居住建筑设计标准》(2003年版)、《城镇老年人设施规划规范》(2007年版)、《养老设施建筑设计规范》(2013年版)等相关老年人设施配置标准予以配置。

商业服务、市政公用设施,参考《城市居住区规划设计规范》(2002年版)相应标准予以配置。

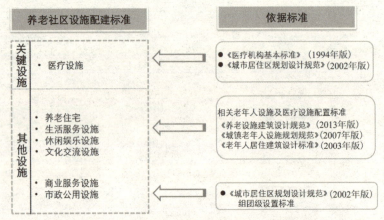

图11-9　养老社区设施配置参考标准示意图

4.2.2　分类配置标准

(1) 关键设施——医疗设施配置标准。

参照《城市居住区规划设计规划》(2002年版)的不同等级医疗设施服务普通人口数,再根据老年人医疗设施利用率,推算对应可服务老年人口的规模,并设定不同规模老年社区医疗设施配置标准。

- 老年人医疗设施利用率

根据2008年国家卫生服务调查研究的结果可知,我国65岁以上的城市老人慢性病患病率为85%,而全部城市人群患病率为15.7%,两者比例约为5∶1,因而老年人医疗设施利用率也应达全部人群的5倍。

- 医疗设施配置标准

根据《城市居住区规划设计规范》(GB 50180-93,2002年版),组团级(1 000

~3 000人)可不设医疗设施;小区级(10 000～10 500 人)应设置1处卫生站,建筑面积应不低于300平方米;居住区级(30 000～50 000人)应设置1处社区卫生中心(门诊部)及1～2处卫生站,门诊部建筑面积应控制在2 000～3 000平方米。同时,还对组团、小区、居住区内人均医疗设施千人指标进行规定,具体如下表所示。

表 11-10　普通社区医疗设施配置标准表

普通社区规模及设施标准		组团	小区	居住区
正常人口		1 000～3 000	10 000～15 000	30 000～50 000
医疗设施类型		—	卫生站	门诊部+1～2处卫生站
医疗设施千人指标	建筑面积（平方米/千人）	6～20	38～98	78～198
	用地面积（平方米/千人）	12～40	78～228	138～378

根据老年人医疗设施利用率是普通人群的5倍可知,社区卫生服务中心(门诊部)、卫生站服务老年人口应是普通人群的1/5。同时,对应规模的医疗设施千人指标也应按照普通居住区的5倍设置。

此外,不论养老社区的人口规模多大,均应设置护理院,满足介助型、介护型老人的生活需求。并且根据研究,小型护理院可服务250～600人,以此作为养老社区最小的人口规模范围。

经推算,养老社区达到250～600人,应至少设1处20～50床的护理院;养老社区达2 000～3 000人,应至少设1处护理院及1处卫生站;养老社区达6 000～10 000人,应至少设1处护理院、1～2处卫生站及1处卫生服务中心(门诊部)。其具体医疗设施配置标准如下表。

表 11-11　养老社区医疗设施配置标准表

养老社区规模与及设施标准		人口规模	人口规模	人口规模
老年人口		250～600	2 000～3 000	6 000～10 000
医疗设施类型		护理院	卫生站+护理院	门诊部+卫生站+护理院
医疗设施千人指标	建筑面积（平方米/千人）	30～100	190～490	390～990
	用地面积（平方米/千人）	60～200	390～1140	690～1890

注：①卫生站每2 000～3 000人设1处,每处建筑面积不低于300平方米;②门诊部建筑面积应控制在2 000～3 000平方米,同时应设有老年专科门诊,与邻近的三甲医院建立绿色通道;③医疗设施千人指标不含护理院面积;护理院每床建筑面积不低于30平方米。

(2) 其他设施配置标准。

老年住宅、基本生活服务、休闲娱乐、文化交流等设施应参考相关老年人设施及医疗设施配置标准。具体配置标准如下表所示。

表11-12 其他老年人专用设施配置标准表

功能		设施	规模指标		参考标准
			建筑面积	用地面积	
老有所养	生活服务设施	老年服务中心（家政服务、公共洗衣房等）	50～75平方米/千人	—	小区级老年服务站的建筑面积应不低于150平方米 ——《城镇老年人设施规划规范》（2007年版）
		公共餐厅	1.2～1.4平方米/人	—	餐厅总座位数按60%～70%计算，建筑面积为1.5～2.0平方米/座 ——《养老设施建筑设计规范》（2013年版） 餐厅总座位数按60%～70%计算，建筑面积为2.0平方米/座 ——《老年人居住建筑设计标准》（2003年版）
老有所乐	休闲娱乐文化交流	公共绿地	—	≥2平方米/人	集中绿地面积应按每位老年人不低于2平方米设置 ——《城镇老年人设施规划规范》（2007年版）
老有所学		室外活动场地（阳光房、健身设施）	—	≥1.2平方米/人	活动场地的人均面积不应低于1.2平方米 ——《养老设施建筑设计规范》（2013年版）
老有所为		室内活动场馆（健身中心、图书室、电脑上机房、会议室、舞蹈房、社区影院、老年志愿中心、老年再就业中心）	≥1平方米/人	—	休闲活动用房人均建筑面积不应低于1平方米 ——《老年人居住建筑设计标准》（2003年版）
老有所住	老年住宅	自理型住宅	≥40平方米/人	—	老年公寓人均建筑面积不应低于40平方米 ——《城镇老年人设施规划规范》（2007年版） 老年人住宅人均建筑面积不应低于30平方米
		介助型住宅	≥40平方米/人	—	老年人公寓人均建筑面积不应低于40平方米 ——《老年人居住建筑设计标准》（2003年版）

城市居住区组团级人口规模为 1 000～3 000 人；小区级人口规模为 10 000～15 000 人。养老社区人口规模为 250～10 000 人，最大人口规模相当于普通居住区小区级规模的下限。由于商业服务设施以市场配置为主导，市政公用设施在居住区内规模较小，因此商业服务设施、市政公用设施均参考《城市居住区规划设计规范》（GB 50180－93，2002 年版）组团级相应标准予以配置。具体配置标准如下表所示。

表 11-13　其他通用设施配置标准表

功能	设施	规模指标		参考标准
		建筑面积	用地面积	
老有所养	商业服务设施（购物场所、餐饮设施、理发、旅馆）	150～370 平方米/千人	100～400 平方米/千人	组团商业服务设施建筑面积 150～370 平方米/千人，用地面积 100～400 平方米/千人
	市政公用设施	9～10 平方米/千人	20～30 平方米/千人	组团市政公用设施建筑面积 9～10 平方米/千人，用地面积 20～30 平方米/千人

4.2.3　指标汇总

养老社区各项设施配建指标应参照下表进行分类指标控制。在具体规划建设的过程中，可根据规划布局方式和规划用地四周的设施条件，对配建项目进行合理的归并、调整，但不应少于相应的人均或千人总指标。

表 11-14　集中式养老社区各项设施控制指标表

功能	设施		规模指标	
			建筑面积	用地面积
老有所医	医疗设施	护理院	≥30 平方米/床	—
		其他医疗设施	30～100 平方米/千人（250～600 人）	60～200 平方米/千人（250～600 人）
			190～490 平方米/千人（2 000～3 000 人）	390～1140 平方米/千人（2 000～3 000 人）
			390～990 平方米/千人（6 000～10 000 人）	690～1890 平方米/千人（6 000～10 000 人）
老有所住	老年住宅	自理型住宅	≥40 平方米/人	—
		介助型住宅	≥40 平方米/人	—

续表

功能	设 施		规 模 指 标	
			建筑面积	用地面积
老有所养	基本生活服务设施	老年服务中心	50～75平方米/千人	—
		公共餐厅	1.2～1.4平方米/人	—
	商业服务设施		150～370平方米/千人	100～400平方米/千人
	市政公用设施		9～10平方米/千人	40～60平方米/千人
老有所学、老有所乐、老有所为	休闲娱乐文化交流	公共绿地	—	≥2平方米/人
		室外活动场地	—	≥1.2平方米/人
		室内活动场馆	≥1平方米/人	—

不同人口规模养老社区的养老设施可参照下表进行分级配建，混合式养老社区也可参考此标准，根据具体的老年人口数进行养老设施配置。

对于关键设施医疗设施，当养老人口规模界于600人和2 000人之间或3 000人和6 000人之间时，应至少保证配建低一级医疗设施，并根据所增人数及规划用地周围医疗设施条件，增配高一级医疗设施及增加有关指标。

表11-15 集中式养老社区各项设施分级配建表

功能	设 施		分级配建			备注
			250～600人	2 000～3 000人	6 000～10 000人	
老有所医	医疗设施	护理院	▲	▲		
		卫生站	—	▲	▲	每2 000～3 000人设1处，每处建筑面积300平方米
		门诊部	—	—	▲	1处，建筑面积2 000～3 000平方米，应设有老年专科门诊，与邻近的三甲医院建立绿色通道
老有所住	老年住宅	自理型住宅	▲	▲	▲	
		介助型住宅	▲	▲	▲	

续表

功能	设施			分级配建			备注
				250～600人	2 000～3 000人	6 000～10 000人	
老有所养	基本生活服务设施	老年服务中心	家政服务	▲	▲	▲	
			公共洗衣房	▲	▲	▲	
			其他				
		公共餐厅		▲	▲	▲	可与室内活动场馆结合设置
	商业服务设施	社区商业中心	购物场所	—	▲	▲	
			餐饮设施				
			理发				
			旅馆				
		便利店		▲	▲	▲	
	市政公用设施			▲	▲	▲	
老有所乐、老有所学、老有所为	休闲娱乐文化交流	公共绿地		▲	▲	▲	
		室外活动场地		▲	▲	▲	可与绿地结合设置
		室内活动场馆	健身中心	▲	▲	▲	
			舞蹈房	▲	▲	▲	
			电脑上机房	▲	▲	▲	
			社区影院	▲	▲	▲	
			会议室	▲	▲	▲	
			图书室	▲	▲	▲	
			老年学校	—	▲	▲	
			老年志愿中心	—	▲	▲	
			老年再就业中心	—	▲	▲	

* 表中标"▲"的是指必要设施。

5 综合型养老社区功能空间模式——以集中式养老社区为例

5.1 功能结构

养老社区内的设施分为最为关键的医疗设施及包括住宅和公共服务设施在内的其他设施,本文将以集中式养老社区为例对这些功能及其细分的空间结构进行研究。

5.1.1 关键设施——医疗设施

医疗设施一般布设于交通便捷处,直接临接城市干路。并建议布设于养老社区边缘,对外设出入口,便于与周边普通社区资源共享,并可降低运营成本。

5.1.2 其他设施

(1)住宅布置。

自理型、介助型及介护型老人其床位分区布局不同。其中,介护型床位一般不单独布置,而与医疗设施结合设置床位;介助型住宅宜临近医疗设施建设,方便老人就医;自理型住宅无特殊要求,可在养老社区内自由布置,其占地面积一般远高于介助型住宅。

(2)公共服务设施。

养老社区内公共服务设施包括商业中心、生活服务中心、活动中心、社区绿地及市政公用设施。自理型与介助型住宅区域内,布有宅间绿地,供老年人日常使用;公共服务设施可集中设置,也可结合住宅分散布局。

布局模式详见集中式养老社区功能结构示意图。由于市政设施布置较分散,因此结构图内不予以表达。

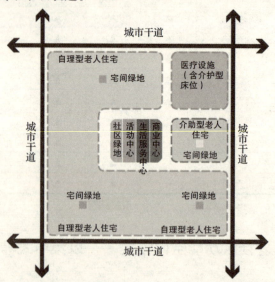

图 11-10 集中式养老社区功能结构示意图

5.2 功能结构细分

笔者对养老社区内关键设施及其他设施进行细分,并对其布置模式进行详解,同时结合指标体系的研究,对每一细分设施的建筑面积和用地面积进行归列,以形成养老社区功能结构细分表。

表11-16 养老社区功能结构细分表

功能细分		重点设施	布置模式	设置标准	
				建筑面积	用地面积
关键设施	医疗设施	门诊部	—	独立布置	30～100平方米/千人 (250～600人) 190～490平方米/千人 (2000～3000人)	60～200平方米/千人 (250～600人) 390～1140平方米/千人 (2000～3000人)
		卫生站	—	独立布置	390～990平方米/千人 (6000～10000人)	690～1890平方米/千人 (6000～10000人)
		护理院	—	与门诊部结合	≥30平方米/床	
其他设施	住宅	自理型	自理型老人住宅	独立布置	≥40平方米/人, 每单元≤100人	
		介助型	借助型老人住宅	独立布置		
	公共服务设施	商业中心	购物场所 餐饮设施 理发店 旅馆 便利店	独立布置	150～370平方米/千人	100～400平方米/千人
		生活服务中心	公共餐厅	独立布置	1.2～1.4平方米/人	
			家政服务 公共洗衣房 医护室	独立布置或与住宅结合	50～75平方米/千人	—
		活动中心	休闲娱乐场馆 健身中心 图书馆 Lucida Handwriting 微机房 会议室 社区影院 舞蹈房 老年学校 老年志愿中心 老年再就业中心	独立布置或与住宅结合	150～370平方米/千人	100～400平方米/千人
	社区绿地	公共绿地	独立布置	—	≥2平方米/人	
		室外活动场所	与公共绿地结合布置	—	≥1.2平方米/人	
		阳光房 健身设施	与公共绿地结合布置			
	市政公用设施		分散布置	9～10平方米/千人	40～60平方米/千人	

5.3 养老社区区域衔接

养老社区应与普通社区混合布置,共享高等级公共设施,并促进老年人与其他年龄段人士的交往与融合。

老年人长期生活和活动的空间(即邻里活动圈)应不大于老年人步行10分钟的疲劳极限,这一极限约为450米。因此集中型养老社区与混合式老年社区、普通社区组成的综合型社区宜在450米半径圈内,且规模以6.5~10公顷为宜。详见老年社区与普通社区混合布置模式图。

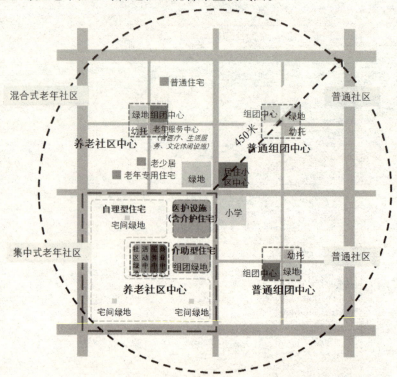

图11-11　老年社区与普通社区混合布置模式图

参考文献:

[1] 中国老龄科学研究中心. 全国城乡失能老年人状况研究[Z].2010.

[2] 周燕珉,林婧怡. 我国养老社区的发展现状与规划原则探析[J]. 城市规划,2012,36(1).

[3] 建设部. 城市居住区规划设计规范[S]. GB 50180-93,1994.

[4] 建设部. 老年人居住建筑设计标准[S]. GB/T 50340-2003,2003.

[5] 建设部. 城镇老年人设施规划规范[S]. GB50437-2007,2007.

［6］建设部. 养老设施建筑设计规范［S］. GB 50867－2013,2013.

［7］刘菁,王敏. 我国城市养老设施配套标准初探——以武汉为例［J］. 城市规划学刊,2009(增刊).

［8］布拉福德·珀金斯,等. 老年居住建筑［M］. 李菁,译. 北京:中国建筑工业出版社,2008.

［9］张政,等. 北京老年人出行行为特征分析［J］. 交通运输系统工程与信息,2007(12).

［10］万邦伟. 老年人行为活动特征之研究［J］. 新建筑,1994(4).

中国的养老服务产业如何吸取日本的经验

What Could We Learn from Japan's Experience in the Long-Term Care System

于 洋[①]
Yu Yang

摘 要 众所周知,日本是世界上65岁以上老年人口比例最高的国家,而中国是世界上65岁以上老年人口数量最多的国家。日本于20世纪80年代开始探讨养老服务体系的建设,并于2000年开始实施养老服务体系的核心制度——介护保险制度。中国政府从20世纪90年代中后期开始关注养老服务产业的构建,2013年国务院发布的《国务院关于加快发展养老服务业的若干意见》中更加明确了到2020年为止要全面建成以居家为基础、社区为依托、机构为支撑,功能完善、规模适度、覆盖城乡的养老服务体系的目标。然而,在养老服务需求不断增大,参与养老服务的企业与个人不断增加的同时,我们也不得不承认目前的中国养老服务体系中存在着多种多样的问题与误区。本文以机构养老为中心,在分析养老机构的用地与建设方面的认识误区以及入住率低迷与价格体系歪曲、护理人才缺乏与护理水平低下、运营模式过于单一等现实问题的同时,通过介绍日本的经验与教训,为中国养老服务产业的健康发展提供一些参考。其中,本文着重强调细致的介护程度认定制度是平衡供求关系、缕清价格体系的重要而有效的手段;小规模多功能介护服务机构的普及是符合中国国情的养老服务体系的发展方向。

Abstract Japan is known for having the highest proportion of population age 65 and above, while china has the largest number of elderly people. Japan started to build up its endowment insurance system in 1980s and implemented its core - Long - term Care Insurance in 2000. Chinese government began to structure its "Sliver Industries" in late 90s, and specified the goal of establishing a modern Long-term Care service industry in its 2013 State Council report < Several Opinions of the State Council on Accelerating the Development of the Modern Insurance Service Industry >. However, given the fact that there is growing demand for Long-term Care service and increasing participation of enterprises and individuals in this industry, we have to admit that there are still various problems and misunderstandings in the Long-term Care service systems. This paper analyzed the incorrect perceptions of land usage and facility build of Long-term Care service systems, low occupancy rate, distorted price structure, shortage in nursing talents and low quality

---

[①] 于洋,日本城西大学教授。

of nursing service, single operation model and other realistic issues in the field of nursing of facilities, and is able to provide practical and advisory opinions on healthy development of Long-term Care service systems in China by introducing Japanese expertise and experience. Particularly, this paper emphasizes that the standardization of certification of needed long-term is the key method of balancing supply and demand, as well as reorganizing the price structure. Moreover, the small scale and multifunctional nursing facility is more consistent with the development of modern insurance industry in China.

关键词 养老服务 介护保险制度 机构养老 土地筹措 介护程度认定 价格体系 技能教育 资格认定 小规模多功能介护服务机构 痴呆老人护理

Keywords Penson Service Nursing Security System Nursing Facility Land Raising Standardization of Certification of Nursing Price Structure Skill Education Qualification Small-Scale & Multi-Functional Nursing Service Facility Dementia Nursing

1 老年人口的急剧上升与养老服务产业的勃起

2014年9月14日,日本政府总务省统计局在15日的"敬老日"之前发布了最新的老年人口统计数据。该数据显示,2014年9月15日起日本65岁以上老年人口达到3 296万人,比上年增加了111万人;总人口中的老年人口比例也比前年增加了0.9个百分点,上升到25.9%。老年人口中,75岁以上老人高达1 590万人,约占老年人口总数的50%。详细情况请参见表12-1。

表12-1 各年龄段人口数量及各自占总人口比例(2013、2014年度)

	区分	总人口	0~14岁	15~64岁	65岁以上	高龄人口						
						70岁以上	75岁以上	80岁以上	85岁以上	90岁以上	95岁以上	100岁以上
2014年	人口(万人)											
	男女合计	12 707	1 624	7 787	3 296	2 383	1 590	964	478	172	41	6
	男	6 179	832	3 926	1 421	981	612	335	141	38	7	1
	女	6 528	792	3 861	1 875	1 402	978	629	336	133	34	5
	占总人口比例(%)											
	男女合计	100	13	61	26	19	13	706	4	1	0	0
	男	100	14	64	23	16	10	5	2	1	0	0
	女	100	12	59	29	22	15	10	5	2	1	0

续表

区分		总人口	0～14岁	15～64岁	65岁以上	高龄人口						
						70岁以上	75岁以上	80岁以上	85岁以上	90岁以上	95岁以上	100岁以上
2013年	人口(万人)											
	男女合计	12 728	1 640	7 903	3 185	2 317	1 559	929	453	161	40	5
	男	6 190	840	3 982	1 368	950	598	321	132	35	7	1
	女	6 538	800	3 921	1 817	1 366	961	608	608	126	33	5
	占总人口比例(%)											
	男女合计	100	13	62	25	18	12	7	7	1	0	0
	男	100	14	64	22	15	10	5	5	1	0	0
	女	100	12	60	28	21	15	9	9	2	1	0

* 其中2014年的统计时间截至当年9月15日。

资料来源:日本国总务省报道资料。http://www.stat.go.jp/data/topics/pdf/topics84.pdf.

随着少子化和老龄化的不断加剧,养老服务(老年人介护服务)在日本已经成为备受关注的产业。日本政府通过总结已经实施了十余年的介护保险制度的经验,对今后的养老服务提出了几项新的展望。其中比较值得注意的有以下两点。其一,日本政府通过总结养老服务的开展情况,提出了新的养老服务目标,即通过实施《2015年老年人养老护理计划》以确立维护老年人尊严的护理体系。维护老年人尊严的护理体系的核心在于尽早建立针对痴呆老人的新型护理模式。其二,日本政府于近期提出通过降低、缓解介护资格(介护福祉士等)的取得条件,扩大在日本从事养老服务的外国籍养护员的数量①。这一指导方针如果得以实现,意味着在今后的10年内预计增加的近100万名养护员中将有大量来自包括中国在内的东亚、东南亚的外籍人员。日本的上述动向对于包括中国在内的亚洲各国将会产生巨大的影响。

在同样面临少子化和老龄化问题的亚洲各国,养老服务也是政府与学者共同关心的问题,当然中国也不例外。

中国正以不亚于日本的速度步入老龄化社会。中国国家统计局发布的《2013年国民经济和社会发展统计公报》的数据显示,2013年底中国65岁以上

---

① 日本政府于2014年10月提出了允许获得相关福利就业资格的外国留学生进入老年人护理行业的新规定。2015年1月又推出了将局限于农林水产行业的外国人研修制度扩大,允许外国人研修生进入日本的老年人护理行业的新措施。

老年人口上升到1亿3 161万人、占总人口的9.7%;其中80岁以上老人约2 300万人(同比增长17.5%)。2001年,中国65岁以上人口约为9 062万人,老龄化率为7.1%。按照联合国的预测,到2025年中国的老龄比率将超过14%,正式步入老龄社会,到2050年中国的65岁以上人口将上升到3.5亿左右,老龄化率接近25%。

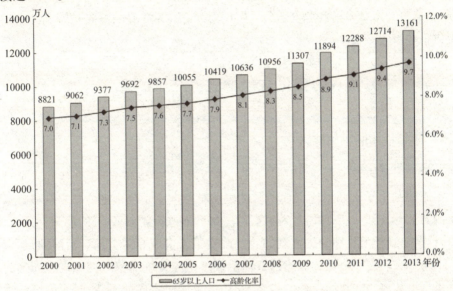

图12-1 中国65岁以上人口的增长状况(2000—2013年)

资料来源:笔者根据历年《中国统计年鉴》和《国民经济和社会发展统计公报》数据完成。

虽然在老龄化率方面中国与日本相比不论是现在还是将来都有一定的差距。但是从增长速度和规模两个方面看,中国的老龄化对于社会和经济的影响并不亚于日本。以数亿人口为对象的养老服务市场必将成为世界瞩目的聚焦点。被称为白金产业的养老服务产业也必将成为引领产业结构变化的先锋。

众所周知,20世纪90年代中后期,特别是进入21世纪年以后,中国政府对于老年人的权益保障、生活保障的关注日益上升。2000年国务院发布了《关于加快实现社会福利社会化的意见》(国办发〔2000〕19号)。此后,"社会福利社会化"成为中国养老服务产业中的一个关键词汇,养老服务产业中涌现出大量以个人、企业为投资主体的民营养老服务组织和机构。到了2008年、2009年左右,北京、上海等地又按照中央政府的指示分别在各自的"十二五"规划中提出了"9064"和"9073"等新型养老模式。即到2020年为止,争取让90%的老年人通过社会化服务实现居家养老,6%或7%的老年人通过政府购买服务实现社区托老，4%或3%的老年人入住养老机构实现集中养老，形成以"居家养老为基础，社区服务为依托，机构养老为补充"的养老服务格局。

然而，在养老服务需求不断增大，参与养老服务的企业与个人不断增加的同时，我们也不得不承认目前的中国养老服务体系中存在着多种多样的问题与误区。本文希望在发现中国养老服务产业发展过程中所面临的问题与误区的同时，通过介绍日本的经验与教训，为中国养老服务产业的健康和顺利的发展提供一些参考。

2　养老服务体系的变化与养老服务产业扩大

2.1　政策扶植的不断深入

除了上述的老年人口总量上升这一客观事实以外，20世纪70年代末期开始实施的独生子女政策不仅使中国的家庭结构产生了巨大的变化——核家庭比例的上升，还造成了独居老人家庭的增加和老老介护现象[①]的增多；另一方面，长期的经济增长和经济体制的转型改变了人们原有的劳动生活习惯，加大了工薪阶层的生活负担。这些因素都造成了中国传统的家庭内养老在新形势下显示出其脆弱性和局限性。与此同时，城乡居民收入的不断增加、生活水平的不断提高以及社会服务的日益丰富也促成了家庭外养老即社会化养老服务需求的增加。

80年代初期开始的经济改革过程中，中国政府始终把精力集中于体制转型以及可持续发展等主要课题上，对于老龄化问题没有给予足够的重视。但是，到了90年代末，伴随社会保险制度改革的推进，特别是21世纪初中国政府提出构筑和谐社会的口号以后，与医疗保障制度和养老保险制度相并列的老年人的养老服务也被提高到政府所关注的主要政策议程之中。

1996年出台的《中华人民共和国老年人权益保障法》等法律法规，把中国的养老服务等相关内容提升到了立法层次，明确指出老年人权益受法律保护。进入21世纪，中国关于养老服务方面的政策制定更加深入和全面。首先值得一提的是2000年国务院发布的《关于加快实现社会福利社会化的意见》（国办

---

① 老老介护是指65岁以上的老年人夫妇中，一方的生活及护理由另一方负责照料的现象。老老介护往往不能达到理想的护理目标，而且还会造成实施照料的老人负担过重，自身的健康受到影响。在日本，老老介护是促使介护保险制度出台的主要原因之一。

发〔2000〕19号）（简称《意见》）。在该《意见》中，中央政府明确指出：各级政府及有关部门必须加大对社会福利事业的投入；必须将养老机构建设纳入老龄事业发展计划；必须制定优惠政策，引导社会力量参与社会福利事业。该《意见》的出台，代表了包括养老服务在内的社会福利事业今后必须走投资主体多元化、服务方式社会化、服务内容多样化、服务对象大众化、服务人员专业化的发展道路。从此，"社会福利社会化"成为中国养老服务产业中的一个关键，养老服务产业中涌现出大量以个人、企业为投资主体的民营养老服务组织和机构。

2001年国务院发布了《中国老龄事业发展"十五"计划纲要（2001—2005年）》（简称《纲要》）。该《纲要》指出，加快老龄事业发展步伐，重点解决老龄事业发展中的突出问题，把老龄事业推向全面发展的新阶段，这是"十五"期间老龄事业的总目标。《纲要》还要求建立体现城乡不同特点的城市和农村养老保障体系；建立以城市社区为基础的老年人管理与服务体系。按照国务院的指示，2001年开始，国内各地实施了加快社区养老服务设施建设、扩大居家养老服务覆盖面、加快养老服务人才培养的"星光计划"。需要指出的是，"星光计划"的实施在很大程度上推动了养老服务基础设施的建设，为其后的养老服务产业的迅速发展提供了物质保障。

2005年以后，政策对养老服务的扶植进一步升级。2005年年底，民政部下发了《关于支持社会力量兴办社会福利机构的意见》，明确指出，支持社会办福利机构的基本原则是坚持非营利、统筹规划、因地制宜、量力而行以及政策支持与资金扶持相结合。该政策出台后，各地积极响应，截至2012年年末，中国所有省份都制定了支持社会力量兴办社会福利机构的政策。

2006年，国务院制定了《中国老龄事业发展"十一五"规划》，指出，在养老机构建设方面，"十一五"期间，各省、市、县（区）要根据当地实际情况，建设一批设施齐全、功能完善的养老服务机构。农村五保供养服务机构要实现集中供养率50%的目标，新增供养床位220万张；城镇养老机构要新增集中供养床位80万张，缓解城镇孤老安置床位紧张的局面；开展以生活不能自理和半自理老年人为对象的"爱心护理工程"试点与示范工作，在大中城市建设一批"爱心护理院"。在社区为老年人服务设施建设方面，建设一批不同类型、不同层次的福利服务设施，缓解城市街居和农村乡镇老年人福利服务设施严重匮乏的矛盾，为居家养老提供支持，为老年人活动提供场所。

2008年，民政部发布了《关于全面推进居家养老服务工作的意见》，明确提出发展居家养老服务，确定了"十一五"期间社区居家养老服务的发展目标和任务。同时要求各级政府应积极培育、规范管理各类居家养老服务机构，鼓励居家养老服务机构开展连片辐射、连锁经营、统一管理的服务模式;逐步改善和提高居家养老服务人员的地位与待遇。北京、上海等地按照中央的指示分别在各自的"十二五"规划中提出了"9064"和"9073"等新型养老模式。

2012年,国务院制定了《中国老龄事业发展"十二五"规划》,再次明确了老龄事业发展的指导思想、发展目标和基本原则;再次强调建立以居家为基础、社区为依托、机构为支撑的养老服务体系,健全居家养老和社区养老服务网络,确保全国每千名老年人拥有养老床位数量达到30张;进一步完善和落实优惠政策,鼓励社会力量参与公办养老机构建设和运行管理,"十二五"期间,新增各类养老床位342万张。《中国老龄事业发展"十二五"规划》中同时指出要建立健全县(市、区)、乡镇(街道)和社区(村)三级养老服务网络,在城市街道和社区基本实现居家养老服务网络全覆盖;确保80%以上的乡镇和50%以上的农村社区建立包括老龄服务在内的社区综合服务设施与站点。大力发展社区照料服务。把日间照料中心、托老所、星光老年之家、互助式社区养老服务中心等社区养老设施纳入小区配套建设规划。"十二五"规划实际上指明了中国应该大力发展以老年人的原有生活空间,即社区养老为中心的中国特色养老服务。

2013年国务院发布了《国务院关于加快发展养老服务业的若干意见》(国发〔2013〕35号),该意见明确了到2020年为止的养老服务体系的发展目标,即全面建成以居家为基础、社区为依托、机构为支撑的,功能完善、规模适度、覆盖城乡的养老服务体系。服务机构和床位数量的目标是,符合标准的日间照料中心、老年人活动中心等服务设施覆盖所有城市社区,90%以上的乡镇和60%以上的农村社区建立包括养老服务在内的社区综合服务设施与站点。全国社会养老床位数达到每千名老年人35~40张,全国机构养老、居家社区生活照料和护理等服务体系中将提供1000万个以上的就业岗位。同时还指出,今后的养老服务要扩大服务区域的覆盖面,开展包括生活照料、社区日托、老人代购、信息关爱、医疗康复、紧急救助等在内的多样化服务(如图12-2)。

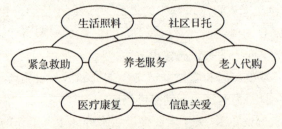

图12-2 养老服务体系的覆盖层面
资料来源:《国务院关于加快发展养老服务业的若干意见》(国发〔2013〕35号)。

2.2 养老服务产业迅速扩大

综上所述,通过各项扶植政策的不断深入,现阶段,中国已经基本形成了以居家养老为基础、社区服务为依托、机构养老为补充的具有中国特色的老年人社会福利服务体系。由于篇幅所限,以下仅对机构养老和社区养老进行简单介绍。

2.2.1 机构养老

根据《老年人居住建筑设计标准》的解释,中国的养老机构可以分为五类:一是托老所,指设在居民小区内的寄托型(日托或全托)养老机构;二是养老院(包括社会福利院和敬老院),指具有相对完整的配套服务措施,为老年人提供集体供养的养老机构;三是老年公寓,指具有齐全的公共服务功能,为老年人提供建筑和装修都符合老年人心理与体能特征的独立或半独立的家庭型养老机构;四是护理院(包括社会福利院和敬老院),指为借助器材、依靠护理才能实现基本生活的老人提供的养老服务机构;五是临终关怀机构,指为生活完全不能自理的老人提供服务的机构。

从所有制形式上分,国内的养老机构大体可以分为公立公营、公立民营、民立民营三种形式。城市的社会福利院是典型的公立公营式养老机构,主要收养城市"三无"(无法定赡养人、无固定生活来源、无劳动能力)老人;农村的敬老院也属于公立公营式养老机构(多为集体所有),其主要收养的是"五保"(在农村中既无劳动能力又无经济来源的老、弱、孤、残的农民,对其实行保吃、保穿、保住、保医、保葬)老人;社区里的托老所大部分也属于公立公营式养老机构。此三种形式的养老机构中也存在由民间组织或个人承包的公立民营形式的机构或楼层。社会福利院和敬老院以外的养老院和护理院、老年公寓及部分被承包的托老所是近年来新型的民立民营的养老服务机构。

《2013年国民经济和社会发展统计公报》的数据显示,截至2013年年底,全国共有各类养老服务机构42 475个,拥有床位493.7万张,比上年增长18.9%(每千名老年人拥有养老床位24.4张,比上年增长13.9%),其中社区寄托和日间照料床位64.1万张;年末收留抚养老年人307.4万人,比上年增长5.5%。与20世纪90年代末期相比,中国的养老床位数有了大幅度的增加,但是与发达国家平均每千名老人70床的水平相比,差距还很大。

2.2.2 社区居家养老

社区居家养老是社区养老和居家养老的组合形式。居家养老形式的成功与否在很大程度上取决于有无功能齐全、服务到位的社区养老服务体系。按照国内现阶段的定义来说,社区居家养老服务,是指在社区内为老年人提供日间照料、助餐、助洁、助医、助行等服务。民政部的资料显示,在构建以居家为基础、社区为依托、机构为支撑的社会养老服务体系过程中,河北、内蒙古、辽宁、吉林、湖北、广东、甘肃等省(市)开展农村互助幸福院建设;北京、河北、山西、吉林、黑龙江、上海、安徽、山东、广东、重庆、甘肃、青海等省(市)加强社区老年日间照料中心建设;北京、天津、上海、浙江、陕西等省(市)推进老年助餐服务;江苏、福建等省份基本实现了城市社区居家养老服务中心全覆盖。

3 养老服务产业扩大过程中的问题与误区

经过十余年的努力,中国在新型养老服务体系的构筑上已经初见成效,以居家养老为基础、社区服务为依托、机构养老为补充的中国特色的养老服务体系正在逐渐形成。但是,在养老服务体系的构筑过程中,我们也发现了一些必须纠正的认识误区和亟待解决的问题。由于篇幅的限制,本论文中仅就机构养老方面的一些问题进行分析和阐述。

3.1 土地政策的制约

在国内一些有关养老服务方面的研讨会上,或者在各地进行实地考察的过程中,笔者听到最多、感受最强烈的是:养老机构在筹备过程中遇到的最大的障碍是建筑用地的筹措问题。国内房地产市场的超高速发展,使得不仅是"北上广深"这样的超一线城市的土地价格已经达到高不可攀的水准,就连大部分的二线、三线城市的土地价格也不是处于经营养老机构的民间组织可以接受的水平。除了土地价格的昂贵,近年来各地的建筑费用也不断上涨。所以,虽然各地政府出台了支持社会力量兴办养老服务机构的政策,例如对于新建床位给予数千元乃至上万元的补贴,但是大部分地区落实情况并不理想,即使按照规定落实补贴金额,购地成本和建筑成本的巨额支出还是让大部分的民间组织在兴办养老服务机构方面望而却步。

没有大规模的投资,租赁土地或者是现成的楼房也可以开办养老服务机构。但是,国内的土地和建筑物的租赁期过短又是制约民间力量开办养老机构的瓶颈。由于地价、房价不断上涨,大多出租方都不愿意租期过长,一般是1年到3年租期,个别的延长到5年租期。除了租期过短的问题,还存在出租方要求每年上调租金的问题。为了应对房价上涨,多数地区采取每年上调5%左右的租金的措施。但是,养老服务是一个长期行为,服务主体需要为入住老人提供长期的、稳定的服务,要对入住老人的生活起居负责。因此,一两年、三五年改变租赁契约,退租或是提高租金,对于养老服务机构来说都是致命的打击。

那么,开办养老服务机构一定需要自己买地、自己盖楼吗?对于养老服务机构的用地和设施建设的认识方面,国内的一些组织是否存在误区?应该如何解决用地用房瓶颈问题?下文将通过介绍日本的经验对上述问题进行具体阐述。

3.2 入住率的低迷与价格体系的歪曲

2008年中国人民大学对北京市内100所养老服务机构进行了问卷调查,调查结果显示,三环以内的养老服务机构入住率在80%以上,四环以内地区的入住率是44.4%,五环到六环的入住率是33.3%,六环以外的入住率仅有23.3%。另《2013民政统计年鉴》的统计数据显示,2000年以后,政府动员各方力量加大养老服务机构和床位的建设,到2012年年底为止,机构数量特别是床位数量有了大幅度的增加,每千人的床位数量已经上升到接近22床的水准。但是,从表12-2的数据中我们也可以发现,虽然机构数量、床位数量有了令人欣慰的大幅增加,但养老服务机构的入住率非但没有上升,反而出现了下降。2012年,全国的平均入住率刚刚达到70%的水准,入住率低迷是国内各地区养老机构的普遍现象。

表12-2 养老及残疾人机构、床位、入住率的变化(2000—2012年)

年份	养老及残疾人机构数量(个)	养老及残疾人床位数量(万床)	每千人床位数(床)	老人及残疾人入住人数(万人)	入住率(%)
2000年	39 321	104.5	—	78.6	75.2
2001年	38 106	114.6	—	82.0	71.6
2002年	37 591	1114.9	—	85.0	74.0
2003年	36 224	120.6	—	89.1	73.9
2004年	37 880	139.5	—	103.9	74.5
2005年	40 641	158.0	10.97	116.2	73.5
2006年	40 964	179.6	12.05	138.5	77.1
2007年	42 713	242.9	15.83	191.3	78.8
2008年	38 674	267.4	16.72	211.5	79.1
2009年	39 671	293.5	17.56	227.5	77.5

续表

年份	养老及残疾人机构数量(个)	养老及残疾人床位数量(万床)	每千人床位数(床)	老人及残疾人入住人数(万人)	入住率(%)
2010年	39 904	316.1	17.79	247.0	78.1
2011年	42 828	369.2	19.96	279.7	75.8
2012年	44 304	416.5	21.48	293.6	70.5

资料来源:笔者根据《2013民政统计年鉴》资料完成。

养老服务机构的床位增多而入住率却出现下降的异常现象是什么原因造成的呢?各地调查结果显示,北京市的很多养老服务机构由于成本和租期的原因不得不选择六环以外的远郊或农村地区。但是,交通不便、没有良好的医疗设施等因素导致这些偏远地区的养老服务机构入住率非常低。这不仅仅是北京市面临的问题,全国各大城市都面临着相同的问题。土地原因是引起入住率低迷的主要原因之一。

导致整体入住率偏低的另一原因是存在公办与民办的两极分化现象,即公办机构入住率高、民营机构入住率低的现象。进入公立养老院的难度人所共知,北京市第一、第四、第五社会福利院的入住率常年为100%,而且还有众多人在排队等候入住,城八区的公立养老院入住率也都在90%以上,而民办养老服务机构的平均入住率仅有60%左右。

为什么公办养老服务机构的入住率高而民营养老服务机构的入住率低?有的学者说:老百姓对"国字头"有传统信任感。其实情况并不完全如此。根据笔者的调查,其主要原因应该归根于公办养老服务机构由政府负责投资建设,设置工作人员编制,下拨经营费用,负责人、财、物等具体管理,成本计算不严格,从而形成了设施设备较好,收费标准较低的现象。这种不计算成本的运营使得公办养老服务机构在老人眼里有一种特殊的优势。

公办机构收费较低的另一个主要原因是公办养老机构基本上只招收能自理的老人,能自理老人对服务要求不高,其收费标准自然也不会太高。为什么以"为人民服务"为宗旨的公办养老服务机构不招收失能、半失能等不能自理的老人呢?其主要原因是吃公粮的工作人员不愿意护理需要护理程度高的失能老人。养老服务是一项技术含量较高的对人服务。护理人员的工资待遇等支出占运营经费支出的比例较大。减少不能自理老人入住比例就能减少所需护理人员数量,减少了护理人员的数量就能减少人员工资开支及人员培训开支,从而整体的运营经费就能得到控制。能自理的老人往往对服务要求不高,更重视地理位置和硬件设施。所以"国字头"的养老服务机构凭借地理位置好、收费标准不高、运营条件较好的优势保证了较高的入住率。

民办养老服务机构的人员工资自付、房屋设施自建、人员培训费用自支,这样计算下来,民办养老服务机构的经济负担较重。此外,在没有外部支持和监督的情况下,为了降低服务成本,民办养老机构只能在减少人力成本方面做文章。如此一来,民办养老服务机构在选择入住老人时,其招收对象也只能瞄准能自理的老人。然而大多数的能自理老人都盼望着能够住进公办养老机构。所以供给方与需求方在选择标准上出现了矛盾,双方不能互相满足。

公办养老服务机构和民营养老服务机构都"偏爱"能自理的老人,其结果是大量真正需要养老服务的失能、半失能老人以及患有痴呆症的老人无法得到所期待的服务,出现了大量的养老服务的盲点区域。这种状况的产生实际上是养老服务体系中没有形成一个良好的平衡供给与需求的价格体系。在没有良好的价格体系条件下养老服务机构没有办法掌握好服务对象的选择。那么,怎样才能建立一个平衡供给与需求的价格体系以帮助养老服务机构掌握好各自需要的服务对象呢?下文介绍的日本介护保险制度中的"要介护程度认定"可能是解决该问题的理想答案。

3.3 护理人才的确保与护理水平的提高

与前文所分析的养老服务机构人力成本相关,无论是公办还是民办机构都很在意服务人员的日常开支,所以两种类型的养老服务机构中的服务人员的劳动报酬都比较低。此外,一般情况下,民办机构为了节约人员开支,服务人员劳动时间长(12小时两班倒劳动的常态化)、劳动强度大是各个机构中存在的共同现象。如此导致护理人员流失严重、护理水平得不到提高、护理人员数量严重不足的现象出现。

养老服务产业是一个纯劳动密集型产业,需要大量的护理人员,特别需要有爱心、有耐心、有老年人护理知识的人员。这些人员不是随便招收一些下岗职工,或者是农村进城务工人员就能解决的。在设施完善、服务周到的养老服务机构安心愉快地安度晚年既是老年人自身的愿望,也是其子女的期盼,而入住老人的长期入住同时也为养老机构提供了稳定的收入来源。所以,高质量的服务以及具有高水平服务能力的护理人员是养老机构运营成功的关键。

3.4 运营模式过于单一

大多数的养老服务机构只针对入住老人提供包括一日三餐在内的一般生活照料,缺乏针对医疗康复、精神关爱等方面的多元化的服务,更缺乏将服务对象向外部扩展的思维方式和实际行动。2013年国务院发布的《国务院关于加快发展养老服务业的若干意见》(国发〔2013〕35号)中明确指出,以居家为基础、社区为依托的养老服务体系必须扩大服务区域的覆盖面,开展多样化服务。但是现实情况是大多数的民营养老服务机构由于市内土地价格与住房租金的高涨,不得不将养老服务机构选在远郊或农村地区。当然,也有一些机构认为山清水秀、自然环境优越的地方更适合老年人养老。但是,远郊或农村的立地选择使得养老机构处于相对孤立的状态,与周边的合作协调关系相对薄弱。同时,入住老人由于脱离原有的长期生活空间,缺少能够相互交流的亲戚与朋友,其身心状况往往会出现不稳定的表现。

养老机构提供的服务内容较为单调,服务范围局限于机构内部而没有向周边扩展的现象虽然比较普遍,但是一些城市开展的社区小型养老机构的尝试为过于单一的运营模式带来了光明的前景。例如北京万福年华养老服务有限公司提供的社区养老服务模式,北京光熙国际养老服务有限公司提供的城市中心区养老照护中心模式,都是既面向社区老人提供日间照料和医疗康复服务,为介助型、介护型老人提供24小时居家养老服务,紧急医疗救治、慢性病管理等持续型全面养老服务;又接收短期或长期需要入住机构的老人,为其提供机构内的生活及医疗服务。上述社区覆盖型全方位的服务模式是中国今后应该积极开展的方向。但是,大多数地区受服务理念落后、人员不足、技能不高、地理条件局限等因素的影响还没能将上述模式付诸实践。

4 日本的介护保险制度的启示

4.1 土地筹措方面的经验

无论是中国还是日本,在开设养老机构的时候都会遇到资金筹措的难题。到20世纪90年代中后期为止,对于日本老年人而言,入住民间养老院是代价非常昂贵的事情。而对于开设养老机构的个人或组织来说,建筑成本高,筹资难也是进入养老服务产业的主要瓶颈之一。也正是因为成本高、融资难,养老服务机构才不得不设定高额入住费用,以致大多数老人无法接受。由于土地取得以及建造建筑物都非常昂贵,大多数民营养老服务机构采取了收取高额的入住保证金的办法,即入住时先要支付数千万日元甚至上亿日元的保证金;入住一定时间(5~10年)以后该保证金不予退还。

但是,开设养老服务机构不一定非要拥有自己的土地,也不需要一定要自己来建筑新的养老服务设施。90年代中后期,日本出现了新的养老机构开设的方式方法,即养老服务机构的用地和建筑物大多不属于机构运营主体所有,土地所有者(个人或团体)可以单方面提供土地,由运营机构或第三方负责养老服务设施的设计与建筑;也可以既提供土地又负责养老机构的设计与建筑。前一种方式,土地所有者收取土地的租赁费用,即地租;后一种方式,土地所有者既收取地租又收取养老设施的租金。那么,土地所有者和运营机构是如何合作的呢?

首先是通过中介的手段募集养老服务机构的用地及建筑。承担中介功能的组织既有此方面的专业公司和主营不动产中介的专业不动产中介公司,还有一部分是民宅建筑商和具有一定规模的养老服务机构。前者中,初期阶段以本地的中小型不动产中介公司为主,后来大型不动产中介公司也积极参与。后者中,小型的养老机构由于缺乏知名度和业务能力所以参与的较少,基本上是依赖于专业公司的介绍;中型以上的养老机构一般都有自己的专职寻地与寻楼的部门和人员。

除了由土地所有者提供土地或按照养老服务机构的要求提供养老设施之外,另一种比较盛行的方式是通过租赁的方式长期承租适合开展养老服务的建筑。比较适合开展养老服务的建筑主要包括公司的单身宿舍,中小学校的校舍,或者是适合开展小型集体供养(Group Home)的建筑面积较大的民宅。这一方式起源于90年代初期。众所周知,90年代初期日本泡沫经济的破灭导致很多企业出现巨额债务,为了减少或偿还债务,部分企业实施了企业统合、改组、裁员等措施。这些措施中也包括对企业所有的单身宿舍进行处理。有的被以低价卖掉,有的对外出租。笔者交往了近20年的日本知名养老服务机构SHINKOU福祉会就是一家在80年代末90年代初期以包租改建单身宿舍而飞速发展起来的养老服务企业。该企业的创始人片山女士于1986年率先在神奈川县镰仓市利用空闲的单身宿舍开设了该机构的第一家养老院,截至2000年,企业以同样的方式一共开设了15家有特色的养老院,入住老人2 000余人,备受业内人士关注。截至2014年,该企业已发展成为拥有38家养老服务设施、8家保育设施、1家福利研究所、在职职工近千人的福利综合企业。按照创始人片山女士的话来说,该企业的成功秘诀就是以长期租赁房屋的方式尽量控制固定资本的投入。

如今,日本的政策制定者和养老服务的提供者切实认识到老人原有生活空间对于老年人的重要性,大力推广社区覆盖型小规模、多功能服务设施的建设。政府在用地与用房方面给予一定的经济扶持(具体情况下文将简要进行介绍)。为了满足保持老人原有生活空间、便于子女探访等要求,养老服务机构选址一一般要求距离电车站不超过 15 分钟的步行路程,建筑物和土地的使用年限一般在 20 年以上。

通过考察日本养老服务产业的发展过程,笔者认为中国养老服务产业在今后的开展过程中,首先要摆脱养老服务机构必须自我拥有土地及楼房的传统观念,大力提倡租赁形式。政府在价格和租期上给予适当的政策扶持。其次,鼓励不动产中介企业积极参与养老服务机构用地或用房中介业务,形成一个比较完善的养老用地或用房的介绍与流通体系。在大力推进覆盖范围广、服务内容多样化的社区养老服务体系建设过程中,通过政策手段调动开发商参与支持养老服务用地或用房的供给。但是,鉴于目前有相当多的房地产开发商看好养老服务产业,参与建设和经营养老公寓、养老院等现象,笔者建议:为了保障养老服务的质量,突出专业化的服务保障,最好分清用地和用房开发与养老服务机构运营的关系,各司其职。

4.2 介护程度的认定

通过分析日本的养老服务产业的经营状况,我们可以发现,生活难以自理的老人比生活能够自理的健康老人的护理市场需求更大,针对生活难以自理的老人的护理服务收益率也更高。然而,目前中国的养老服务机构却往往只把目标瞄准健康老人,市场定位不准确;由于定位不准而影响收益率的机构屡见不鲜。而从老年人的真正需求来看,越是失能、失智的老人才越需要社会化的养老服务。为什么收益率高的市场反而无人问津?如前文所述,目前国内的养老服务体系中没有形成一个良好的平衡供给与需求的价格体系是关键原因。如何才能建立一个平衡供给与需求的价格体系以帮助养老机构选择各自的服务对象呢?日本的介护保险制度告诉我们,细致的介护程度认定制度是平衡供给与需求关系、缕清价格体系的重要而有效的手段。

日本的介护保险对于需要介护服务的老人实施要介护程度的认定。按照其身体活动能力共分为 7 个级别(其中要支援 2 个,要介护 5 个),不同级别的要介护老人可以享受的服务有所区别。要介护程度越高的老人可以享受的服务量越多,服务费用越高。服务费用的 90% 由介护保险支付,老人的负担不是很重。比如,要介护程度最高的"要介护 5"的老人每月可以享受的服务总量为 360 650 日元,自己支付 10%,即 36 065 日元;"要介护 1"的老人每月可以享受的服务总量为 166 920 日元;要介护程度最低的"要支援 1"的老人每月可以享受的服务总量为 49 700 日元。养老服务机构招收的服务对象不同,提供的服务内容或所获得的服务报酬也分别不同。当然,住宿和饮食另行收费。

有了上述的要介护程度的认定制度,养老服务机构在开展服务的过程中会根据自身的条件选择最适合自身的服务对象。拥有技术熟练的护理人员、服务队伍相对稳定的机构可能更适合选择要介护程度高的老人,凭借其技术优势争取较高的运营收益。而护理人员素质不高、服务队伍相对不太稳定的机构可能更适合选择自理能力强的老年人群体,实现内部的供给与需求的平衡。养老服务产业的服务群体比较特殊,不同地区、不同职业、不同性别、不同家庭结构、不同生活经历、不同入住原因的老人有不同的服务需求。要介护程度又是不同服务需求中的关键所在。如何针对不同需求提供不同的服务是养老服务机构运营成功与否的关键。

如何对要介护老人进行要介护程度的判断呢?在日本主要是通过对日常生活能力(或称为日常生活行为)的评价来实施的。日常生活能力(Activities of Daily Living,简称 ADL)是指日常生活上的饮食起居、穿衣戴帽、行走活动、大小便排泄、化妆梳理、洗澡入浴等不可或缺的基本行为能力。一般采取百分制的评分标准,其中评定项目分别是进食、在凳子和床之间自由行动、梳理整容、大小便排泄、洗澡入浴、自由行走、上下楼梯等。以下是日本现行的要支援或要介护状态认定和要介护状态分级的标准。

表 12-3　要支援或要介护状态认定

完全自理状态（非保险适用）	行走或者起身之类日常行为都能够独立完成,且服用药物或打电话等日常活动也能够独立完成。
要支援状态 1	日常生活上的基本行为大部分都能够独立完成,但是必须通过一些辅助手段来维持现阶段的日常生活状态,以及防止今后身体状态的恶化。
要介护状态 2	日常生活中的基本行为不能独立完成,需要一定的介护。

资料来源:根据日本厚生劳动省有关资料整理。

表 12-4　要介护状态等级

要介护 1	与要支援状态相比,日常行为能力以及维持日常生活的身体功能有所下降,需要部分介护才能维持其日常生活的状态。
要介护 2	包括要介护 1 的情况,需要一定介护才能维持其日常生活的状态。
要介护 3	与要介护 2 相比,无论是从维持日常生活的方法手段方面来看,还是从普通的生活能力上来看,都有非常明显的下降,需要全面介护才能维持日常生活的状态。
要介护 4	包括要介护 3,生活能力更加低下,没有介护的帮助难以维持日常生活的状态。
要介护 5	与要介护 4 相比,生活能力更加低下,在没有介护的帮助下基本不可能维持日常生活的状态。

资料来源:根据日本厚生劳动省有关资料整理。

现行的介护保险政策要求那些需要介护服务的人员必须由自己或者家属向当地政府部门提出申请,经过有关部门的调查和资格审查后得出要介护程度认定。第一步由政府相关部门负责对当事人的身心状况进行实地调查,之后将调查结果输入电脑进行程序分析得出第一次判定结果。第二步由医生、政府职员、介护人员组成的认定小组对当事人的第一次判定进行再审查得出第二次判定结果,即形成最终认定结论(参考图12-3)。

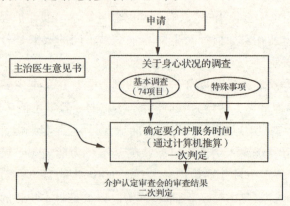

图12-3 介护服务申请示意图

资料来源:根据日本厚生劳动省有关资料整理。

对照中国的今后发展情况来看,笔者认为可以根据中国的国情适当制定要介护标准。按照老人的身体状况以及体检数据分为5~10个等级,不同等级享受不同的服务内容和服务数量。各项服务内容的单价统一,根据要介护程度的不同乘以不同的系数。比如5等级制中,1级为1.0,2级为1.25,3级为1.5,4级为1.75,5级为2.0。

4.3 人才培养与技能教育

养老服务体系中有各种规模的养老机构,规模大并不一定能体现出规模经济的威力。这是为什么呢?因为养老服务是一个高度的劳动力密集型产业,劳动力的人均生产力水平决定了企业的收益性。哪些因素能促使劳动力平均生产力提高呢?服务对象的选择、满足服务对象要求的服务内容以及服务人员的熟练程度是关键。

在中国现行的诸项政策中,养老机构征地上的支持、新建床位的补助、入住后的人头补贴等支持社会力量兴办社会福利机构的政策在各地得到了一定的落实。应该说这些政策在推动民间力量参与养老服务方面起到了一定的功效。但是,也不得不指出,中国的"补墙头""补床头""补人头"的补贴政策只针对硬件建设,然而对于"以人为本"的服务业,特别是老龄群体的养老服务来说,无论是机构养老还是居家养老、社区养老,比硬件更重要的是护理人员能够提供的服务内容和服务质量。所以,政府在今后的政策制定上更应该重视对养老服务人才的培养与技能教育方面的支持。

护理人才的培养与技能教育的发展离不开资格认定制度的建设。日本介护福利行业中有各种各样的资格,既有介护事务资格、移动介护从业资格、介护预防运动指导员资格等初级资格,也有现场工作人员必备的介护职员初任资格、介护职员实务资格、介护福祉士资格、介护支援专员资格等。众多的资格中有国家授予的资格,也有地方政府或是民间组织授予的资格,而其中需要通过国家资格考试才能获取的国家资格的适用范围最广。

中国政府应该尽早设立介护领域中的国家资格认定制度,要求所有上岗人员必须获得某种介护资格以保证养老服务的质量。除了现场操作人员的资格认定与培训以外,负责指导培训养护人员的教师队伍的建设也刻不容缓。职业技术院校以及相关大学相关学科中应该尽早建立介护理论与实际操作的课程,使养老介护成为一个专业学科。这样才能使得养老介护人员的技能得到承认,才能在全社会范围内确立养老介护人员的社会地位。技能得到承认、社会地位得以确立,养老护理人员的工作心态才会平衡,服务质量才会得到提高,服务队伍才会保持稳定。

为了应对介护领域中的劳动力严重不足的状况,2014年10月日本厚生劳动省为了使介护资格变得更加容易获得,决定采取包括设立难度相对容易的新资格在内的措施以降低介护专业资格的取得条件。该决定提倡在介护领域中大量吸收外国从业者,预计到2025年为止新增大约100万名介护专业人员,并提倡扩大其中的外国人比例。其中最值得注意的是,允许在日本留学的外国留学生在考取资格后留在日本国内的养老机构工作,以及将局限于农林水产行业的外国人研修制度扩大,允许外国研修生进入日本的老年人护理行业。日本政府的养老服务产业将吸收大量来自中国以及其他亚洲国家的护理人员。这一措施有利于介护服务人员的培训与交流,但是从另一个角度看,在不远的将来介护人才的国际争夺战将愈演愈烈。吸引介护人员将是未来的政策关键所在。

4.4 普及小规模多功能介护服务机构

最后,笔者想通过介绍日本政府最近推出的小规模多功能介护服务机构的政策为中国今后的养老服务的开展提供一些参考。日本政府提倡的新型护理模式如图4所示,主要强调为老年人提供365天、24小时安心的居家养老服务。

而这种服务体系主要是通过家庭和机构之外的新型服务主体——社区来实现的。

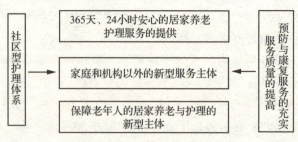

图 12-4　新型护理模式的特点

资料来源：根据厚生劳动省网页文件绘制。

实际上，中国现行政策中提倡的社区日间照料中心就相当于日本现在正在加大力量建设的小规模多功能介护服务结构。小规模多功能介护服务的理念、原则主要包括以下几点：维持原有生活环境、确保符合本人情况的养老生活；建立服务接受者与服务提供者之间的友好关系；尽可能地维持本人现有的居家养老状况；保持迄今为止的生活模式；保持迄今为止的亲属及邻里的正常交往。

小规模多功能介护服务主要包括以下五项基本功能：①日托（日间关爱）功能：是该机制的基本功能。对于接收对象有所限制，一般限于社区内部人员；接收人员数量也有所限制，最多不超过 15 名。②上门访问功能：是建立机构与社区老人友好关系的手段之一，通过提供 24 小时服务以帮助老人维持居家养老状态。该功能的利用者既可以是日托老人也可以是非日托老人。③夜间护理功能：此功能为日托的扩展形式（为部分日托老人提供夜间的护理服务）。根据当天利用者以及服务人员的状况判断是否可以对有需要的日托老人提供夜间照料。夜间护理利用者一般控制在 5 人以内，最多不超过 9 人。④短期入住功能：小规模多功能居家养老护理服务中一般不包含长期入住功能，仅对短期内有入住需求的老人提供 1～2 周左右的短期入住服务。⑤社区护理管理功能：通过配置介护经理人（care manager）协调社区及周边地区可利用资源，起到作为社区综合养老护理中心的作用。

由于日常生活中老年痴呆症患病群体不断增加，因此新型护理体系要求在完成基本护理照料要求的基础上，应该适当改变迄今为止的单一性的身体护理模式，把身体护理模式与痴呆护理模式提高到同一个高度，对养老服务的提供实施分类、分级的体系性管理。加强痴呆护理的新型模式如图 12-5 所示。

图 12-5　新型护理模式的框架

资料来源：根据厚生劳动省网页文件绘制。

事实证明，基于上述的服务理念和原则的养老服务是最能满足老年人身心需要的，也是适合中国国情的服务方式。如今日本的很多社会福祉法人都积极响应政府号召，大力推进以小规模多功能机构为核心的社区覆盖型护理体系。下图是位于观光胜地神奈川县小田原市的社会福祉法人润生园的社区覆盖护理体系示意图。中国今后的社区覆盖型养老护理模式可以参照其进行设计。

图 12-6　社区覆盖护理体系

资料来源：根据社会福祉法人润生园时田常务理事于 2014 年 11 月 7 日在苏州大学举行的"健康城市国际研讨会"（邦城未来城市研究中心主办）发言材料绘制。

5 养老服务体系的展望

日本的介护保险制度自2000年实施以来已经经过了14个年头。近年通过对十余年历程的总结,日本发现影响养老护理体制的因素主要有以下几个方面:①老年人口总数的上升;②后期高龄老人的增加;③独居老人的增加;④痴呆(认知症)老人的增加;⑤护理人员的不足。这对上述情况,日本政府提出要建立新型的符合上述变化的养老护理体系,其基本原则如下:①针对前期高龄老人与后期高龄老人的不同需求提供不同的服务;②满足护理长期化的趋势;③保障24小时护理的需求;④提供符合身心状况的不同养老护理方式;⑤提高护理人员的服务效率;等等。

中国在建设新型养老服务体系的过程中也应该参考日本的经验,主要把握以下几项原则:

(1) 确立建设养老服务体系的基本政策和整体发展规划。

积极发展不同类型的老年护理机构,重点建设针对失能、半失能老人的老人护理院;实现由专业护理人员提供24小时的护理服务;实现包括日托或短期托老方式的短期居住式护理服务。

(2) 建立健全居家养老服务的内容和体系建设,实现居家养老与社区养老的有机结合。

居家养老是依靠社区服务来完善的,社区的资源是解决养老服务的重要保障。社区规划与建设过程中,一定要包含能够提供养老服务的设施建设。

拓宽服务形式,满足老年人的多样性服务需求。社区中老年人日间照料中心的建设是十分重要的建设目标。参照日本的多功能小规模养老机构的设计,中国的日间照料中心不仅应该提供日托服务,还应该能够提供上门服务、短期寄托服务、社区养老服务管理等多功能的服务。

(3) 加强社会宣传,培养专业护理人员。

加快扶持社会组织发展,培养和壮大养老服务实施主体队伍及专业能力建设。在职业技术院校以及相关大学相关学科中设立介护理论与实际操作的课程,发展养老介护专业学科,保障介护师资力量的发展。达到确立养老介护人员的社会地位、稳定养老介护服务队伍的目的。

参考文献:

[1] 姜向群,杜鹏.中国人口高龄化和高龄事业发展报告[M].北京:中国人民大学出版

社,2013.

[2] 华宏鸣."积极养老"的全方位探索——应对人口老龄化方针、内容和动力的研究[M].上海:复旦大学出版社,2013.

[3] 张秀兰,王振耀.2011年中国社会福利发展报告[M].北京:北京师范大学出版社,2012.

[4] 中国国家统计局.中国统计年鉴(2013)[M].北京:中国统计出版社,2014.

[5] 中研网.http://www.chinairn.com/print/news938311.html.

[6] 国务院.http://www.gov.cn/zwgk/2011-09/23/content_1954782.htm.

[7] 中国民政部.http://files2.mca.gov.cn/www/201410/20141027142400194.pdf.

[8] 杨立雄.中国的社会福祉制度[A]//.于洋,何立新.中国的社会保障制度的现状与动向[M].东京:日本科学技术振兴机构,2013.

[9] 杨立雄,李超.中国社会福利发展指数报告(2010-2012)[M].北京:人民出版社,2014.

有关孔子思想在养老事业中的应用研究
——以日本社区综合护理系统为例

An application Study on the Community – Based Integrated Care System in Japan from the View of Confucianism

史文珍①　　山本胜②　　汪　宇③
Shi Wenzhen　　Yamamoto Masaru　　Wang Yu

概　要　为了解决中国现在所面临的养老问题，本文将介绍超老龄社会的日本在养老问题上的一些解决经验，特别是笔者提出的孔子问题解决体系在养老问题上的推进步骤和理念，以供参考。

Abstract　In order to solve the aging problem of China, this paper introduces experience of Japan's aging problem solutions. We focuses on the problem resolution steps and policies of the Confucian systems approach that have been applied to the Community – BasedIntegrated Care System in Japan.

关键词　养老问题　孔子问题解决体系　社区综合护理系统
Keywords　Aging problem　Confucian systems approach　Community-BasedIntegrated Care System

1　中国养老事业的现状和特点

《中国老龄事业发展报告2013》指出，2013年中国老年人口数量达到2.02亿，占全国总人口的14.8%。其中失能老人增长到3 750万人，慢性病患病老年人数突破1亿，空巢老人也将突破1亿。另外，据《中国人口老龄化发展趋势预测研究报告》预测，中国在2050年老年人口总量将超过4亿，占总人口的30%以上。中国的人口老龄化带来了医疗、护理、经济生活、福利等种种养老问

---

① 史文珍，日本爱知工业大学博士。
② 山本胜，日本爱知工业大学博士。
③ 汪宇，东京福祉大学博士。

题和社会问题,影响着社会的各个方面,如何解决好养老问题关系到中国未来的社会发展和未来的城市建设。

中国老年人口规模巨大,发展迅速,中高龄老人的增长速度过快,特别是地区老龄化发展不平衡,城乡差距大。中国的养老事业存在保障体制不健全、管理体制落后、设施短缺、人才短缺等很多问题。与此同时,随着经济的发展,生活条件的不断改善,很多老人不仅仅追求温饱问题,还追求生活质量和人生价值。因此,在养老事业中,在解决医疗、护理、社会支援服务等客观问题的同时,还要关注服务的态度与服务质量,以及居民对尊严、人生价值、人生意义和生活质量等主观需求。

在现阶段解决养老问题的先行研究中,很多学者从老龄化问题的严重性,老龄化的影响,养老产业存在的问题,养老模式、对策、政策法规和社会保障体系等方面进行研究,但很少有从系统的综合的角度去解决养老问题的,特别是从解决养老问题的具体实施和经营管理的角度出发的研究更少见。而且传统的养老问题解决方法往往偏向于一面,要么重视制度、模式、对策等客观的"理",要么重视发挥人的道德、孝道、贡献等伦理的主观的"情",缺少一种既合"理"又合"情","理""情"相对平衡的解决问题的方法。我们认为在未来的老龄问题的解决中,创造以人为本的,保持"理"和"情"平衡的综合的问题解决体系将成为一个极为重要的课题。

因此,笔者立足于以人为中心,以解决人的问题为重点的孔子思想为依托,整理、分析、体系化了记载在《论语》中的孔子思想,提出了一种新的"理"和"情"相对平衡的问题解决体系,即"孔子问题解决体系"。另外,因为日本已经进入超老龄社会,存在很多与养老事业有关的社会问题。所以,笔者在提出孔子问题解决体系之后,把它运用到日本的具体的养老问题上并提出一些具体的解决方法。因此,本文主要介绍日本在解决养老问题方面的一些成熟的经验,以及孔子问题解决体系中的问题解决步骤在日本养老事业中的应用实例,以期为解决中国养老问题提供借鉴。

2 孔子思想的概况

就解决"人类社会"的问题而言,中华民族有许多非常优秀的经典的传统文化思想。其中,特别是2 500多年前以人为中心、以解决个人的问题和社会问题为重点的孔子思想历经千年,经久不衰。孔子的思想和智慧不仅深深地注入了中华民族的根、中华民族的魂,而且还对韩国、日本、越南、新加坡等东南亚各国产生了深远的影响。

影响力经久不衰的秘诀在于,孔子从人的日常生活入手,以人的思考方式、处世方式、生活方式等为切入点,浅显易懂地叙述了作为社会要素的个人应该遵守的道(人道),提出了人的理想形象——君子(或者仁者),提出了"老者安之,朋友信之,少者怀之"的社会理想状态,而且还提出了达到这种理想状态的方法和途径。

孔子不仅讲究责任感、价值观、人际关系、礼仪等人性的感性的"情",也重视效率、效果、实用、合理的"理"。孔子重视"格物致知",也就是追求事物的本质,理解自然法则和规律。孔子认为"务民之义,敬鬼神而远之,可谓知矣",不依赖虚无的外来的力量(鬼神、迷信等神秘力量),从事实务,以提高百姓的日常生活为重点。孔子还非常注重知识和教育,探索合理的评价和判断。

从问题解决的视点来看,孔子思想其实就是解决人和社会问题的一种问题解决体系。而孔子的这些思想主要收录在由其弟子们编集的《论语》中。因此,我们从问题解决(系统管理)的角度来解析《论语》,从而整理出孔子式问题解决体系。

3 孔子问题解决体系在日本地域综合护理系统的应用

3.1 日本养老事业的背景

2012年日本高龄化率(65岁及以上老人)为24.1%,高龄人口数量达到3 079万,即4人当中有1人是老人。日本已经进入超高龄社会,而且到2060年高龄化率预测为39.9%,整个社会面临很严重的养老问题。

随着产业构造的变化以及劳动人口的移动,日本的人口构造和家庭构造也发生了变化,有独居老人、空巢老人的家庭增多了。有65岁以上的老人的家庭占全部家庭的41.6%,达到1 942万户。在有老人的家庭中,独居老人的家庭是4 697户(占有老人家庭总数的24.2%),空巢老人的家庭是5 817户(占有老人家庭总数的30.0%),两者合起来在有老人的家庭中超过54%。照顾老人成了普通社会问题。

而且,老年人的传染病等急性疾病往往易于转化为与生活习惯有关的慢性疾病,癌、心脏病、脑溢血等慢性疾病暴发的可能性增大,这种基本构造的变化给日本社会带来很大的影响。医疗问题、老人的长期护理等问题造成医疗护理人员不足,医疗费用升高。2010年日本的社会保障支付费用高达103兆4 879

亿日元,达到历史最高水平,占国民所得的 29.6%。老人的居家医疗、居家护理、日常生活支援等已经成为非常严重的社会问题。

另一方面,老人重视生存的意义,提高生活质量的意识,追求和谐社会的意识也在不断地提高。在未来的以人为本的社会中,老人追求自己的权利、生活质量、人生意义已经成为日本社会的主流。因为提高生活质量、构建健康幸福的社会已经成为一个重要的课题,所以注重客观、高效、合理的"理"和主观、人文、感性的"情"的平衡是构建健康幸福的社会必不可少的一个条件。

3.2 地域综合护理系统的概念以及日本养老事业存在的课题

在日本,政府为了提高居民的生活质量,构建健康、幸福的和谐社会,近年提出了解决少子高龄社会各种问题的战略方针,即社区综合护理系统的概念。社区综合护理系统是在以满足相应的老人居住需求的前提下,持续综合地提供医疗、长期护理、预防、生活支援等日常服务的一个体系。社区综合护理系统以住所、医疗、长期护理、预防、生活支援为 5 大目标。社区综合护理系统是以能在大约 30 分钟以内提供必要服务的日常生活圈(具体以中学学区)为单位设定的,如图 13-1 所示。

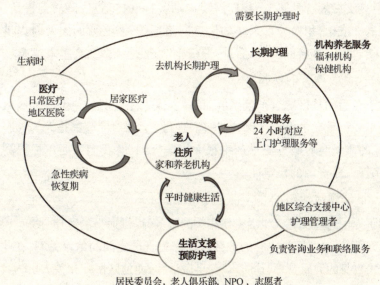

图 13-1　地区综合护理系统的构建和运营的整体概念图

资料来源:参考日本厚生劳动省老健局资料翻译完成。

尽管日本厚生部门在近几年内提出了社区综合护理系统的概念,但还没有一个地区成功地建立起这样的系统。在社区综合护理系统的构建和运营中,不仅需要制度的完备、硬件的准备和充实、ICT的有效利用和信息支援、经营手法的完善等客观的"理"的要素，还需要礼仪、态度、感情、人性、理念等各种人性化的"情"的要素，重"理"轻"情"是导致系统不完善的一个重要原因。根据少子高龄社会的特性和系统化的特征，我们把社区综合护理系统的构建和运营的问题和课题概括为以下8点。

3.2.1 协调合作

在未来的老龄社会里，为了使居民过上幸福、健康的生活，有必要考虑各个地区的特性，提供一个既有效率又有效果的结合医疗、护理、福利、日常生活支援等各种服务的综合协调合作网络。

因此，我们提倡，从根本上改变以往的保健、医疗、福利服务的"上下直线"构造提供体制，把封闭的医疗机关组织完结型服务提供体制改变成地区完结型（地区网络型）服务提供体制。地区内的各种设施间的协调合作、多种职业间的协调合作、设施服务和居家服务的协调合作等是其中的重要课题。

3.2.2 信息支持

为了支持居民的健康和幸福生活，及时提供综合的更高质量的医疗、护理、保健、生活支持等各种服务，我们需要推动各种支持信息开发，促进信息共享，加快信息标准化，积极导入系统的信息网络系统，为必要的人及时提供必要的信息。随着信息社会的发展，信息支持战略的期待和责任会越来越大。

3.2.3 人才的培育和活用

对于今后的社区综合护理系统而言，确保人才资源的稳定和提高服务人员的素质是一个重要的课题。医疗、护理、保健、生活支持等都是人为人服务的系统，人才的质量会对服务质量产生很大影响。因此，我们需要重视提高人才的素质，确保人才资源的稳定性。

3.2.4 推进预防活动

为了提供与居民每天生活密切相关的服务，提供适当的医疗、护理、保健等服务，有必要提高以居民为中心的地区医疗相关人员之间的信赖关系，在此基础上加强居民自身的健康管理，预防疾病，早做治疗，而地区医疗相关人员为其及时提供适当的诊断治疗和疗养护理。

3.2.5 推进步骤和推进计划的制定

为了及时有效地提供能满足居民需求的各种服务，需要不断把握居民的期待和需求；为了提高各种服务的质量，需要不断评价并改良服务内容。在社区综合护理系统中,有必要从长远着手,制订永久改良服务的推进计划。

3.2.6 推进意识革新和普及启发

居民加强自身健康教育和健康意识启蒙,提高社会参与的积极性,相关人员的终身教育、教育研修、意识改革以及构建居民和相关人员之间良好的人际关系,这些都是一个个重要的课题。对于社区综合护理系统的构建和运营而言,居民主动参与创造系统的意识以及居民的普及启蒙活动是今后参与型社会的一个特别重要的课题。

3.2.7 居民参与的普及

社区综合护理系统提供服务的最终目的是提高居民的生活质量,它强调要积极地听取包括患者和要护理者在内的居民的意见与想法,努力提高居民的满足度。为此,需要包括患者和要护理者在内的居民积极参加提供服务的各种会议,与各种服务设施合作。特别在人支援人的保健医疗福利护理的系统构建中,居民的参加和统一各方的意见是重要的课题。

3.2.8 导入评价系统和提高服务质量

提供高品质的服务能提高居民的满足度。因此,医疗、保健、福利设施以及服务提供者需要主动进行自身服务和设施整体的自我评价,并不断加以改善。

3.3 孔子问题解决系统步骤在 T 市的具体应用

为了把孔子问题解决体系运用在具体社会问题解决中,我们选择了日本的养老事业作为研究对象。通过和 T 市的共同合作研究,提出了孔子问题解决体系在社区综合护理系统上的基本理念和具体推进步骤。

如图 13-2 所示,孔子问题解决步骤分为"闻"(计划)、"权"(实行)、"安"(评价)3 个阶段,在这 3 个阶段中包含 8 个步骤:目标设定的"志",调查研究的"学",系统分析的"思",设计系统的"知",系统运行的"义",实施系统的"正",系统评价的"省",循环持续的"道"。在完善这 8 个步骤的同时还注重 10 个基本理念:人以人为本的"人",个人社会责任的"仁",体谅的"恕",全民教育的"教",相互信赖的"信",时机、计划与持续的"时",礼貌和礼仪的"礼",平衡与和谐的"和",提高与改善的"进",快乐推动的"乐"。

社区综合护理系统涉及服务内容、部门、机构、专业、人员,范围非常广,因此我们认为它的构建和运营不是政府的一个命令或一个政策就能解决的问题,而是需要政府、产业界、学术界、居民等全体人员共同参与策划、合作协调才能完成的事业。因此,根据全员参与协调合作的方针,按照孔子问题解决系统的步骤,推进社区综合护理系统的主体大致分为政府、产业、学术、居民,即由"官、产、学、民"四个主体构成,各主体的责任分担和具体内容如下。

3.3.1 推进步骤1——问题意识和目标设定:"志"

"德之不修,学之不讲,闻义不能徙,不善不能改,是吾忧也。"包括居民在内的地区相关人员从各自的立场对社区综合护理系统都持有一定的问题意识、危机感与责任感。与此相对应,大家都"志于道",既设定个体的目标(推进主体的不同,目标也不同),又设定对社会有贡献的共同目标,这是构建社区综合护理系统的一个起点。

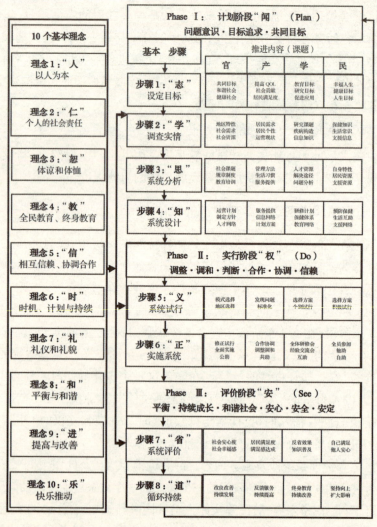

图13-2 立足于孔子思想的地区综合护理系统的构建和运营的整体概念图

"吾十有五而志于学,三十而立,四十而不惑,五十而知天命,六十而耳顺,七十而从心所欲,不逾矩。"为了达成社区综合护理系统的目标,需要根据各地区的特性和条件,详细设定能够按阶段实行的短期、中期、长期目标。比如计划3年1期的长期护理保险事业的运营和评价等。

另外,"鸟兽不可与同群也,吾非斯人之徒与而谁与? 天下有道,丘不与易也"。社区综合护理系统的目标是提高居民的幸福度、满足度和生活质量,在制定目标时要重视以人为本的理念,同时所有相关人员都要认识到在解决老龄社会各种问题过程中所担当的责任,不仅国家、社会、地区要担当责任,更重要的是每个居民都要有社会责任感,从而积极发挥主体性并采取相应的行动。

如图13-3所示,在T市我们以构建幸福和谐、相互帮助的阳光城市为目标,和行政部门、地区医疗中心、地区居民团体、大学研究机关、当地的相关人员、相关组织一起承担各自的责任,不断推动解决当地养老事业的发展。

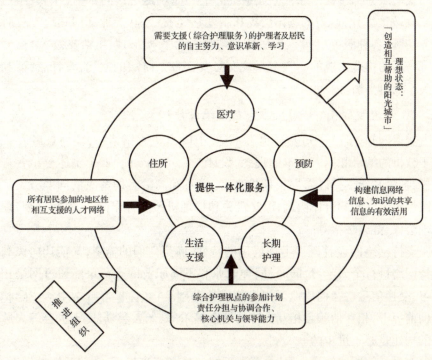

图13-3　T市第5期长期护理保险事业计划的整体概要图

资料来源:笔者参考T市资料翻译完成。

3.3.2　推进步骤2——调查研究与收集信息:"学"

"入太庙,每事问。""学"是指调查研究实际的地区特性、地区经济、人口特性、社会需求、社会文化、价值观、生活习惯、疾病构造、医疗资源、护理资源等社会资源和环境特性,这是发现社区综合护理系统的课题和问题点的一个先决条件。另外,我们需要收集疾病的治疗方法、预防方法和保健知识等信息,为了推进多种职业间的有效的协调合作,我们还需加强各个职业间知识和信息的共享。在调查现状和收集信息时,对"地区+综合护理+系统"(即"场所+内容+方法")构成的三元系统的把握是必要的,要特别重视根据社会变化的具体情况,来调整调查方法。

3.3.3 推进步骤3——系统分析:"思"

"学而不思则罔。"以调查收集来的数据为基础,从不同的立场和视点来综合分析当地的生活习惯、疾病种类及成因、治疗方法、预防方法、制度、医疗、长期护理、保健、福利等社会资源。在把握问题关键点的同时,思考问题的解决对策。

我们认为构建社区综合护理系统的全部面貌是由共同目标(个人,组织和国家)、政策方针(政府的法律法规和制度)、经营管理(产业部门和地方政府)、服务场所(各种服务机构)、居民的需求(医疗、长期护理、生活支援等)这五层金字塔形的构造构成的。整个系统有必要让各个阶层的立场、责任、特征和上下关系取得平衡。

3.3.4 推进步骤4——解决方案与系统设计:"知"

樊迟问知,子曰:"知人。"樊迟不达,子曰:"举直错诸枉,能使枉者直。"立足于分析的结果和以人为本的理念,设计"官、产、学、民"四个主体分担各自的责任,各尽其能支持以需要长期护理者、患者和高龄者的解决的问题方案。比如医疗机关之间的合作协调,医疗机关和护理机关的合作协调,医疗计划,地区护理会议,健康教室等。

支持网络的设计既要考虑居民的特性,满足他们的需要,又能让居民利用支持网络进行个人学习,同时,同种职业和不同职业的人员也能通过网络相互学习,交换信息。在构建地区规章制度的基础上,在保护好日常生活中隐私问题的前提下,相互信赖且相互支持的健康俱乐部、老人会、居民委员会等人脉网络的构建是必不可少的。

在设计问题的解决方案时,既要理解包括需要支援者、需要长期护理者、患者及其家人的心情和需求,又要站在工作人员及其他相关人员的立场去考虑问题;既让机构和居民相互合作,又让各种职业的人员相互协调,让各个层次的人员都能拥有体谅他人的"恕"的精神。

3.3.5 推进步骤5——系统试行:"义"

"君子之于天下也,无适也,无莫也,义之与比。"在试行过程中,要找到为以后的工作提供参考的标准,为构建完善的系统打下基础。社区综合护理系统需要在长期护理、支持和医疗等方面达到标准化,但这个标准化也要不断适应居民的价值观、社会环境的变化。我们提倡正确判断具体情况,预备多个解决方案,以便适时调整系统的运行。在构建和运营社区综合护理系统时,有必要综合运用医学、管理学、保健学、系统工学、情报科学经营诊断学等跨学科知识。

3.3.6 推进步骤6——实施系统:"正"

"敏于事慎于言。"我们要根据试行的结果,调整系统的执行方案。"官、产、学、民"承担各自的责任的同时,还要有效率且有效果地和多种职业人员协调合作以便执行方案。特别要注意"非礼勿视,非礼勿听,非礼勿言,非礼勿动",也就是在执行方案时,在遵守社会规则制度的前提下注意自己的礼仪,做到不仅是表面而更是从心里相互尊重的同时,切实执行各自负责的任务和职能。特别对需要长期护理者、需要支持者、患者等人的态度要谦虚和尊重。"人而无信,不知其可也。大车无輗,小车无軏,其何以行之哉!"相互信赖是合作协调的基础,这两者可以说是构建和运营社区综合护理系统的两个中心轴。提供服务的相关人员和居民建立相互信赖和相互帮助的合作关系是为居民提供各种有效服务的前提条件。

3.3.7 推进步骤7——系统评价:"省"

"吾日三省吾身。"社区综合护理系统的工作人员、相关人员包括需要长期护理者,需要支持者和患者等,都要谦虚地反省与评价,探讨有无达成原先定下的目标,是否对和谐社会和提高居民的生活质量有贡献。这种谦虚的态度和精神在以人为本的社区综合护理系统里值得特别强调。要从与社区综合护理系统有关的居民、服务提供者、行政、地区社会4方立场来综合评价执行结果。

"和而不同",既达成健康幸福的社区综合护理系统及和谐社会的共同目标,又达成需要支持者、需要长期护理者、患者和老人等个人以及提供服务的组织团体各自的目标,在个体、机构和系统之间达成平衡。

另外,针对系统存在的问题或运行中出现的问题,要参照孔子说的"过则勿惮改"和"过而不改是为过也"来做,即要持有勇气和责任感,探究问题的真正原因和问题的本质。

3.3.8 推进步骤8——循环持续:"道"

这里的"道"是指地区的所有成员承担各自的责任,不断改善更新现状,积极乐观地去提高生活质量和构建幸福、健康的和谐社会的过程;也就是孔子说的"修己以安人,修己以安百姓"。针对必要的服务对象,在必要的时间内持续提供必要的护理、医疗、生活支持等日常服务,这成为社区综合护理系统永远的课题。

3.4 孔子问题解决系统的特征

我们提出的孔子问题解决体系在社区综合护理系统的基本理念和推进步骤的全体关联图及其特征可以概括为4点(如图13-4所示)。

3.4.1 强调个人社会责任的"仁"

构建和运营社区综合护理系统,不仅是政府和社会团体的责任,而且是每个社会成员的责任。这种意识革新是构建和运营社区综合护理系统的基础。以个人的社会责任PSR(Personal Social Responsibility)为中心,每一个相关人员都应当自觉地构建和推行"我为人人,人人为我"的社区综合护理系统,个人的积极主动性是系统推进的重点。

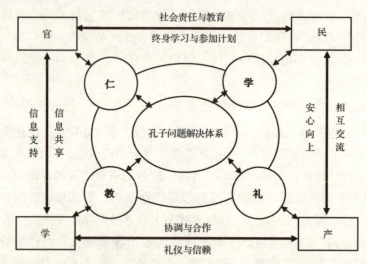

图13-4　孔子式问题解决体系在地区综合护理系统应用的特征概念图

3.4.2 信息支援与共享的"学"

共享信息有助于加深信赖关系,促进责任承担者的协调与合作,而学习则能帮助我们实现信息共享。特别随着信息社会的发展,为了顺利地推进社区综合护理系统的构建和运营,有必要建立一个信息支持网络以支持所有相关人员的学习和信息共享。

3.4.3 人才培育的"教"

在互相支持的社区综合护理系统的构建和运营中,有必要创造一个包含所有相关人员在内的人才网络,以促进人才培育、确保人才资源和实现人才活用。也就是说,在构建和运营社区综合护理系统的同时,要重视全体人员的终身教育、道德教育,启发大家积极主动地参与到系统中。

3.4.4 促进协调与合作的"礼"

政府和社会机构的工作人员、患者和护理者都必须注意礼仪和态度。工作人员要衣装整洁,言辞亲切,保持最佳状态,针对需要服务者的具体情况采取不同的服务策略,和其他社会机构的相关人员保持良好的人际关系;普通居民也要注意形象与态度,尊重护理工作。对于社区综合护理系统而言,多种职业机构的协调合作、每位工作人员的成就感和干劲、所有相关人员礼仪和态度,以及对护理工作所持有的价值感,都是顺利构建和运营社区综合护理系统必不可少的条件。

4 结言

本文主要介绍了孔子问题解决体系中的解决步骤在日本养老事业中的应用,并第一次提出了社区综合护理系统构建和运营的具体步骤及其特征,这其中社会责任是根本,同时必须注重效率和效果,保持"理"和"情"平衡,构建相互信赖的人际关系。对于少子老龄社会而言,我们认为有必要构建一个体现孔子思想的互相支持且以健康与幸福为目标的社区综合护理系统。因为中日两国的制度、传统、意识、习惯、文化、起点、条件等都有所不同,因而把社区综合护理系统应用到中国的养老事业时,还应当就中国国情做符合实际的调整。孔子问题解决体系在中国养老事业上的运用是我们今后的研究课题。

参考文献:

[1] 中国老龄科学研究中心. 中国老龄事业发展报告 2013[M]. 北京:社会科学文献出版社,2013.

[2] 全国老龄工作委员会办公室. 中国人口老龄化发展趋势预测研究报告[R]. 2006.

[3] 袁蓓,郭熙保. 人口老龄化对经济增长影响研究评述[J]. 经济学动态,2009(11).

[4] 林宝,张妍. 中国人口老龄化存在的问题及应对策略[J]. 社会工作,2010(9).

[5] 祁峰. 人口老龄化对我国经济社会发展的影响及对策[J]. 生产力研究,2010(7).

[6] 龚静怡. 居家养老——社区养老服务:符合中国国情的城镇养老模式[J]. 河海大学

学报(哲学社会科学版),2004,6(4).

[7] 黄毅,佟晓光.中国人口老龄化现状分析[J].中国老年学杂志,2012,32(11).

[8] 李玉玲.社区居家养老文献综述[J].江海纵横,2008(1).

[9] 史文珍,山本胜.孔子思想に基づいたシステムズ・アプローチの一考察[J].日本経営診断学会論集,2013(12).

[10] 史文珍.孔子論的問題解決アプローチの開発及び地域包括ケアシステムへの応用に関する研究[D].愛知工業大学博士論文,2014.

[11] 杨先举.孔子マネジメント入門[M].日本能率協会マネジメントセンター,2010.

[12] 顾衍时.孔子思想的时代性[A]//孔子诞辰2540周年与学术讨论论文集[M].上海:上海三联书店,1992.

[13] 乌恩溥.仁义礼智信和现代化[A]//孔子诞辰2540周年与学术讨论论文集[M].上海:上海三联书店,1992.

[14] 李哲厚.论语今读[M].天津:天津社会科学院出版社,2007.

[15] 王树人.儒学能在中国历史上保持文化主流地位的理论特征[A]//孔子诞辰2540周年与学术讨论论文集[M].上海:上海三联书店,1992.

[16] 洪家义.论孔子学说的适应性[A]//孔子诞辰2540周年与学术讨论论文集[M].上海:上海三联书店,1992.

[17] J.巴恩.儒家的实用主义[A]//孔子诞辰2540周年与学术讨论论文集[M].上海:上海三联书店,1992.

[18] 山本勝.保健・医療・福祉の私捨夢(システム)づくり[M].東京:篠原出版新社,2007.

[19] 山本勝.保健・医療・福祉のシステム化と意識改革[M].東京:新興医学出版社,1993.

[20] 史文珍,山本勝.孔子思想に基づいた地域包括ケアシステム構筑に関する一考察[A]//日本経営診断学会第45回全国大会予稿集[C].北海道大学,2012.

[21] 山本勝.健幸社会を支える地域包括ケアシステムの基本理念と推進方策[C].日本経営診断学会論集,2013(13).

自然环境剥夺对身心健康影响的思考:
远离自然使我们失去了什么?

杜宏宇① 傅文青②

摘 要 本文对当今社会人们普遍存在的不良生活方式及其带来的问题做了阐述,在论述自然环境与人类身心健康为主题的文献基础上,我们提出了"自然环境剥夺"(Natural Environment Deprived,NED)的概念,并从自然环境与人的身心健康的关系角度出发,在生命质量、身体健康、心理健康等方面做了阐述,得出结论:自然环境对人的身心健康有积极的影响,自然环境与机体和谐有内在关联,并提出环境与感知觉发展的关系问题,进而提出新的研究思路。目的是引起对环境与健康关系的重视,提倡一种健康、绿色、积极的生活理念。

Abstract We describe general unhealthy lifestyles and problems it causes in today's society, and so, we put forward a new important concept "Natural Environment Deprived, NED" on the basis of literature which take natural environment and human health as the theme. And we elaborate the relationship between the natural environment and human health. Then we draw a conclusion: The natural environment has a positive impact on human health, there are intrinsic connection between natural environment and organism harmony. Then we propose the topic about the relationship between perceptual development and environment. This subject needs to be explored in depth, in order to draw public attention of environment and health, advocating a healthy, green, positive philosophy of life.

关键词 自然环境剥夺 自然环境与身心健康 压力缓解 注意力恢复 感知觉

Keywords Natural Environment Deprived The Natural Environment and the Health Pressure Relief Attention Restoration Perception

1 前言

当我们骄傲地宣称我们生活在资讯便捷的信息化社会时,我们是否应该反思,这到底对人类的生存意味着什么?电脑、网络以及3D技术能够将远方的自

---

① 杜宏宇,苏州大学医学部医学心理学研究所硕士。
② 傅文青,苏州大学医学部医学心理学研究所所长、教授。

然风景、新闻场景迅速而生动地呈现在人们眼前,但问题也随之而来,这种快餐式信息生活虚化了硬邦邦的客观真实,阻碍了人类与真实、自然环境的接触。当信息社会把人变成一段信息的碎片,一个处理信息压力的超级机器时,人们被阻隔了与自然环境的真实联系。

几千年来的日出而作、日落而息的农耕时代早已不复存在,我们成了人造环境、信息垃圾的奴隶。到处都是钢筋水泥的森林,单调枯燥的工作环境妨害我们的身心健康,长时间在办公室、充满噪音的工厂车间、嘈杂的建筑工地等慢性刺激的环境下工作往往使人心情压抑和烦躁。信息社会使人们更趋向于寻求室内的、虚拟的、网络环境的、信息化依赖的人造环境中的生活方式,"蜗居""懒人科技""拇指派"等新兴词汇,折射出现代社会普遍异化的生活方式。人们不禁要反思,这种生存方式到底会把人类带向何处?人们开始向往我们祖先那种符合生命与天地节律的生活情调了。

如何研究信息化生活方式对心身健康的影响?如何应对信息社会带给人们的"大脑压力综合征",如人们普遍面临的时间压力、信息压力以及心身与自然环境失去联系的状况?生命源于自然,生活旨在真实,自然环境对人身心健康有积极的影响,接触真实环境对人的感知觉及心理发展起到不可或缺的作用。有迹象表明,现代社会网络成瘾、感知觉统合障碍、各种类型的强迫症等相关的健康问题大大增多,这与对自然环境的参与、体验与感知的减少有内在关联。

现代信息社会的生活方式将我们与自然环境阻隔开来,人类正在失去与自然环境的联系,这是一种还没引起人们足够警惕的危险倾向,我们不妨称之为"自然环境剥夺"(Natural Environment Deprived, NED)现象。这一生存方式的突出特点是,过度依赖或长期工作、生活在电脑、网络的虚拟信息性的环境中,从而形成一种与自然的、真实的、客观实在环境失去联系的生存状态。可以预见,如果长期生存在与自然环境阻隔的环境中,人们有可能会出现心理行为、社会联系与身体素质的下降或异化。下面是我们对这方面研究的总结和思考。

2 生活在"绿色空间"对健康与疾病康复的影响

自然环境与人身心健康研究的历史较为久远,大致可分为三个阶段:第一个阶段可以追溯到远古时期,中国、波斯、希腊等国就发明了观赏自然景观如水体和绿地来缓解压力的方法。中世纪的欧洲把风景优美的庭廊、花园作为患病人员的休憩之所。19世纪末至20世纪中叶这类研究进入了停滞期,因为此时的环境健康理论被先进的医疗技术取代,著名生理学家路易斯·巴斯德(Louis Pasteur,1822—1895)和克劳德·伯纳德(Bernard,Claude,1813—1878)提出了疾病的细菌学理论,令医学界的重点转移到治疗和研究上,而忽视了环境因素。20世纪中叶以后,随着人们认识水平的提高,世界卫生组织提出健康的标准,认为健康不仅是没有疾病,而且是身体、精神、社会适应等皆处于协调状态。而现实生活中肥胖、糖尿病、各类心血管疾病等问题日趋严峻,自然环境与身心健康的关系再次成为人们关注的焦点。

国外的诸多学者已经围绕身心健康与自然环境的关系方面做了相当多的调查和研究(研究角度包括体能、患病与否、寿命、自我幸福感等)。研究表明,暴露于自然环境也就是绿色空间(Green Space),对人的健康及与健康相关的行为有独立的积极作用。2008年英国的Richard Mitchell和Frank Popham归纳了英国未超过退休年龄的大概40 813 236人,通过建立模型比较了居住在不同绿色空间量(空间量的指标按面积计算)下的居民来研究暴露于自然环境是否与收入匮乏、全因死亡以及特定原因(如循环系统疾病、肺癌、自杀等)导致的死亡有关。他们从英国国家统计局获取数据,即统计的个人死亡记录,与其生前的生活环境状况结合分析,对于生活中接触的绿色环境给出定量指标,采用标准化统计程序,结果表明,暴露于自然环境的确可以降低循环系统疾病和自杀、自残行为的发生,从而降低死亡率,同时证明了生活在自然环境中可以减少居民因收入不均衡引起的身心状态不良的现象。研究进一步表明与自然环境的接触应该有某种保护机制,可以从内在修正致病的发生过程,这有待于进一步研究。

英国学者Diana E. Bowler等(2010)通过系统回顾,收集了很多研究自然环境与人造模拟环境对人的身心健康造成不同影响的研究,分别比较暴露或不暴露于环境的各项指标,并对数据进行荟萃和分析。这些研究大多是进行散步或跑步,即短期暴露于各种环境的影响对照试验,这包括"自然"的环境(如公园和绿地大学校园)、合成环境(如室内和室外建筑环境)。基于试验结果数据,meta分析提供了一些证据来证明在自然环境中确实是有很多相对于人造环境中的益处。研究对象是大学生和从事体力活动的个人,如背包客、经常跑步者或运动员。有些研究集中于某一性别的个体,或集中在具有特定健康状况(如不活动的成年人个体心血管疾病的风险度,小儿多动症,成人精神发育迟滞,更年期妇女,等等)的个体。而所用的指标如下,心理方面:个体的情绪,兴奋、焦虑等情感指标,以及注意力、记忆力。心理指标采用测验或自我陈述报告的形式记录,最常见是测量不同的自我报告的情感分数。生理方面:血压、脉搏、激素水平、唾液和尿皮质醇、淀粉酶和肾上腺素、去甲肾上腺素和唾液淀粉酶、大脑的机能、睡眠时间,少部分是对免疫功能方面进行检测(分泌型免疫球蛋白 A,NK 细胞活性,T 细胞和白血细胞的数量)。研究结论表明,在自然环境中进行活动可能比在室内或合成环境中进行活动对身心健康具有更加积极的作用,而这也需要更进一步的研究来对公共健康及其核心意义做出更加深入细致的阐释。

近年来国内学者也对自然环境与人身心健康的关系进行了很多相关的研究。从事人居环境研究的谭少华等(2010)在自然环境与健康关系相关文献的调研基础上,阐述和总结了自然环境的概念与类型、人类健康与自然环境的关系,认为目前人们普遍把以树木、草地、水体为主体的环境作为自然环境,在此基础上把公园和各种开敞空间以及绿化带、森林、农庄、草原、农牧区,甚至包括高尔夫球场都定义为自然环境或绿色空间。各类研究结果都直接或间接表明自然环境相对于单调的城市环境、人造环境而言,对人的健康有更加积极的作用,自然环境在缓解压力、消除疲劳等方面都有积极影响,并且对病人术后、内科病人康复等都有积极作用。

谭少华、李进(2008)对城市绿地对人们的压力释放和精力恢复功能做了调研,结果表明,城市绿地对人们的身心健康具有积极影响,自然环境除了有美化环境和生态保护的作用外,还有缓解压力、提高情趣的作用,这极大地降低了各种慢性病以及抑郁、焦虑症的发生率。国际上研究表明,人们通常采取缓解压力的主要方式依次为:林中漫步(68.9%)、参与体育运动(48.1%)、听音乐(35.4%)、逛公园(22.4%)、睡觉(18%)、看书(13.7%)、看电影(3.7%)、吃药(2.5%)。这与二人的调研结果是一致的,有48.38%的被调查者选择公园游玩作为缓解压力的方式。

张俊峰(2010 年)探讨了环境和机体健康的关系。他在《健康与环境关系初探》中阐述了内外环境与有机体健康的关系,指出外部环境通过物质、能量、信息三要素与机体内环境发生联系,决定着机体的状态。物质来源于外界,人作为自然的一个分子,一切活动都离不开自然环境。人体中的许多元素的平均含量与地壳中的平均含量非常相近,这更说明了人来自于自然也依赖于自然。不管是从西方生化角度还是从东方中医的角度来看,机体健康的本质都是体内环境变化与外部环境变化协调一致。

自然环境对人的身心健康具有积极促进的作用,这是个不容争议的事实,长期处在自然环境剥夺状态之中,必然带来一系列身心问题,国内外的相关文献也直接或间接地阐述了这个观点,比如长期伏案工作,长时间无自然环境接触的工作状态,长期的室内工作,均会引起各种慢性病以及心理障碍的发生,如心脑血管疾病、肥胖、糖尿病等,如今这已经成为一个社会问题。抑郁、强迫等各种心理疾病逐渐成为21世纪危害人类身心健康的重大疾患。

3 环境与健康两大经典理论

3.1 注意力恢复理论(Attention Restoration Theory,ART)

威廉斯·詹姆士(Williams James)指出,当人们必须集中精力注视那些不太感兴趣但是非常重要的工作时,需要投入一定的精力,否则会因分心而产生差错。这种精力高度集中的投入,导致人们神经中枢抑制机能过度使用,易让人们产生疲劳感。而这种"专心注视"导致的疲劳,其恢复机理就是让人们观赏那些本身就感兴趣而不需要专心关注的对象或场景。

康普兰夫妇在威廉斯·詹姆士的"专心注视"概念基础上,共同提出了"注意力恢复理论",认为一个人的注意力长期注视在某个事物上,随着时间的延长,集中注意力的能力会逐渐下降,然后容易情绪激动、出现错误。精神疲劳的结果非常严重,往往使人易冲动、易粗暴、易粗野。而人是来源于自然的,人类本身对大自然环境具有天生的向往,人们对自然环境的关注与欣赏不需要专心注视。从而,自然环境对人们精神疲劳恢复具有明显效果。该理论从原理上阐述了自然环境注意力集中的机理。

3.2 压力缓解理论(Stress Reduction Theory,SRT)

乌尔里希指出人们的注意力下降是由压力导致的,他针对压力产生的特点,提出了"压力缓解理论",认为自然环境对人们心理和生理方面具有积极的作用,在缓解精神压力方面具有明显效果,而自然环境中的元素对人的情绪和生理状况有积极的作用。他认为人接触自然环境可以激活人类本能的适应性反应从而起到缓解心理压力的作用,当人处在安宁的环境中,绿化和水体都会对人的情绪产生积极作用。自然环境的开放空间、生命、水等天然元素能激活人积极的情绪反应,而这些反应是与人类起初的生存和安全相关的。该理论成为解释自然环境缓解压力功能的重要理论依据。

4 环境对感知觉能力的影响

4.1 关于感知觉剥夺研究的进展

现代人生活空间狭小,生活方式单一,这种生活方式极大地限制了他们与自然环境的接触,从生理和心理角度来说,这必然会影响感知觉的发展。尤其是现在的婴幼儿,从小便生活在"电子环境"之中,电脑、网络等多媒体充斥着他们的生活,让他们无法充分接触真实而自然的环境。他们大多数早晨被从家送到幼儿园或学校里,一天下来又被接回家里,回家之后大多在电视机、电脑前度过,无法接触到外界丰富多彩的世界,也就无法感知到复杂的客观环境。在这样的环境之下成长的儿童,分不清什么是真实、什么是虚幻。而一个人的感知觉功能的发展,依赖于早年便接触丰富多彩的世界,这样视、听、触、嗅等感知觉功能才能完善起来,"电子婴儿"这个新兴的词汇本身就表明了现代婴幼儿成长环境的问题所在。

加拿大麦克尔大学的赫伦(W. Heron)、贝克斯顿(W. H. Bexton)和斯科特(T. H. Scott)在1954年做了经典的感觉剥夺试验,这个试验蒙上被试者的眼睛,将其手脚都用布裹起来,除了进食和排泄,限制一切其他活动,要求被试者尽可能坚持长的时间,直到无法忍受为止,被试者是大学生,每天得到20美元作为报酬。开始学生都是大睡特睡,或思考他们的学期论文,但几天后便因无法忍受而执意要逃离这样的环境。试验结果表明:被剥夺感知觉之后,被试者的情绪会产生剧烈波动,多数被试在"重赏"之下也难以坚持,表现为记忆力下降、神智丧失、幻觉及人格异常。这个实验说明人的身心正常发展是需要适量的感觉刺激的,缺乏这些适量刺激会导致心理异常甚至变态。

瑞逊(A. M. Rieson)在1965年做了光剥夺的试验,他把出生16月的黑猩猩养在完全黑暗的环境中,后来测试视觉,发现猩猩只对光反射有反应,对物体的移动反而没反应。谢勒尔(Shueley)在1963年做了更为严格的感觉剥夺试验,把被试者放在水槽里面,几乎剥夺其所有的感知觉,结果证明在这样的环境中被试者只能待几个小时而已。迈尔斯(Myers)1969年对感觉剥夺的忍耐时间这一变量做了研究,他的研究表明:在感觉剥夺试验中忍耐时间特别短的人往往第二天特别想要活动、对试验时间估计过长,喜欢更多刺激或者本身就较敏感和有压抑感。

现今社会,上述试验提到的严重的感觉剥夺很少会发生在我们的身上,但是感知觉剥夺现象是很普遍的。机体与外界自然环境隔离的现象被称为感知觉剥夺,中国学者葛明贵在1994年对感觉剥夺的研究进展做了评述,他指出感觉剥夺会导致人的行为和心理发生以下几个方面的变化:①注意力涣散;②思维混乱;③知觉能力损伤;④思维想象力畸变;⑤焦虑不安,产生痛苦。感知觉剥夺的研究,其实质就是大大减少刺激量的种类和数量。

4.2 环境刺激与感知觉统合问题的研究

Ayres A. J. 在1972年提出了感知觉统合理论(Sensory Integration Theory),认为感觉统合是将人体器官各部分的感觉信息输入组合起来,经大脑统合作用,通过机体对外界做出的适当反应。认为人的大脑可以把来自外在的刺激组织起来,进行统合,这样神经系统的不同部分才能整体协调地进行工作。人在出生时大脑并不成熟,神经与外界的联系还未很好地建立。幼年是神经系统发展的关键时期,外界环境的各种刺激便是至关重要的因素,只有接触丰富的外界环境才能使神经系统得到健康发展。感知觉的过分剥夺会导致感知觉统合障碍,表现为身体运动障碍、结构和空间统合障碍、身体平衡功能障碍、视听触觉功能障碍等。由于儿童的大脑易变性和可塑性较大,可以有目的地加强儿童与外界环境的接触,创造丰富的刺激环境,起到强化感知觉功能的作用。

赵伊黎在2011年探讨了自闭症与感觉统合障碍的联系。自闭症又被称为儿童孤独症,是广泛性发育障碍的一种亚型,以男性多见,起病于婴幼儿期,一般在3岁前发病,主要表现为言语发育障碍、人际障碍、兴趣狭窄和行为方式刻板等,是一种较为严重的精神发育迟缓障碍。她指出:自闭症儿童存在不同程度的感知觉统合缺陷,其表现为动作不协调、口吃、对触摸不敏感、听觉过敏或下降、视力下降、空间距离感和方向感不准确、平衡运动能力差等。然而,基于这个发现,我们可以通过感知觉统合训练的方法来矫正儿童的感知觉功能,起到治疗自闭症的作用。所采用的方式就是让儿童更多地接触丰富的客观环境,加大感知觉信息的输入量。

克雷奇(Krech)在1966年以老鼠为被试者,研究结果表明,感觉剥夺导致鼠的大脑皮层的密度缩小,并降低了胆碱酯酶的活性;而在丰富刺激环境下成长的小鼠,大脑皮层的密度增大而胆碱酯酶的活动加强。实验告诉我们,人类神经系统非常适合从各种刺激中寻找挑选信息,感觉刺激的输入对机能觉醒和神经机能保持正常状态有重要作用,自然界的光、形、色、声、冷、热等各种刺激,并没有将我们埋没,反而有助于正常机能的发展。

4.3 自然环境与感知觉发展的关系

如上所述,人的感知觉发展依赖外界丰富多彩的信息及刺激,而如今人们普遍病态的生活方式,正起源于较少走向室外、回归自然——自然能给我们带来相当可观的各类型元素供我们体味、感受、认知。我们的感知觉需要大量的刺激来进行不断的发育和完善。从心理学角度来说,感知觉虽然是一种低级别的、简单的心理活动,但对人的意义重大。感觉剥夺会导致知觉、思维、记忆等高级复杂的心理功能障碍。父母除了要保护好儿童的感觉器官之外,还要给儿童足够的空间去感知和接触周围的自然环境,并尽可能地创造条件让儿童接触不同的客观事物,引导他们从不同角度多层次地认知客观事物,只有这样才能让儿童的感知觉真正全面发展起来。感觉剥夺的研究从侧面说明如果人类离不开赖以生存的环境,人根本上来源于自然,只有与自然恰当地融合,才能达到机体各项机能的全面协调发展。心理是人脑对客观世界的反应,如果没有外界环境,谈何反应?

5 新研究思路的提出

以往的研究主要是对生活在不同环境下的人群进行采样,进而选择指标测试其生理、心理状况,进行比对,进而得出结论。这样研究的弊端在于缺少标准化的程序,会有很多漏洞和误差。要研究环境与身心健康的关系,有必要建立模型,模拟不同的环境来进行标准化的试验,然后将实验结果迁移到我们人类的实际生活中,从而分析结果,得出结论。所以我们的研究思路是模拟不同的环境类型,进行标准化对照试验。

(1) 试验对象:

猩猩、猴子等灵长类动物。

(2) 环境类型:

① 虚拟电子的生活环境。除了生活必需品外,只给予图片、影像、实物模型,恒定的温度、湿度、光强、风速等,营造绝对的自然环境剥夺的生活氛围。

② 真实自然的生活环境。完全按照真实环境的指标来设置,包括流动空气、循环水、绿色花草树木、四季变化、天气的温差变化等。

(3) 试验过程:

让被试者在这样的环境设置之下生活一定时间,进行测试。

(4) 试验指标:

① 比较大脑发育情况,如脑体积、脑重量、神经元数量、突触数量、神经递质含量等神经系统的发育情况。

② 比较心率、脉搏、血压、白细胞数目、抗体、生长因子等。

③ 比较运动、平衡能力、反应速度、体力、肺活量等。

④ 比较感知觉、注意力、记忆力、理解力、情绪情感、应激承受能力、抗压能力等心理指标。

6 总结与展望

前文已经从生理角度和心理角度阐述了环境与身心健康的关系。在快节奏、高强度、重负荷的生活下,强迫、抑郁、焦虑等各种心理问题成为普通的社会现象,人们普遍处在亚健康状态。现代医学的整体化,趋向于把人作为一个整体的人来认识,从广泛的联系上研究身心健康问题,从不同的群体层次,生态系统,某个地区、国家乃至全球相互联系观察、分析问题,强调了自然环境对健康的影响。在这样的背景之下,我们需要一种健康、积极的生活理念来指导我们的生活。

自然环境与我们的身心健康是紧密相连的,我们归根结底是来源于自然的,自然对我们的感知觉、情绪情感、思维能力等生理和心理机能具有积极作用。我们要打破"自然环境剥夺"的生活方式,共同向着绿色健康的生活方式迈进。

古言之:爱山者仁,爱水者智。这何尝不是在提醒世人要贴近自然呢?

参考文献:

[1] Mitchell, R., F. Popham. Effect of exposure to natural environment on health inequalities: an observational population study[J]. Lancet, 2008,372(9650): 1655-60.

[2] 谭少华,郭剑锋,赵万民. 城市自然环境缓解精神压力和疲劳恢复研究进展[J]. 地域研究与开发, 2010(4): 55-60.

[4] 谭少华,李进. 城市公共绿地的压力释放与精力恢复功能[J]. 中国园林, 2009(6): 79-82.

[5] 张峻峰. 健康与环境关系初探[A]//2010年中国饮用水高层论坛[C]. 北京,2010: 76-82.

[6] Scopelliti M., Giuliani M. V. Choosing restorative environments across the life span: A matter of place experience[J]. Journal of Environmental Psychology, 2004, 24(4): 423-437.

[7] Tennessen C. M., Cimprich B. Views to nature: effects on attention[J]. Journal of

Environmental Psychology, 1995, 15(1): 77-85.

[8] Staats H., Hartig T. Alone or with a friend: A social context forpsychological re s toration and environmental pre fe rences [J]. Journal of Environmental Psychology, 2004, 24(2): 199-211.

[9] Herzog T. R., Maguire C. P., Nebel M. B. As sessing the restorative components of environments [J]. Journal of Environmental Psychology, 2003, 23(2): 159-170.

[10] Hansmann R., Hug S., Seeland K. Restoration and s tress re life through physical activities in forests and parks [J]. Urban Forestry & Urban Greening, 2007, 6(4): 213-225.

[11] 葛明贵. 感觉剥夺实验研究述评[J]. 安徽师大学报(自然科学版), 1994(3): 269-271.

[12] 任桂英. 儿童感觉统合与感觉统合失调[J]. 中国心理卫生杂志, 1994(4): 186-188.

基于"土地利用—交通出行"动态关联的机动车尾气排放研究

Research on Emission of Motor Vehicle Based on Dynamic Association between Land Use and Transportation

万轶凌 ①   姚子男 ②
Wan Yiling   Yao Zinan

摘要 当前我国大、中城市的大气污染问题严重,这其中机动车的尾气排放占了很大比重。本文通过交通需求模型来分析土地利用与交通需求的互动关系,利用排放模型关联交通需求模型指标和机动车尾气排放因子,力求找出"土地利用—交通需求—机动车尾气排放"三者之间的动态联系,最终计算排放总量。该方法可用于评估城市规划土地用地方案的机动车尾气排放指标,并提出建议,引导城市开发建设和居民出行向更加科学、健康、生态的方向发展。

Abstract Most of cities in China are currently confronting serious environmental situations on air pollution, which basically attributes to so much car exhaust. This paper is to analyze interaction between land use and transportation through traffic demand model, and to find out dynamic connection among land use, traffic demand and vehicle emission by correlating emission model with indicators of traffic demand model and factors of vehicle emission, for obtaining accurate results of total amount of emission. It is applicable to assess motor vehicle exhaust emission index of city planning, especially for land planning. By this means, feedback and suggestion can be introduced to direct urban development and construction, and to promote a kind of scientific, healthy and ecosystem-friendlyresident trip.

关键词 土地利用 交通需求模型 机动车尾气排放 动态联系
Keywords Land Use Traffic Demand Model Motor Vehicle Exhaust Dynamic Association

---

① 万轶凌,邦城规划顾问(苏州工业园区)有限公司交通市政事业部高级工程师、注册规划师。
② 姚子男,邦城规划顾问(苏州工业园区)有限公司交通市政事业部交通工程师。

1 背景

1.1 城市健康问题的产生

进入 20 世纪以来,世界城镇化呈现快速增长的态势,世界经济的发展,丰富的商品极大地满足了人们日常生活的基本需要。然而伴随快速城市化进程的是城市健康问题大量出现——人口密度过高、住房紧张、交通情况恶化、生态环境污染、贫富差距依旧存在等"城市病"症状逐渐凸显,噪音、废气、贫困、卫生诸多社会、经济、环境、生态问题不断涌现。这些问题开始严重困扰并危害城市居民的身心健康。

1.2 健康城市概念

20 世纪 80 年代,面对城镇化问题给人类健康带来的挑战,世界卫生组织(WHO)提出建设健康城市的全球性行动战略,并对健康城市做出了定义:健康城市应该是一个不断开发、发展自然和社会环境,并不断扩大社会资源,使人们在享受生命和充分发挥潜能方面能够互相支持的城市。概括来说,每个健康城市都应力争实现创建有利于居民健康的城市环境、提高居民生活质量的目标。

健康城市的基本特征可以概括为以下几点:①健康的生态环境;②和谐的社区生活;③居民较高的社会生活参与度;④丰富的物资供应和质量保证;⑤信息、资源的充分共享;⑥经济形式的多样化;⑦个体和群体之间无障碍的交流。其中,自然资源的健康、稳定和可持续使用是最为基本的要素。

1.3 机动车尾气排放的严峻形势和危害

近年来我国城镇化的速度在不断加快,越来越多的人进入城市,另外,随着人们收入的增加,机动车拥有和使用比例也越来越高。城镇化和机动化的快速发展也使城市健康问题越来越突出,尤其在自然环境恶化和交通拥堵等方面问题更加严重。深入分析不难发现环境问题和交通问题存在诸多联系。机动车越来越多地进入普通家庭,带来了交通出行以及交通用能的持续增长。在国家层面,这一趋势主要表现为机动车保有量的快速增长,导致温室气体排放持续增加。

我国是世界上大气污染较为严重的国家之一。1997 年,大气污染曾引起约 17.8 万人过早死亡。近些年,城市空气质量虽有所好转,但 39.7% 的监测城市(全国共 522 个监测城市)还处于中度或重度污染中。城市人口仍长期生活在可吸入颗粒物超标的环境空气中,特别是人口超过百万的特大城市,空气中二氧化硫和颗粒物超标比例都较高,空气质量达标比例偏低。雾霾、PM2.5这些在若干年前我们十分陌生的词汇,近年来也是常常出现在人们的视野当中。

其中,机动车的废气排放物对于大气环境有着巨大的负面作用,有相关报道分析指出:美国的大气污染50%来自运输工具,日本运输工具所产生的碳排放也占到全国大气污染的20%。初步估计,我国城市大气污染大约有20%～30%以上来自交通运输的气体废物排放。

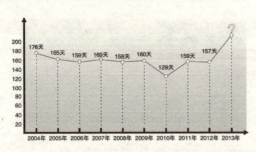

图15-1 近十年杭州雾霾日统计图

图15-2 北京雾霾天气的污染成因

自然环境是城市存在最基本的条件,健康的生态环境必须得到有效的保证和维护。目前国内对于交通排放对环境的污染方面的研究还处在初步阶段,主要的模式是通过简单、固定地套用相关标准、指标来进行粗略的计算。该方法的主要不足是:交通量来自现状调查数据,不能有效反映未来的发展。

本文拟从交通需求预测和车辆排放估算入手,力求通过动态评估的方法,来分析区域交通排放的总量,从而帮助政府等决策部门利用模型科学合理的数据进行制定政策和指导规划设计。

2 分析框架

2.1 总体思路

本文主要以系统论为理论指导构建分析框架和总体思路。由图15-3可以看出,城市交通系统的尾气排放量是由活动水平、交通结构、能源强度、燃料类型、排放因子等多个因素直接决定的,而其诸多决定因素又受到城市交通系统中各组成要素(人、道路、车辆、燃料以及系统管理机制),以及周边外部环境中的各影响条件(地形、环境、气候及管理等)的直接或间接影响。具体表现在:活动水平的高低和城市用地布局、经济的繁荣程度有关;交通结构与居民的出行习惯有关;能源强度和燃料类型都与国家的相关政策和制度有关;排放因子主要与交通工具的自身情况和道路交通运行状态以及燃料的种类都有较大关系。

要实现城市交通的尾气减排目标,作为城市规划师和交通工程师,应该从自身专业技术和工作领域出发,着重对活动水平(即交通需求)和排放因子(即交通运行)两个方面进行研究,分析这两个因素对于交通排放污染的影响,以及估算不同情况下的交通排放总量,在早期的规划方案中,因地制宜、有的放矢地制定相应的减排措施和方法,促进城市道路交通系统的低碳发展,真正实现绿色环保、健康城市的远大目标。

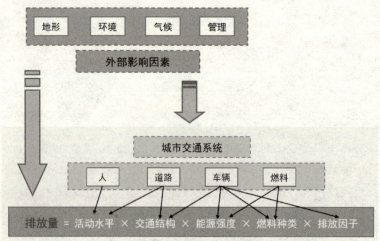

图 15-3 影响机动车尾气排放的主要因素

2.2 基本模型

根据国内外研究排放的基本思路和理论,机动车尾气排放总量等于所有单位交通出行量乘以交通能源消耗量,模型主要结构如下:

$$C = \Sigma_I (A \times E_a)$$

式中:

C:尾气排放量(单位:千克);

A:交通出行量(单位:千米);

E_a:交通能源消耗量(单位:克/千米);

I:各类交通方式。

在该模型中,存在两大影响因素:交通系统指标和机动车尾气排放系统指标,每个系统内部还包含了众多的具体参数指标和影响因素,本次研究主要论述其中主要指标的作用、意义和获取方法,其他次要因素可以做相应的参考。

2.3 构建"土地利用—交通需求—机动车尾气排放"关联框架

城市规划的核心工作之一就是进行城市空间用地布局,确定土地的性质、规模和开发强度。而城市交通需求与城市土地的属性有着密切的关系,不同的土地性质有着不同的出行率、出行特征。城市交通本质上是人在城市空间范围上的流动,交通规模和交通方式构成不能只归结于某一类或几类用地,而是由城市人口、用地整体空间布局联动决定的。

通过分析用地属性和规模,结合经验数据,交通工程师可以在规划方案初期建立宏观交通需求预测模型,得到研究区域的交通量指标。随着规划用地方案的不断调整,修改交通模型中的参数,得出不同方案的交通预测结果。最后将排放模型和交通预测模型进一步整合,就可以预测片区的交通系统排放总量。该方法的优点在于"土地利用—交通需求—

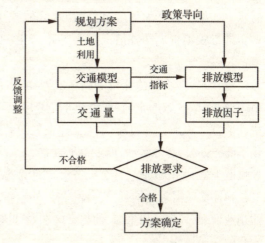

图15-4　土地利用—交通需求—机动车尾气排放模型图

机动车尾气排放"是一个动态互动的有机整体,规划用地方案的调整直接影响交通需求的结果,交通需求的改变同时也进一步影响排放模型的计算结果。

国内目前在机动车尾气排放方面的研究主要集中在城市建成区域,另外在交通流量的收集方面也主要利用现状实际数据,这具有一定的局限性。因此,本文提出基于动态交通模型视角下的"土地利用—交通需求—机动车尾气排放"关联框架,该方法具有实用性范围广、考虑因素多等特点。

3　土地利用—交通需求—机动车尾气排放动态计算模型介绍

3.1　土地利用与交通需求

3.1.1　土地利用与交通需求的相互关系

城市土地利用与交通需求相互联系,相互影响,相互促进。一般来说,不同的土地利用布局、不同的土地利用性质和不同的土地开发强度,对应着不同的交通需求。不同的土地利用形态决定了交通发生量和吸引量,决定了交通分布形态,在一定程度上也决定了城市的交通结构,例如居住地块在早高峰时段呈现出行远远高于到达的趋势,与之相对应的商务办公地块同时段内则呈现交通到达远远大于出发的特点。城市土地利用的特点与城市交通状况也是相对应的关系。城市土地利用与城市道路基础设施建设共同决定了城市的交通状况。土地利用形态不合理或者开发强度过高,将导致现有的基础设施无法满足交通需求。如果土地开发强度过低,相邻区域缺少连接性和可达性,将大大增加机动车的行驶里程。两种情况都会导致产生一系列的交通问题,如交通拥堵、环境污染等。

近年来,随着经济建设的高速发展,城市规划管理体系的日趋完善,大中城市新区、新城区域的土地利用空间布局与老城区相比发生了很大变化,不同地块功能分区更加合理明确,原本无序发展的老城区通过土地置换、优化或调整,强化了商务办公、金融活动、商业商贸功能,工业组团和居住片区向外围新区迁移。老城区土地利用的调整、社会经济活动的增强,促进了老城区的交通需求增长,尤其是弹性交通需求的增长。与此同时,外围新城区的大规模开发建设,特别是居住地增加,外来人口增多,使得新区和老城区之间的出行增加,呈现向心性和潮汐式的交通特征。

以上分析表明,影响交通特性的关键因素是城市的土地利用形态。土地利用是社会经济活动在空间上的表现,是产生交通的根源。交通问题归根结底是土地利用产生的交通需求与交通系统提供的交通设施容量和交通管理水平之间的矛盾。在遵循城市总体规划的思路上进行的城市交通规划必须与土地利用规划相适应且满足土地利用所产生的交通需求并为之服务,同时发挥其对土地利用和城市发展的导向作用,改善城市交通环境,解决城市交通问题,促进城市良性发展。

3.1.2 土地利用与交通需求的量化模型

国内外对土地利用与交通关系的定性与定量研究都已经很成熟。事实上,交通需求是土地利用的函数,它们之间的关系可以用土地利用与交通需求的关系模型来表征。当一块土地上发生了活动,就实现了这块土地产生交通需求的潜力。传统的交通需求预测模型通常由四阶段组成:出行生成、交通分布、方式划分和交通分配。其中,交通出行生成模型有多种,如增长率模型、回归模型、分类回归模型、时间系列法以及弹性系数法等。本文提出的基于土地利用的出行生成模型来量化土地利用与交通需求的关系,具体模型如下。

$$P_i = S_{Ri} \times M_R + S_{ci} \times M_c + \cdots$$

式中：

P_i：第 i 个交通小区的出行次数；

S_{Ri}：第 i 个居住用地的用地面积；

S_{ci}：第 i 个商业用地的用地面积；

M_R：居住用地交通出行强度系数，指单位用地面积的出行率；

M_c：商业用地交通出行强度系数，指单位用地面积的出行率。

其中，城市规划方案预测模型中的用地面积（S）和用地性质（R、C）的指标，可以由现状各交通小区出行量数据和各类用地规模的资料通过多元回归分析获得。各类用地单位面积的交通产生量，即 M 反映的是各类用地的平均出行吸引情况。《建设项目交通影响评价技术标准条文说明》给出了各类用地的出行率指标，以供交通规划工作者参考使用。

表 15-1　不同各类用地交通出行强度系数对比（部分）

大类	中类	高峰小时出行率参考值	出行率单位
住宅	普通住宅	0.8～2.5	人次/户
	别墅	0.5～2.5	
	宿舍	4～10	
商业	市场	3～25	人次/百平米建筑面积
	综合商业	5～25	
办公	行政办公	1.0～2.5	
	科研办公	1.0～3.5	
	商务办公	2.0～5.5	
服务	娱乐	2.0～6.5	
	餐饮	5.0～15	
	旅馆	3～6	
……	……	……	……

对于不同地块的交通吸引来说，存在着同样的计算方法。

表 15-2　不同各类用地交通吸引系数对比（部分）

用地＼城市	苏州	无锡	南京
居住设施	0.08	0.08	0.07
工业用地	0.22	0.23	0.23
公共设施	0.46	0.45	0.43

续表

城市 用地	苏州	无锡	南京
仓储用地	0.05	0.06	0.08
绿地	0.06	0.04	0.02
水域	0.02	0.02	0.01

该预测模型的主要参数直接与土地利用关联，由此可见，通过改变各区的土地利用面积、开发强度等指标可以预测出相应的交通出行状况。通过后续的三阶段模型（交通分布、方式划分、交通分配）能对不同土地利用情况下的交通需求做出预测。目前，宏观交通需求预测基本都是利用类似 visum、transcad、emme 等专业的交通软件，建立交通需求预测模型，完成参数标定和校核后，经过多次的迭代和计算，得出需要的交通系统指标，主要包括：

· 交通量：指研究范围内高峰小时或者全时段的交通量；

· 平均车速：指研究范围内不同车辆的平均车速指标；

· 路段饱和度：交通量和道路通行能力的比值，反映了路网整体营运情况和承载能力。

交通系统指标反映了在对应的路网规划、土地利用方案的前提下，片区的整体交通运营情况。通过图表的形式可以直观地反映全部或局部区域的交通状态，而交通数据和交通状态是排放测算的重要依据之一。

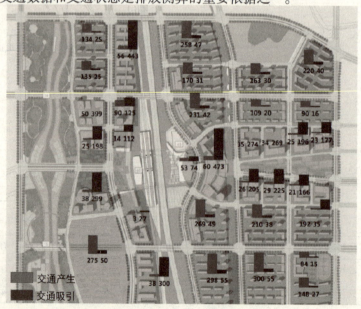

图 15-5　交通产生与交通吸引图

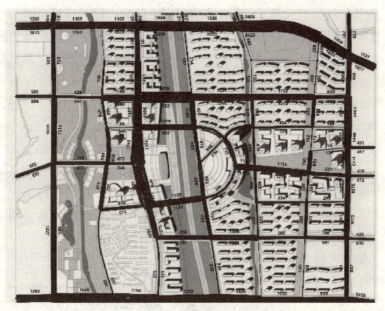

图 15-6　路段交通流量图

3.2　交通需求指标与机动车尾气排放因子

3.2.1　国内外主要理论介绍

机动车尾气排放因子是对机动车尾气排放进行量化分析和评价的重要参数。机动车排放模型是对排放因子数据库及一系列的其他影响因素的程序化，可用于估算区域机动车排放总量或排放强度，有助于分析车辆高排放的原因和制定控制策略。

机动车排放模型按照模拟方法的不同可分为平均速度类模型和行驶工况类模型。平均速度类模型以车辆平均速度作为污染物（Hc、CO、NOx、PM 等常规及非常规的污染物）的表征参数，即污染物排放因子是车辆平均速度的函数，在时空分辨率上适用于宏观和中观尺度；行驶工况类模型的基础是机动车瞬时行驶状态下的各污染物的排放速率，即通过标准工况瞬时的速度、加速度及 vsp 等参数计算车辆排放率和排放量，例如：CMEM 模型根据发动机瞬时排放量来确定模型的数据库；MOVES 模型则根据逐秒测试数据通过不同的统计回归方法（回归方程等）和代用参数（速度—加速度矩阵、VSPbin 等参数）建立参数与污染排放的瞬时关系。下面简要介绍了机动车排放模型的分类及代表性模型。

（1）COPERT 模型。

该模型由欧洲环境署（EEA）于 1959 年资助开发，经过半个多世纪的不断改进,目前其最新版本为COPERT4;是欧洲应用最为广泛的计算机动车道路排放模型之一。该模型原理与MOBILE、EMFAC等类似,采用平均速度表征车辆行驶特点。该模型排放因子包括热排放、冷启动排放和蒸发排放,都是基于机动车平均速度的函数,可以计算单车排放因子或者车队一年中的污染物排放量。模型根据车型、排放标准及燃料的不同将机动车分为乘用车、轻型货车、重型货车、城市公交车及长途客车、摩托车等。

(2) MOBILE 系列机动车排放模型。

由美国环保部(EPA)于1978年开发,经过不断更新和改进,目前其最新版为MOBILE6;该模型可用于评估过去、现在和未来机动车尾气各污染物排放因子和排放清单。同时该模型具有良好的用户界面及可移植性,因此得到了广泛的应用。

(3) HBEFA 模型(道路交通排放因子手册)。

最初由德国、瑞士和奥地利三国的环境保护机构共同开发完成。同时,瑞典、挪威、法国以及联合研究中心(欧盟委员会欧洲研究中心)也做出了技术支持。HBEFA模型提供各种类型车辆的排放指标(单位:克/千米),车辆类型大类主要包括小汽车、轻型车、重型车、公交车以及摩托车等,其中每一项又可以细分为若干小类型,以满足精细计算的需要。HBEFA提供车辆热运行、冷启动和蒸发排放过程的排放因子。包括污染物排放因子、燃油消耗和二氧化碳排放因子等。1995年发布了第一版,此后在持续更新和完善,目前为3.2版本。

3.2.2 机动车尾气排放因子的主要影响因素

影响机动车尾气碳排放的因素很多,主要包括自身因素和外部因素两个方面。

(1) 机动车自身因素:车辆自身的因素包括发动机控制技术和车辆后处理技术,车辆动力传动系统的优化设计及匹配、车辆自重、行驶里程、油品质量等。具体与车辆类型、燃油类型、减排措施有关。

表15-3 中国机动车尾气排放因子及排放量

项目 (克/千米)	汽油车				柴油车			其他
	小汽车	轻型车	中型车	重型车	轻型车	中型车	重型车	摩托车
HC	6.26	8.20	12.67	11.02	1.33	1.45	4.19	5.33
CO	48.04	41.11	73.67	86.62	2.61	2.67	5.63	15.09
NOx	1.79	2.75	4.66	9.56	2.39	2.58	24.10	0.12

由以上表格可以比较得出机动车排放的趋势和特点:

第一,汽油车辆的 HC、CO 排放量远远高于柴油车,并且随着车辆种类的不同而呈现明显的上升趋势;

第二,NO_x 排放量主要来自中、重型车辆,大中城市大型车辆主要是以公交车为代表的公交交通。

(2) 外部环境因素包括:城市交通状况、道路状况、驾驶员驾驶行为、环境温度和湿度。其中道路交通状况是主要的影响因素,反映了机动车当前的运行状态,本文统一将其简称为交通运行工况。交通运行工况具体包含下面四方面的内容:① 区域条件,指城市或乡村;② 道路类型,指高速路、快速路、主干道、次干道和支路;③ 交通管理措施,指限速、交通信号等;④ 道路交通情况,指拥堵情况(体现为服务水平)。

从典型城市的交通运行工况调查资料可以看出,汽车在城市道路上行驶,频繁的加、减速时间比例和较少的等速行驶时间比例,反映了城市中汽车行驶经常处于"起步—加速—减速—怠速"的运行状态,这样的交通运行工况使得汽车的耗油量增大,污染物排放也加剧。

国内一些大中城市,如北京、南京、上海、济南等已经进行了相关机动车尾气排放因子的研究和本地化测试工作。下面以南京的部分实验数据来举例说明:

第一,随平均速度的增大,各种类型的车辆的 HC 排放因子逐渐减小,平均速度大于 40 千米/小时时,摩托车 HC 排放因子变化很小;

第二,随平均速度的增大,各种类型的车辆的 CO 排放因子逐渐减小,但重型汽油车的 CO 排放因子在 70~80 千米/小时后略有增大;重型汽油车的 CO 排放因子远大于其他车型;

第三,随平均速度的增大,重型柴油车的 NO_x 排放因子逐渐减小后又逐渐增大,50~60 千米/小时时值最小;重型柴油车的 NO_x 排放因子远远大于其他车型;随平均速度的增大,重型汽油车的 NO_x 排放因子逐渐增大;

第四,摩托车的 NO_x 排放因子最小,汽油轿车其次,微型车再其次;中型车、吉普车、微型车和汽油轿车的变化规律相近,在 20~70 千米/小时的时候基本不变,在小于 20 千米/小时、大于 70 千米/小时的时候增大。

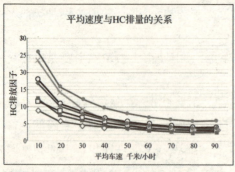
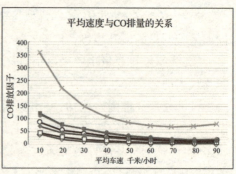
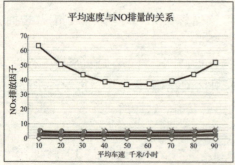
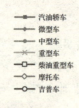

图 15-7　机动车尾气排放与速度的变化关系曲线

表 15-4　机动车尾气主要排放物与速度的关系统计表（排放物单位：克/千米）

平均速度	排放物	汽油轿车	微型车	中型车	重型车	柴油重型车	摩托车	吉普车
10 千米/小时	HC	12.4	16.9	26.2	23.6	11.7	9.0	18.1
	CO	122.9	71.3	118.7	357.8	45.2	41.3	87.2
	NOx	2.1	3.2	5.3	4.1	63.2	0.1	4.8
20 千米/小时	HC	7.6	10.2	15.8	14.3	8.8	5.7	10.9
	CO	77.0	45.8	76.2	221.2	29.1	19.5	56.0
	NOx	1.9	2.9	4.8	4.3	51.0	0.1	4.3
30 千米/小时	HC	5.9	7.9	12.3	9.2	6.8	4.7	8.5
	CO	61.7	37.3	62.1	148.9	20.1	12.9	45.6
	NOx	1.8	2.8	4.6	4.6	43.4	0.1	4.2

3.3　排放总量的确定

基于以上对土地利用与交通需求以及交通尾气排放关系的分析，本文提出一种结合土地利用与交通尾气排放的模型的理论方法，以期了解不同的土地利用政策对城市污染的影响。

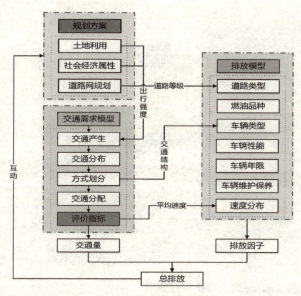

图 15-8 土地利用—交通需求—机动车尾气排放模型技术流程图

不同的土地利用类型、混合程度、开发强度以及空间布局都会影响车辆行驶里程和出行频率。增加的车辆行驶里程与低强度的土地开发和空间布局上的分割有着紧密的联系。上述的结合理论主要包括以下几个部分:第一,出行生成模型以土地利用类型、面积、开发强度和其他社会经济数据作为模型输入,得到出行发生量和吸引量;第二,交通分配模型根据出行发生和吸引量得到交通小区之间的 OD 分布;第三,方式划分模型进一步将居民出行 OD 转化为机动车出行模型输出路段平均速度作为排放模型重要的输入参数之一,再结合具体的车龄分布、燃油属性、道路类型等参数获得机动车的尾气排放因子。最后,结合路段上的车流量和车辆类型组成,通过以下模型计算特定土地利用状况下的机动车尾气排放量:

$$排放总量 = 交通量 \times 交通类型 \times 排放因子 \times 总里程$$

3.4 主要成果形式

在以上模型计算的基础上,研究可以获得单一路段、城市不同区域甚至是国家级别的排放总量指标,该指标不是一组枯燥无味的数据,而是可以整合利用 GIS 地理信息系统、数字化地图、数据库等技术,以图形的形式直接反馈在坐标图纸上。该项技术的运用能够为决策者和普通公众提供简单易懂、形象直观的解读。

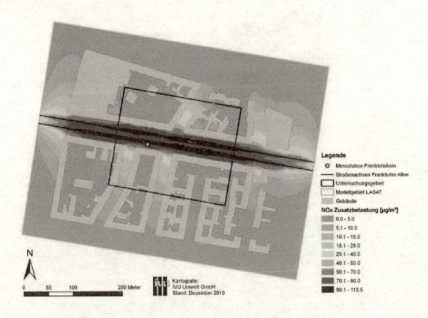

图 15-9　街道—区域范围 NOx 排放评估

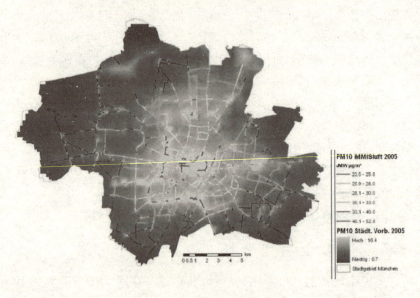

图 15-10　城市级别 PM10 排放评估

4 总结和展望

4.1 总结

本文基于以上的讨论和分析,在得出土地利用规划方案后,通过动态整合交通需求和机动车排放两个核心模型,不仅能够计算规划区域的排放指标,更重要的是能从排放指标的计算当中分析、提炼影响排放的主要因素,在了解主要因素特征的情况下,提出切实可行的优化减排措施,其中包含以下两个方面:

4.1.1 技术层面总结

(1) 提高城市规划水平。

城市规划方案中合理的空间布局与道路网规划方案、用地开发强度等指标,极大地影响着交通的需求与供给。交通总量与交通运行状况和排放又有着紧密的联系。因此必须科学地做好城市规划工作,在已建成区,应着力做好交通拥堵点的治理改善工作,合理布局交通设施、加强交通管理水平,最大限度地挖掘交通潜力;在新城、新区的建设过程中,应在规划初期选择较高的技术指标,按照TOD的模式合理布局土地,完善道路等级结构,实施交通分流原则,大力提倡公交优先、慢行交通优先等绿色出行方式。

(2) 加强交通管理水平。

提倡利用ITS(Intelligent Traffic System)智能交通技术,通过提前预测、合理引导、实时监控等多种手段疏导城市交通,提高机动车的运行速度、合理分配车流、减少城市中心区的车流密度。

(3) 提高科学技术减排手段。

依靠先进技术降低机动车油耗,开发新的方式与方法降低机动车运行能耗,实现低碳交通。

4.1.2 政策层面

(1) 提倡使用清洁能源交通工具。

与内燃机汽车相比,电动汽车是零排放,发展电动汽车不仅对减少城市交通污染有重要意义,而且对中国的能源安全也至关重要。

(2) 建立健全法律法规。

国家交通、环保部门应联合制定相应的法律法规,提出不同地区和城市的排放标准,近期作为规划方案是否通过的参考依据,远期可考虑作为相关规划的法定内容和标准。

(3) 加强宣传教育。

通过媒体及网络的力量，借助各种渠道和各种活动进行低碳交通理念的宣传教育，培养全民减少化石能源消耗、减少 CO_2 排放量的整体意识。引导人们正确认识交通行为和方式，尤其应当对各级政府部门、规划设计部门进行系统的宣传教育，增强人们创造低碳健康的生活环境的责任感和使命感，促使人们积极参与城市低碳交通建设，平时工作和生活中尽量多走路、多骑自行车，多使用低碳交通工具等。

4.2 展望

由于该模型的方法基于计算机和数据库运算，未来有着广阔的技术应用前景：

(1) 构建全面的排放评估及其预测数据库。

利用云计算、大数据分析等先进的技术，建立全国交通模型数据库、排放模型数据库，未来只需要规划师导入相应的规划方案，就可以计算该方案的排放总量。

(2) 作为拥堵收费的依据和标准。

根据评估所得的区域排放数据，结合相应的技术指标，动态划定拥堵收费的区域和制定阶梯形的收费标准。

(3) 透明的公众交通、排放信息系统。

结合 GIS、数字地图等技术，将交通需求、排放结果与地理信息坐标互相匹配，同时开放公众的查询接口，使任何人都可以随时随地地借助电脑和手机通过互联网来了解相关区域历史或未来的预测排放数据。

参考文献：

[1] 李修刚,等. 用于城市交通规划的机动车污染排放因子[J]. 交通运输工程学报, 2001,1(4):87-91.

[2] 杨明,等. 城市土地利用与交通需求相关关系模型研究[J]. 公路交通科技,2002 (1):72-75.

[3] 赵凤琴,等. 长春市大气中 NO_x 污染现状和机动车排放分担率研究[J]. 吉林大学学报(地球科学版),2005,35(2):234-247.

[4] 傅立新,等. MOBILE 汽车源排放因子计算模式研究[J]. 环境科学学报,1997,17 (4):474-479.

[5] 潘海啸.向低碳的城市空间结构——城市交通与土地使用的新模式[J].城市发展研究,2010(1).

[6] UK LowCarbonTransitionPlan. Nationalstrategyforclimateandenergy[R]. HMGovernment,2009.

[7] 吴烨,郝洁明.北京市机动车污染排放特征[J].环境科学,2000,21(3):68-70.

[8] 宿凤鸣.低碳交通的概念和实现途径[J].综合运输,2010(5).

[9] 赵立蔚,等.天津市机动车污染评估方法[J].城市环境与城市生态,2002,15(6):23-27.

[10] 郭兴梅,李哲.我国机动车尾气的污染状况分析[J].太原理工大学学报,2002,33(1):74-82.

[11] 邓顺熙,陈洁,李百川.中国城市道路机动车 CO、HC 和 NOx 排放因子的测定[J].中国环境科学,2000,20(1):82-85.

[12] 国家环保局,国家技术监督局.轻型车辆排气污染物排放标准(GB14761.1-93)[M].北京:中国标准出版社,1993.

[13] 李聪颖.城市交通与土地利用互动机制研究[D].西安:长安大学,2005.

[14] Feank Southworth. On the potential impacts ofland use change policies on automobile vehicle milesof travel [J]. Energy policy,2001,(29):1271-1283.

Assessing Local Food Systems in China for Building Healthy Mega-cities

大都市健康城市建设中本地食物供应评估

Giulio Verdini [①]

Abstract Despite the long-lasting concern for food security in China at the national level, policy attempts to cope with this issue has often resulted to be ineffective. More importantly, they have rarely addressed the question from a local perspective. International experiences of urban food strategies proved to be quite efficacious in enhancing the local provision of food and improving the overall city sustainability by shortening the supply chain, preserving peri-urban areas and improving the nutrition of citizens.

By reviewing existing practices of city farming in China, mainly ascribable to urban agriculture experiences, the intention of this paper is to reflect upon the challenges of implementing more comprehensive local food systems. In the conclusion the paper argues that, given the current institutional, socio-economic, and environmental constrains of Chinese cities there is a need of introducing holistic planning tool to assess local food systems in order to ensure the building of real healthy cities.

Keywords   Local Food Systems   Urban Agriculture   Healthy City   China

Introduction

Food security has been considered for a long time as a strategic issue in China. This is mainly due to the massive trend of urbanisation especially affecting the most fertile areas of the country in the east coast. The National Congress of the Communist Party of China, in November 2012, already advocated for a better urban-rural integration and the support of the city to the rural areas (NCCP, 2012), while more recently the National Urbanisation Plan (2014—2020) clearly states that there

---

① Giulio Verdini,西交利物浦大学城市规划与设计系副教授,城市化研究中心主任。

is an urgent need to ensure national food security and effective supply of agricultural good (SCPRC, 2014).

In China policies have been already applied to limit the city size, to preserve the peri-urban farmlands or to establish agricultural parks at the urban fringe, but less has been done to support and facilitate the development of integrated local food systems. According to some international organizations, like FAO, a coordinated governance of local food systems and the improvement of the local food chain, from both the demand and supply side, could enhance the overall sustainability of cities, shortening the food supply chain, preserving the peri-urban open space and improving the nutrition quality of citizens. Effective forms of governance for local food systems could give an important contribution to building healthy cities.

In general terms the planning practice in China has statutorily limited influence in fostering effective forms of urban agriculture, not to mention to strengthen city or regional local food systems. Few attempts have been made in this direction although there are signals of change from different parts of the country.

Based on the review of the existing practices in China, mainly ascribable to local urban agriculture experiments, the primary intention of this paper is to outline current limitations in order to foster, in the future, a wider application of such practices.

However, whether or not policies for urban agriculture and local food systems have been employed, existing planning instruments still need to be updated to contextual problems. In fact, the pattern of development of Chinese mega-cities, especially in the coast area, has been mainly characterized by scattered industrialization, often threatening the quality of agricultural land. Thus the paper will arguein conclusion that there is an urgent need of introducing integrated framework for environmental impact assessment of local food systems, for evaluating under which conditions such systems in China can ensure the building of healthy cities.

Food And The City

In the international debate farmland reduction is widely acknowledged as the side effect of urban growth together with a series of interrelated problems such as unsustainable urban sprawl, loss of environmental quality, rural landscape transformations and, eventually, shortage of local food supply (Altermann, 1997, Pendall, 1999, Morgan, 2009).

Halweil and Nierenberg (2007) suggest that city farming can enhance food security by ensuring a more regular supply of food; especially for some cities with the fastest growing population such as the Chinese ones, urban agriculture is "more of a necessity than an option" (Sonnino, 2009).

Given this scenario the strengthening of local food systems around the Chinese cities in the future could be considered as a strategic policy to reconnect the urban demand of food with the need of preserving the farmlands, especially the ones located in peri-urban areas and threatened by the process of urbanization.

In recent years, there is an increasing international attention in exploring the potentiality of local food systems in emerging countries, involving international organizations like FAO or UN Habitat (Argenti, Marocchino, 2008). This is due to the evident opportunities given by local food systems in achieving a model of sustainable local development more socially just, especially for peri-urban farmers, and moreover for the potential role they can play in preserving peri-urban open space (Sonnino, 2009). Urban citizens demand more differentiated food, and they cannot rely on self-production. Moreover, according to FAO, the local food demand and supply follows global consumers behaviours, thus reducing the demand of simple staple food and increasing that of proteins. Urban elites increasingly seek local productions, reconnecting their urban life with traditions or a variety of quality and diverse food (organic food for example). Therefore, the convergence of rural and urban issues on matters of food planning appear to be a necessary step for sustainable urban development, for social and spatial justice and for building healthy cities (CITIES, 2013).

Cad We Talk about Local Food Systems in China?

Urban growth in China has become in recent years the object of interest of several disciplines especially for the tremendous and unprecedented trend of development, and for the severe social and environmental implications of such trend. The loss of farmland is clearly one of the main costs (Song & Ding, 2007). To make an example although it is difficult to determine exactly how much farmland was lost prior to 1996, estimates of gross cropland losses between 1987 and 1995 run on the order of 5.7 – 8.4 million hectares while the rate of cropland loss speeded up since 1995: net losses of cropland between 1996 and 2003 amounted to 5.4 million hectares. These data are reported in Lichtenberg & Ding (2008), based on a rich literature review.

This widespread concern is also reflected in the evolution of the political discourse in China, which is now seeing an increase in advocacy for a paradigm shift in the process of modernising the country. In the "Report to the 18th National Congress of the Communist Party of China" in November 2012, the term "urbanisation" was widely associated with the need for "accelerating the improvement of the socialist market economy and change to the growth model". One of the strategic directions outlined to reach a more sustainable model of urbanisation is to "integrate urban and rural development", encouraging cities to support rural areas, and targeting the improvement of the economic condition of rural areas (NCCP, 2012). The document identifies moreover the national food security as one of the main strategic policy goals for the future of China, especially in fertile agricultural areas like the Yangtze or Pearl River Delta, reaffirming a long-lasting concern regarding the shortage of agricultural land over the last two decades (Chen, 2007).

In addition to that, the discourse reveals a departure from the traditional dichotomy between urban and rural areas stressing the importance of building linkage between the two environments. Overall, this can be regarded as a promising direction to reconsider the urban and the rural as two sides of the same coin of the East Asian urbanisation process, as previously conceptualised by academic scholars (McGee, 1991).

Nowadays food security is clearly an important issue in China for several reasons. According to the official data, in 2011, the migrant population in China reached 230 million, increasing by 8.28 million from the previous year, which brings a significant reduction in labour force in the countryside. When in the 1980s China was facing a problem of redundant workforce in rural areas and alternatives to farming under-employment were encouraged, the rate of rural-urban migration poses serious threats to some regional farming structures. In addition to this, in each year from 1997 to 2007, there were 755,000 hectares farmlands lost in China mostly due to the purpose of development. Putting all the numbers together, it can be seen that the situation of food issues in China is extremely fragile (Fanfani & Brasili, 2005).

On the other hand China has been nearly unique with regard to the employment of policies for food self-sufficiency and for the preservation of agricultural land around cities. Supra-level quotas for rural to urban conversion have been employed and several rigid planning controls have been applied, such as intensive and high-density land use, restriction of new development permissions, city size control, urban growth boundary and greenbelts but very often they have been ineffective (Zhao, 2011). Moreover, this policy framework has not prevented the urban growth affecting the peri-urban livelihood, often resulting in unaccounted social costs (Verdini, 2014).

Besides the planning strategies so far adopted, investment in R&D and technologies in agriculture have also been significantly suggested to cope with crops reduction(Zhu, 2010). China being in the process of rapid industrialization and urbanization, it is almost inevitable that cultivated land is gradually declining (Yang & Li, 2000). This brought some scholars to the conclusion that the rural areas of the most urbanised coastal areas of China are more suitable for non-agricultural economic development, or for increasing the output value per unit of land, although the conversion into orchards and fish ponds (Feng, 1998; Smil, 1999), while the western part of China might be more suitable for raising agricultural productivity, thus achieving the national goal of food security (Long et al., 2010).

If food security is not yet a national emergency, China is losing its most fertile areas and this could cause a loss in productive capacity in the near future (Liechtenberg & Ding, 2006). Moreover the rationalistic quantitative goal of food security does not take in account the potential environmental and social benefits of keeping alive local food systems. In the international debate the strengthening of local food systems via urban food strategies is increasingly seen as a tool for achieving a more sustainable pattern of urbanization for the mutual benefit obtained by preserving peri-urban farmlands, supporting small and medium rural enterprises, and lowering the carbon footprint of the food chain (Morgan, 2009).

In China a balanced food strategy combining national and local goals could be surely considered a forward-looking integrated policy aimed at guarantee food provision but also overall sustainable urban development paths.

In literature an unsophisticated method to assess comparatively the reliance of a city on local food is the "self-sufficiency ratio", namely the percentage of food consumed and produced within a defined administrative boundary. A recent comparative study on Chengdu, Nanjing, Shanghai and Shenzhen has been published employing the "self-sufficient ratio" and this is probably one of the first attempts done to evaluate the sustainability of some Chinese cities in respect to local food provision and demand (Lang & Miao, 2013).

However some scholars have warned in drawing too optimistic conclusion, due to the potential risk of the so-called "local trap". By "local trap" they refer to the fact that lack of integrated and comparative assessment could bring to the misleading conclusion that a high self-sufficient ratio is beneficial by definition, while several studies have proved that the presence of local production doesn't necessarily ensure the city to be more sustainable from an environmental and socio-economic perspective, and even more to be healthy (Born & Purcell, 2006). A local food system is in fact a complex system comprising different dimensions: environment, social issues, governance systems, local/rural development, nutrition factors, food security, food quality. Each dimension is the result of different and sometimes conflictive policy outcomes. For example, the goal of food security, that is a pure quantitative target, doesn't necessarily imply that the food is healthy or, similarly, economic support for local producers doesn't necessarily mean less environmental pollution. In China overall there is a lack (or even absence) of comparative and holistic studies assessing the real sustainability of these local food systems (De Zeuuw & Wenming, 2013).

A Review of Existing Practices

It is quite evident that it is still not appropriate to talk about local food systems in China, despite the existence of a relative high "self-sufficiency ratio" in some fast-growing cities of the country. As far as we know from existing literature review, none of the Chinese cities are today addressing holistically the implementation of a local food system or are employing comprehensive urban food strategies. However, some seeds of change are emerging in respect to urban agriculture experimentations, although these are very scattered and diverse, and they have never been systematise.

In summary urban agriculture in China can be divided into intra-urban farmingand peri-urban farming, primarily differentiated by a different land tenure system: state owned land in the former case, while collectively owned in the latter (Verdini, 2013). Intra-urban farming is currently either an illegal or planned practice. In the first case it is practiced by dispossessed farmers, relocated into modern city neighbourhoods but still retaining strong attachment to their previous main source of livelihood (Fig. 16-1). New relocation areas don't allow farming as the inner-city urban greenery has a pure decorative function, according to the national planning regulation. In this respect there is a growing concern among planners and academics regarding the gap between the current policy framework and the real need of dispossessed farmers: they could benefit from a policy relaxation, although their practices would possibly conflict with the new urban image of modern China (Geng, 2014).

Fig. 16-1 Small-scale Farming Activities Illegally Practiced in Lotus Village in Suzhou Industrial Park, Jiangsu Province

Cases of planned farming activities within the urban boundaries are quite diverse. They might be scattered and rather elitist small-scale initiatives (such as roof farming, balconies or roadsides farming) mainly practiced by urban wealthy sectors for leisure time, but with negligible effects in term of food provision, or they might be formal experiences of agricultural parks, part of the overall urban green system of Chinese cities. In this particular case these areas are conceived as urban parks with the goal of supporting local food production and agro-business and promote tourism. However local tourism is still the main motivation behind their establishment (Lang & Miao, 2013), although it is surely a promising initiative reinforced by the growing presence of farmer's market.

Farming activities happening beyond the urban boundary, in areas statutorily classified as rural from the national planning code, can be considered peri-urban activities (partially or entirely) contributing to the provision of food for the nearby city.

Discussion & Conclusion

In general terms existing activities in Chinese cities ascribable to urban agriculture are still rather scattered. The current planning practices in China allow to establish agricultural parks within the city perimeter, although their effect is still very limited. They normally tend to be more profitable tourist attraction rather than reservoir of food for the city. On the other hand inner-city farming is not allowed preventing relocated farmers getting access to a potential form of extra livelihood or simply to an alternative form of leisure time activity. Notwithstanding the contradictions potentially embedded in this model, recent studies mentioned above can prove that the self-sufficient ratio of fast-urbanising cities, namely the quota of consumed food that is produced within the municipality, is still quite high. This might bring to the conclusion that in China there local food systems de facto.

However peri-urban farming is facing several challenges that should not be underestimated. In particular, in order to achieve a more holistic understanding of the current treads it seems worthwhile to mention the fact that:

——The Chinese model of urbanisation is highly land-consuming due to the existing local financing system heavily relying on land sell (Ran, 2012);

——The costs of urban growth at the fringe of Chinese cities, given the current policy framework, are often hidden, so it is difficult to appreciate how more sustainable patterns of development would bring to long-term benefits (Verdini, 2014);

——The urban containment strategies in place are still mainly top-down and very often relying on purely regulative command-control instruments, lacking of meaningful stakeholders involvement and market-based mechanisms to curb sprawl (Bengston et al., 2004; Zhao, 2011);

——The industrialization of the countryside that happened during the 1980s and 1990s, especially in the most dynamic coastal areas of China (Friedmann, 2005) has determined a scattered presence of polluted sites in rural areas potentially undermining the quality of peri-urban farmlands and consequently the quality of healthy food.

In summary the institutional, socio-economic, and especially the environmental constraints of peri-urban farmlands here depicted (Fig. 16-2), advise against any easy shortcuts in evaluating the current Chinese situation. Rather, it advocates for a deeper understanding on whether or not the provision of local food could be safe and could be sufficient in the medium-long term.

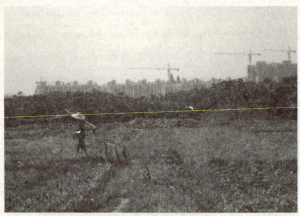

Fig. 16-2 Tension Between Urban Growth and Farming Activities at the Fringe of Suzhou

Conclusion

In order to provide a holistic framework for assessing the sustainability of a local food system, it is necessary to evaluate its distinct dimensions in a comparative way. Attempts to define the concept of sustainability and its dimensions (ecological, social and economic) can be dated back to the "Earth Summit" in 1992, the United Nations Conference on Environment and Development (UNCED) and attempts to apply such framework to local food systems have been already tested in the West (Schonhart et al., 2009).

However research in this directions would require to understand the key role played by the institutions for urban development in achieving the goal of effective sustainability, especially for cities in emerging countries like China (Bolay& Thai Thi, 1999; Bolay, 2011). The goal of implementing local food systems for better and healthier cities in China requires a strong commitment of local governments and possibly a real willingness to reform current institutional settings still too much driven by economic reasons.

Acknowledgement

This paper is the outcome of a research grant from the Suzhou Municipal Philosophy and Social Science Foundation, 2012 Social Science Program of Suzhou, titled: "Planning a local food system in Suzhou. Analysing the demand for quality of food and agriculture" (在苏州规划"本地食品系统"分析食品和农产品的质量需求, SSSP 12-D-56).

A preliminary version of this paper was presented at the China Agricultural University in Beijing, in October 2013, when I was invited by the Delegation of the European Union to China and Mongolia (欧洲联盟驻华代表团) to deliver a presentation on "Urban agriculture: socio-economic aspects and urban greening" at the joint EU-China experts' seminar on developing a joint initiative for cooperation in research and innovation on food, agriculture and biotechnologies. The kind advices received from Dr. Franscesca Frassoldati and Prof. Jean-Claude Bolay are gratefully acknowledged.

References:

Altermann, R. (1997), The challenge of farmland preservation: lessons from six-nation comparison, *Journal of the American Planning Association*, 63, 221-243.

Argenti, O. and Marocchino, C. (2008), Urban food supply and distribution in developing countries and countries in transition. A guide for planners, Agricultural Management, marketing and finance, Occasional Paper, Rome: FAO.

Bengston, D., Fletcher, J. O. and Nelson, K. C. (2004), Public policies for managing urban growth and protecting open space: policy instruments and lessons learned in the United States, *Landscape and Urban Planning*, 69, 271–286.

Bolay, J. C. and Thai Thi, N. D. (1999), Sustainable development, urbanization and environmental risks: the priority of local actions in Ho Chi Minh City, Vietnam, *Journal of Urban Technology*, 6, 65–85.

Bolay, J. C. (2011), What sustainable development for the cities of the South? Urban issues for a third millennium, *International Journal of Urban Sustainable Development*, 4, 76–93.

CITIES (2013), Farming the city. Food as a tool for today's urbanisation, Amsterdam: Robstolk.

Chen, J. (2007), Rapid urbanization in China: a real challenge to soil protection and food security, *Catena*, 69, 1–15.

De Zeuuw, H. and Wenming, L. (2013), "Draft Report on Urban Agriculture" (Summary Report of the Session B3 on Urban Agriculture of the Experts' Seminar on Developing a Joint Initiative for Cooperation in Research and Innovation on Food, Agriculture and Biotechnologies), Beijing. Available at: http://eeas.europa.eu/delegations/china/documents/eu_china/science_tech_environment/20131108_3.8_2.pdf (accessed 23 October 2014).

Fanfani, R. and Brasili, C. (2005), Regional differences in land holdings and land use. Analyzing the First Agricultural Census, in P. Ho (ed.), Developmental Dilemmas. Land Reform and Institutional Change in China, Abingdon: Routledge.

Feng, L. (1998), Grain versus food: A hidden issue in China's food policy debate, *World Development*, 26, 1641–1652.

Friedmann, J. (2005), China's Urbantransition, Minneapolis-London: University of Minnesota Press.

Geng, R. (2014), To Explore the Perspective Gaps of Urban Agriculture Between Policy and Real Needs and to Figure Out the Suitable Urban Agriculture Policy Framework in Relocation Community of China, Unpublished Undergraduate Dissertation, Suzhou: Xi'an Jiaotong-Liverpool University.

Halweil, B. and Nierenberg, D. (2007), Farming the Cities, in the Worldwatch Institute, State of the World 2007 (Chapter 3), 48–65, New York: Norton & Company.

Lang, G. and Miao, B. (2013), Food security for China's cities, *International Planning Studies*, 18, 5–20.

Lichtenberg, E. and Ding, C. (2006), Assessing farmland protection policy in China, *Land*

Use Policy, 25, 59 – 68.

Long, H., et al (2010), Building new countryside in China: A geographical perspective, *Land Use Policy*, 27, 457 – 470.

McGee, T. G. (1991), The emergence of desakota regions in Asia: expanding a hypotesis, in N. Ginsburg, B. Koppel and T. G. McGee (eds), The Extended Metropolis: Settlements Transition in Asia, Honolulu: University of Hawaii Press.

NCCP (2012), Report to the 18th National Congress of the Communist Party of China, 8th November, National Congress of the Communist Party of China, Beijing.

Morgan, K. (2009), Feeding the city: the challenge of urban food planning, *International Planning Studies*, 14, 425 – 435.

Pendall, R. (1999), Do land use control cause sprawl?, *Environment and Planning*: B, 26, 555 – 571.

Ran, T. (2012), The issues of land in China's transition and urbanization, Lincoln Institute of Land Policy Working Paper, WP13TR1.

Schonhart, M., Penker, M., and Schmid, E. (2009), Sustainable local food production and consumption. Challenges for implementation and research, Outlook on Agriculture, 38, 175 – 182.

Smil, V. (1999), China's agricultural land, *The China Quarterly*, 158, 414 – 429.

Song, Y. and Ding, C. (2007) (eds), Urbanization in China. Critical Issues in an Era of Rapid Growth, Lincoln Institute of Land Policy, Cambridge: Massachusetts.

Sonnino, R. (2009), Feeding the city. towards a new research and planning agenda, *International Planning Studies*, 14, 425 – 435.

SCPRC (State Council of the People's Republic of China) (2014), New Urbanization Plan, 2014 – 2020, 16 March. (In Chinese: GuojiaXinxingChengzhenhuaGuihua 2014 – 2020). Available at: http://politics.people.com.cn/n/2014/0317/c1001-24649809.html (accessed 22 October 2014).

Verdini, G. (2013), Urban Agriculture: socio economic aspects and urban greening (Paper presented at the "Experts' Seminar on Developing a Joint Initiative for Cooperation in Research and Innovation on Food, Agriculture and Biotechnologies, European Commission and the Chinese Academy of Agricultural Sciences (CAAS), China Agricultural University (CAU), Beijing, 10th-11th October). Available at: http://eeas.europa.eu/delegations/china/press_corner/all_news/news/2013/20131108_en.htm (accessed 23 October 2014).

Verdini, G. (2014), The costs of urban growth at the fringe of a Chinese city. Evidence from Jinshi Village around Suzhou, *International Development Planning Review*, 36, 413 – 434.

Zhao, P. (2011), Managing urban growth in a transforming China: Evidence from Beijing, *Land Use Policy*, 28, 96 – 109.

Zhu, L. (2010), Grain production and food security in the course of China's urbanization, *Economics Perspective*, 09, 25 – 35.

Yang, H., and Li, X. (2000), Cultivated land and food supply in China, *Land Use Policy*, 17, 73 – 88.

健康工学創成に向けて

健康工程发展与前瞻

罗志伟①

Luo Zhiwei

Abstract With the increasing of aging population, aging problem is becoming one of the most serious social problems that was never been experienced in human history. To construct the happy and healthy aging society, innovation of Health Engineering is necessary. Our research aims to construct the solid scientific foundation of health engineering. The following applications with respect to the human's health levels are targeted:

(1) Welfare support of healthy elderly people so as they communicate and contribute to the societies more easily and safely with happiness;

(2) Training and health promotion;

(3) Health prediction and prevention;

(4) Human care support;

(5) Rehabilitation of human motor functions and high order cognitive functions, by developing novel sensing and information technologies, virtual reality and robotics.

In detail, above health engineering researches can be performed by using advanced measurement and computer simulation technologies, such as biofeedback, NIRS and immersion-type interactive dynamic simulation. It also shows detailed examples of our robotics researches related to above applications such as an up arms' rehabilitation robot system, a virtual shopping street to evaluate the elderly people's high order brain cognitive functions in their everyday life and so on.

Keywords Health Engineering   Welfare support   Health promotion   Human care   Rehabilitation   Biofeedback   Robotics

1 はじめに

650万年という悠々たる人類進化の歴史上,我々は99.8%の期間でいわ

---

① 作者:罗志伟,日本神户大学教授。

ゆる狩猟採集漁労時代という自然に依存した生活を営んできた．約1万年前から人類は農耕牧畜時代に入り，必要に応じて農産物を生産でき，そしてその後の産業革命と後の金融・サービス業の発達に伴う脱工業時代に入ったのはわずか最近200年のことである．

近代科学技術の発展に支えられて，産業革命が人類に豊かな生活と社会文明をもたらした反面，この200年の間，地球人口は膨張され，それに伴い，特にこの20年間で人類史上例を見ない社会の高齢化が急速に進み，現在日本における65才以上の高齢者の割合はすでに総人口の2割を超え，2050年には45%に達すると予想されている．しかも，高齢者の実に5割以上が独り暮らしで，老老介護，隣隣介護の生活状態を余儀なくされている．中でも特に認知症の高齢者が急増し，200万人を超えてきている．また，国内の死亡者総数の一割を占める脳卒中は，わが国の三大疾病の1つであり，患者数は約150万人にも上る．脳卒中患者の多くが，後遺症として四肢の麻痺や言語障害などの機能障害を発症している．このような認知・身体運動機能障害を防ぐには薬の投与や外科的な治療のほかに，予知，予防やリハビリテーションによる機能回復が必要となる．リハビリは通常セラピストの監視，指導のもと行われるが，患者数に対するセラピストの不足や1日に受けることができるリハビリテーションの時間に上限が設けられているほか，特定の疾患を除いて脳卒中患者が医療保険を利用してリハビリを受けることができる日数が180日に限られているなどの制約があり，現状は患者に対して十分なリハビリが行われているとは言い難い状況にある．

日本だけではなく，先進諸国や中国も今後高齢化が一段と深刻化になると予想され，国や地域レベルで早急な対策が求められるようになってきている．

超高齢社会の到来に備えるために，その特徴となる高齢者の認知・身体運動機能障害や，生活習慣病などを防ぐには，現在の病院医療中心のシステムで診断・治療や薬の投与だけでは対応できず，予知，予防，リハビリテーションや，健康な家づくり，活力溢れる街づくり，持続成長可能な社会づくりが大変重要となる．

従って，人々の心身の健康や介護福祉について社会全体が真剣に取り組み，既存の保健・医療・福祉という枠組みを超えた健康社会づくりを推進し，健康産業を振興することが急務である．

2 健康工学創成

　健康産業を支えるための堅実な学問基盤として,基礎生物学や医学,保健学だけでは不十分で,最先端の電気電子工学,情報工学,ロボット工学などの工学技術との学際融合による斬新な「健康工学」を創出することが必要不可欠である.これによって,
　① 国民の健康管理と健康増進,
　② 疾病予知と予防,
　③ 介護支援,
　④ リハビリテーション,そして,
　⑤ 地域における高齢者の家庭生活・社会活動参加支援などの福祉
あらゆるレベルにおける健康社会づくりにつながると考えられる.
　近年,超低消費電力のVLSI技術や無線通信技術が生体センシングに活用することで24時間における各種の生体情報を普段の日常生活の中で安易に計測し,モニタリングすることができつつある.多チャンネルの時系列データとして生体情報を得られることで,現在一般的に「状態」として認識されている「健康」がやがて「プロセス」として再定義されることとなり,さらにユビキタス情報ネットワークの発達によって健康予知,健康管理を可能にする「元気予報」システムなどの健康サービスが世に出るであろう.また,身体内部における各レベルでの生理情報,心理情報の循環機構と機能を正確に把握できれば,身体外部の人工支援システムにおける情報処理機能・ロボティク操作機能と有機的に複合することで新しい「バイオフィードバック」ループが形成され,人々の健康プロセスをより科学的に実時間で調節し,個人個人に適した有効な健康訓練・増進プログラムの開発や,安心安全な生活を支援することができるようになるであろう.
　一方,前述した長い進化の流れで,われわれ人間は自然に育てられ,自立で生活できることに幸せ感を覚えるようになっており,人工技術による身体密着した直接的な生活支援,健康支援に対しては本能的に感受できていないように思われる.故に,工学技術による健康管理,健康増進,介護支援などを考える場合,「支援」の本質を追究する必要があり,工学支援によって与える人間への負の影響も科学的に解明するよう視野に入れることが必要不可欠で,エビデンスを科学的に確立することが無視できない.「健康工学」の体系

化を目指すには，広い視点から
　　① 体運動の物理と生理を統一的に扱うこと，
　　② 発生，発達と老化という人間一生のプロセスをより理解すること，
　　③ 認知機能と運動機能との関係，
　　④ 心・精神と生活環境との関わり
を科学的に解明することが大変挑戦的となる．

　結局，人間への健康支援の究極な目標は，単なるロボットによる目の前の身体動作の実行，生活における各種作業の代行ではなく，むしろ人自らの意欲を促し，次第に本人が完全に自立でできるまでガイドを担うべきではないかと考えられる．健康増進，介護福祉分野における人間への真の工学支援は，決して単純に人間を「動かす：うごかす」ではなく，「促す：うながす」にすべきと，保健学の有識者から教示してくれている．健康・介護福祉分野で健康工学の成果を実際に展開できるためには，より一層現実社会における現状とニーズを把握し，そこから出発して技術開発しかつ双方向的な視点で人間への影響を熟慮して挑戦しなければ，意義がないように思われる．

3　健康工学技術開発の具体例

　2006年3月，理研で開発した人を抱き上げることを目指したロボットRI-MANが記者発表され，社会の超少子・高齢化を背景に，国内外の各種学術会議や新聞・メディアに大きく取り上げられた．あれから4年経ってきた．今日，健康・介護福祉分野におけるロボット技術の研究開発はどのように進められているか？ 現状としてロボットRI-MANが開発されてから，このようなロボットの安全性・コスト，そして要介護者への生理学的・心理学的そして発達科学的など各種の機能への影響については未だに科学的に検証されないままで工学技術そのものだけが先行して開発が進められている，という異常な開発現状にあると指摘せざるを得ない．

　以下では，著者らが現在開発に取り組んでいる具体例を紹介しながら，健康・介護福祉分野におけるロボット技術応用のあるべき役割，可能性と課題について考察する．

　介護福祉分野で早急に対応すべき課題として，ロボットRI-MANのように福祉施設などでの介護作業の体力負担を軽減する工学技術の導入は言うまでもないが，ロボット技術を活用した認知症の診断・予防や，認知・運動

機能のリハビリテーションも極めて重要となってきている．

今日の介護福祉分野において，どのようなロボット技術が期待されているか？この問題を理解するために，まず人類の進化と今日における社会の現状を把握する必要がある．

基本的に，長い歴史の中において，われわれ人間は自然環境に生きてきて，自立で生活できることに幸せ感を覚え，人工技術による直接支援に対して感受できていなかった．故に，繰り返して強調するが，ロボット技術による介護支援を考える場合，「支援」の本質を追究する必要があり，ロボット支援が与える人間への負の影響も科学的に広い視野から解明することが必要不可欠である．人間を支援する工学技術の究極な目標は，単なるロボットによる目の前の身体動作の代行ではなく，むしろ人自らの意欲を促し，次第に本人が完全に自立でできるまでのガイドを担うべきではないかと考えられる。

これらの認識を踏まえて，以下では著者らが進めてきた二つの具体例を紹介し，ロボット技術による介護福祉分野での実応用の可能性と問題点を示唆する．

4 生活における高次脳機能評価と訓練

まず，認知症に関わる注意・記憶遂行機能など，高次脳機能は，人間が社会生活・家庭生活を営む上で重要な役割を果している．加齢による認知機能の低下や，脳血管障害や頭部外傷等によって起こる高次脳機能障害は，日常生活において多くの困難を生み出す原因となる．

高次脳機能障害の特徴としては，
① 見上は障害が目立たたないこと，
② 本人自身が障害を十分に認識していないこと，そして，
③ 障害は診察や入院生活よりも在宅での日常生活や社会活動の場面で出現しやすいこと
などが挙げられる．

現在，臨床における高次脳機能評価には，情報収集・観察とともに神経心理学的検査が客観的指標として多く用いられているが，こういった統制された検査室内の机上検査だけで日常生活場面で直面しうる問題を推測するには限界がある．しかし，患者を実際の生活場面に連れ出してどういった問題が現れるかを調べることには，検査項目の統一性，効率性，安全性などの面

において問題がある．

　近年，高次脳機能の新しい評価方法として，VR技術を用いた評価が試みられている．この方法の利点として，

　①環境を一定にコントロールできるので検査項目を統一できること，

　②評価に際して必要な準備などが少なく，検査者・被験者双方の負担を減らした効率的な検査が可能であること，

　③身体的安全性を担保した上で，日常生活場面を再現して評価できること

などが挙げられる．

　この手法を用いれば，机上検査だけでは明らかにできなかった高次脳機能障害の実生活への表出を比較的安全な環境で確認できる．また，従来行われてきた神経心理学的検査と併用し，机上の検査の結果と日常生活場面での表出を関連づけることによって，より詳細な分析が可能となる．

　脳機能評価への応用例としては，Titovらによる"The virtual street"，Zhangらの，食事の用意課題をVRで構築されたキッチンを用いた評価などが挙げられる．このように，海外ではVRを日常生活場面での脳機能評価に用いるシステムの研究・開発事例がいくつかみられる．しかし国内での研究に目を向けると，既存の神経心理学的検査をソフトウェア化したものや，VR技術と体性感覚フィードバックを用いた脳機能障害検査・リハビリシステムの研究などがあるが，実生活場面での機能評価を狙ったシステムはこれまでになかった．実生活場面を再現したシステムには，その国独自の言語的・文化的背景を鑑みる必要がある．

　本研究では，VR技術を用いて検査室内にて日常生活場面に近い環境での能力を観察・評価できるシステムの開発を行った．具体的にはFigs. 1と2に示す仮想空間内にバーチャル商店街を構築し，被験者は仮想空間内において，タッチパネルによる操作で買い物課題を遂行する．その遂行過程と結果を量的・質的に分析することで，被験者の高次脳機能の評価を行うこととする．また，「カバン」ボタンをタッチすることで現在の持ち物を確認することができ，同様に「買い物メモ」ボタンをタッチすることで用事のリストを確認することができる．課題実行の間，操作と課題の遂行状況は時系列に沿って記録され，課題終了後ログファイルとして出力される．ログファイルには，閲覧用のHTML形式とデータ処理用のCSV形式がある．

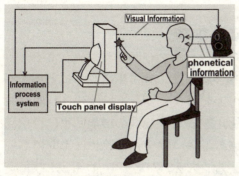

Fig. 17-1　VR技術を用いた高次脳機能評価・訓練

　本システムを従来の神経心理学的検査と併用することで，机上での検査結果と，日常生活場面での表出を関連付けることが可能となり，より充実したリハビリテーション実施計画の立案が可能になると考えられる．その有効性が示されれば，全国の医療・福祉・教育機関で職種を問わず簡便に引用できる機器としての普及が期待される．現在，実際に開発したシステムを医療機関で検証され，被験者数十名に対して実際に課題を遂行させ，パイロットテストを行っている．結果，Cueの表示回数と課題遂行にかかった時間について有意な差が見られ，本システムを高次脳機能評価へ用いる有効性の一端を示すことができる．

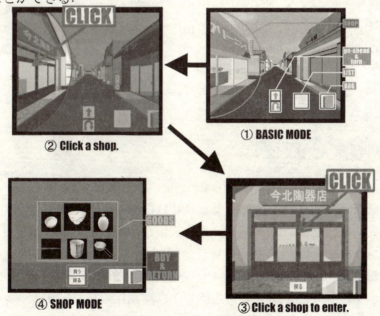

Fig. 17-2　VRシステムの操作の流れ

5　身体認知・運動機能の評価と訓練

　一方,上肢の運動機能は複雑で多種多様に及ぶ日常生活動作にとって不可欠な機能であり,今まで運動麻痺のリハビリテーションでは残された健肢による日常生活動作や歩行能力の獲得が優先され,患肢の機能回復には重点が置かれることが少ないという現状がある.そのため,患者が自主的に訓練し,日常的にリハビリテーションを行えるシステムが必要で,ロボット技術を用いたリハビリテーションの利点として,長時間の繰り返し運動に耐えられること,患者自身が自主的に訓練を行えることがあげられる.今までさまざまなリハビリテーションロボットが開発されているが,ほとんどのリハビリテーションロボットが麻痺側に対してのみ想定しており,患者の認知機能を加味した両手動作のリハビリテーションロボットはほとんどない.また,両手の動作を想定していても,ミラー動作による受動的なものであったり,装置の応用性が少なく課題のバリエーションが限られている.

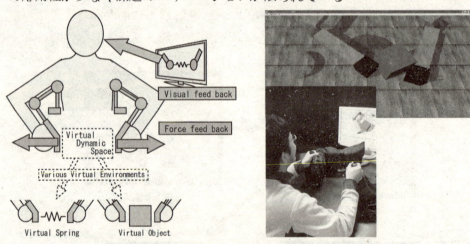

Fig. 17-3　両手協調作業の認知・運動訓練ロボット

　本研究は,両手協調作業に着目し,VR技術を組み入れてリハビリロボットを研究開発し,認知・運動機能回復の実用を目指している.また,装置自体に力センサを設置せず,力覚提示機能を維持しつつも,コストを抑えることができた.

　このシステムでは,両手による認知・協調動作のリハビリテーション課題を幅広く設定できることに特徴を持っている.従来研究で実現されていた片手に対する訓練課題はもちろん実現可能であり,さらに,両手による課題を設定できるため,物体の把持,受け止める,引っぱるといった日常生活に多く用いる両手協調作業課題を設定することもできる.

　Fig.3に示す本システムは,被験者が操作するロボットアームと仮想空間上に構成したロボットアーム（VRロボット）がリンクして動作し,仮想空間上に設置された物体にアプローチすることができる.仮想空間上の物体とロボットアームの接触が物理計算エンジン（Open Dynamics Engine）によって計算され,接触した力覚が実ロボットアームを通じて患者にフィードバックされるようになっている.力覚フィードバックは物理計算のパラメータを変更することによって,視覚フィードバックは描画状態を変更することによって自在に変更することができる.

　実ロボットの概要として肘関節部と肩関節部にそれぞれDCモータを配置しており,アームの関節角度をモータ付属のエンコーダで計測している.また,道具媒介型の運用方法をとるときは患者とロボットが対面した状態で操作を行い,外骨格型として運用する時には患者は双腕アームの間に入り込み,アームの上に前腕を固定して操作を行う形をとる.特に外骨格型として運用する際は,アームの各関節を患者の肘関節,肩関節に対応するように装着することで患者の肩・肘それぞれに対して個別にパワーアシストや負荷を発生させることが可能な構成になっている.この際個人の手の長さに対応させるため,アームの前腕部,上腕部に1cm間隔で調整可能な伸縮機構を設けている.アームの伸縮範囲は標準的な日本人の腕の長さを参考にし,様々な体格の人に対応できるようになっている.また,操作をする際の作業空間の広さと操作性や安全性を考慮し,アームの可動域を制限した.アーム先端の把持部は,作業療法士の助言をもとに半球状の形を採用した.手の甲が上になるように把持,操作する.グリップ状の把持部に比べて把持が楽になり,ロボットから想定以上の負荷が提示された時には自然にシステムから身体を分離できるなど安全性の向上も期待できる.

　研究開発したリハビリロボットを用いて,視覚・力覚を感じ両手協調作業課題を行うことのできるアプリケーションを2つ開発した.「物体移動」と「落下物キャッチ」である.「物体移動」は,両手の相互関係による力発揮と位置の調整の作業課題を想定し,「落下物キャッチ」は対象物の運動に合わせた手の運動作業課題を想定した.

　臨床実験によって,課題遂行中のデータ計測とそのデータの分析で患者身体運動の特徴分析が行える可能性が示唆された．今後は，リハビリテーション装置としての有効性を，長期の実験も視野に入れながら研究開発を進めていきたい．臨床実験と研究開発を繰り返していけば，リハビリテーションとして有効な装置として活用できる．今後も装置の研究開発と臨床実験を続け，リハビリテーションロボットとしての現場での活用を目指し研究開発を続けていきたい．

6　おわりに

本稿では，高齢社会の健全な維持発展を目指すためには健康産業を振興する必要があること，そして，健康産業を支える学問基盤として，健康工学を体系的に構築する必要があることを主張してきた．その中に，特に，工学技術による人間への支援を考える時に，支援の本質と理想を深く求めるべきことを強調し，また二つの実研究開発例を紹介した。

健康工学をベースとする健康産業を有効に推進するためには，研究開発から臨床評価，現場導入までを視野に入れて努力する必要があり，基準作成，設計，評価，規制，現場応用などに至るまで産学官による挙動体制で対応することが必要不可欠となる．これによってはじめて個人の健康から社会の健康まで，明るい高齢社会の持続成長が期待できる．

参考文献：

［1］Titov N, Knight RG. A computer-based producer for assessing functional cognitive skills in patients with neurological injuries: The virtual street［J］. Brain injury, 2005, 19(5): 315-322.

［2］L Zhang, et al. A virtual Reality Environment for Evaluation of a Daily Living Skill in Brain Injury Rehabilitation: Reliability and Validity［J］. Arch Phys Med Rehabil, 2003(84): 1118-1124.

［3］吉沢誠．バーチャルリアリティを用いた脳機能障害検査・リハビリテーション・システム［J］．臨床神経心理, 2005(16): 23-38.

［4］奥村允, 等. 上肢協調作業のリハビリテーション支援用ロボットの研究開発［Z］. 第26回日本ロボット学会学術講演会, 2008.

后 记

本书是"苏州大学·邦城未来城市研究中心"继2013年专题研究城市转型后，在健康城市领域的研究成果汇集。

苏州大学是具有百年以上悠久历史的知名高校，在区域经济与城镇化领域取得了不凡的研究成果。新加坡邦城规划顾问公司是亚洲知名的规划设计咨询机构，近年来，在国内外100多个城市承担了400多项规划研究，擅长提供各类便于实施操作的城市或开发区建设方案。以上两者共同设立的"苏大·邦城未来城市研究中心"（以下简称"研究中心"）自2012年以来，已多次举办各类专题学术研讨活动。近年来雾霾、环境污染、气候变化、交通拥堵等城市病已经成为影响城市健康运行和发展的主要因素，在国家"新常态"战略取向下探索健康城市的理论基础、国际经验、实践范例和运行模式，是非常有必要的。

"研究中心"于2014年11月7日在苏州大学举行了"健康城市国际研讨会"，苏州大学袁银男副校长、邦城规划顾问公司董事会主席、新加坡教育部原部长曾士生先生，以及来自云南，贵州铜仁，西交利物浦大学，苏州卫生局、规划局、住建局，日本福祉研究机构等单位的百余人参加大会，共同探讨城市健康、健康产业与城市发展等的关系。期间，卫生部原副部长殷大奎教授、住建部村镇建设司原司长李兵弟教授、香港大学建筑学院 Christopher Webster 院长、日本神户大学罗志伟教授、国家"十三五"规划健康领域执笔人范旻教授、苏州大学徐勇教授等知名专家分别做了"健康城市创建""健康城镇化""健康城市设计""健康促进战略""健康产业工程""苏州健康城市实践"等精彩演讲。

会议组织了"健康城市建设""健康产业发展""健康城镇化"三个分论坛，本论文集根据三个分论坛上发表的论文收录、筛选而成。计有论文17篇，包括中文论文13篇，英文论文3篇，日文论文1篇。由于篇幅有限或内容近似，无奈忍痛割爱，未能收录大会发表的全部文章，是为憾事。本书排序按宏观视角到微观课题、从整体性研究到专项研究，旨在向读者深入浅出地描绘并阐述健康城市图景，类似专题则按中、英、日文顺序排列。

本书的问世，除了要感谢所有参会的论文提交者外，特别要感谢苏州大学人文社科学院的大力支持和协助，同时也要感谢澳大利亚悉尼大学城市规划系原主任伍宗唐教授与南威尔士大学城市规划系主任 Susan Thompson 教授，他们参与了 2014 年 8 月的健康城市工作营，并发表了前期研究报告，在选题、研究方法、实证案例等方面分别提供了相应的示范，我们深表谢意。

参与本书具体编校审稿工作的有赵大生、段进军、陈思中、邱晓翔、尚书、周九锡、张承等人，在此一并致谢。

希望本书能够为有志于在新常态下对城市应当如何健康发展进行思索与研究的同仁们提供参考。

新加坡邦城规划顾问公司中国区总裁　陈启宁